Learning React

러닝 리액트 2판

| 표지 설명 |

표지 동물은 멧돼지Sus scrofa다. 야생 돼지 또는 유라시안 야생 돼지라고도 부르며 유라시아, 북아프리카, 대순다 열도(인도네시아)에 서식한다. 인간에 의해 그 수가 줄기 전까지 가장 널리 분포하는 포유류 중 하나였다.

멧돼지는 짧고 가는 다리와 둔중한 몸통에 큰 코를 지녔다. 목은 굵고 짧으며, 몸길이의 3분의 1에 달하는 큰 머리를 지탱한다. 성체의 크기나 몸무게는 물이나 먹이 등 환경적 요인에 따라 차이가 크다. 최대 시속 40km로 달릴 수 있고 1.4~1.5m를 뛰어넘을 수 있다. 겨울철에는 짧고 가는 밤색 솜털로 이뤄진 가죽을 억센 털이 성기게 뒤덮는다. 이런 억센 털은 멧돼지의 등에서 가장 길고, 얼굴과 팔다리에서 가장 짧다.

또한 후각이 고도로 발달하여 독일에서는 마약 탐지에 활용하기도 한다. 시각은 9m 앞에 있는 사람도 인식하지 못할 정도며 색맹이기까지 하지만 청각이 이를 보완해준다.

암컷을 중심으로 무리를 이루며 짝짓기는 11월부터 1월 사이에 이뤄진다. 짝짓기를 준비하는 수컷의 신체는 경쟁 상대와 대적하기 위해 피하지방이 두꺼워지고 어깨 피부가 단단해지는 등 여러 변화를 겪는다. 수컷은 암컷을 찾을 때까지 거의 먹지 않고 먼 거리를 여행한다. 암컷은 한배에 보통 4~6마리의 새끼를 낳는다.

오라일리가 펴내는 책 표지에 등장하는 동물들은 대부분 멸종 위기종이며, 우리 세계에 중요한 동물들이다.

이 책의 표지 그림은 『Meyers Kleines Lexicon』에 있던 흑백 각인을 바탕으로 캐런 몽고메리Karen Montgomery가 그렸다.

러닝 리액트(2판)

최적의 리액트 코드를 작성하기 위한 모범 사례와 패턴

초판 1쇄 발행 2018년 2월 13일
2판 1쇄 발행 2021년 7월 1일
2판 3쇄 발행 2023년 9월 25일

지은이 알렉스 뱅크스, 이브 포셀로 / **옮긴이** 오현석 / **펴낸이** 김태헌
펴낸곳 한빛미디어(주) / **주소** 서울시 서대문구 연희로2길 62 한빛미디어(주) IT출판2부
전화 02-325-5544 / **팩스** 02-336-7124
등록 1999년 6월 24일 제25100-2017-000058호 / **ISBN** 979-11-6224-449-4 93000

총괄 송경석 / **책임편집** 서현 / **기획 · 편집** 안정민 / **진행** 서현
디자인 표지 박정우 내지 박정화 / **전산편집** 도담북스
영업 김형진, 장경환, 조유미 / **마케팅** 박상용, 한종진, 이행은, 김선아, 고광일, 성화정, 김한솔 / **제작** 박성우, 김정우

이 책에 대한 의견이나 오탈자 및 잘못된 내용에 대한 수정 정보는 한빛미디어(주)의 홈페이지나 아래 이메일로 알려주십시오. 잘못된 책은 구입하신 서점에서 교환해드립니다. 책값은 뒤표지에 표시되어 있습니다.

한빛미디어 홈페이지 www.hanbit.co.kr / 이메일 ask@hanbit.co.kr

지금 하지 않으면 할 수 없는 일이 있습니다.
책으로 펴내고 싶은 아이디어나 원고를 메일(writer@hanbit.co.kr)로 보내주세요.
한빛미디어(주)는 여러분의 소중한 경험과 지식을 기다리고 있습니다.

Learning React

러닝 리액트 2판

O'REILLY® 한빛미디어
Hanbit Media, Inc.

지은이 · 옮긴이 소개

지은이 **알렉스 뱅크스** Alex Banks

캘리포니아 교육과정 개발 업체 Moon Highway의 소프트웨어 엔지니어이자 강사며 공동설립자다. 소프트웨어 컨설턴트로서 MSN, 시카고 마라톤, 미국 에너지부(DOE) 등을 위한 애플리케이션을 개발했다. 야후의 신입 사원을 위한 커리큘럼 개발을 지속적으로 도왔으며, 온라인 교육사이트 린다닷컴(Lynda.com)에 몇몇 수업을 개설했다. LinkedIn Learning과 egghead.io의 교육과정을 개발했고, 콘퍼런스에서 자주 발표하며, 전 세계에서 기술 워크숍을 통해 엔지니어들을 지도하고 있다.

지은이 **이브 포셀로** Eve Porcello

캘리포니아 교육과정 개발 업체 Moon Highway의 소프트웨어 아키텍트이자 공동설립자다. 마이크로소프트와 1-800-Dentist를 위한 소프트웨어 프로젝트에 몸담기도 했다. 활동적인 강사이자 저술가로 스탠퍼드 대학교, 페이팔, 이베이, 린다닷컴 등에서 자바스크립트와 파이썬을 강의했다. LinkedIn Learning과 egghead.io의 교육과정을 개발했고, 콘퍼런스에서 자주 발표하며, 전 세계에서 기술 워크숍을 통해 엔지니어들을 지도하고 있다.

옮긴이 **오현석** enshahar@gmail.com

비사이드소프트 BSIDESOFT 이사로 일하면서 매일 고객의 요청에 따라 코드를 만들고 있는 현업 개발자다. 어릴 때 처음 접한 컴퓨터에 매혹된 후 경기과학고등학교, KAIST 전산학 학사와 프로그래밍 언어 전공 석사를 취득하며 계속 컴퓨터를 사용해왔다. 직장에서는 주로 코틀린이나 자바를 사용한 서버 프로그래밍을 하고, 주말이나 빈 시간에는 번역을 하거나 공부하면서 즐거움을 찾는다. 시간이 아주 많이 남을 때는 시뮬레이션 게임을 하면서 머리를 식히며, 어떻게 하면 막둥이를 프로그래밍의 세계로 끌어들일 수 있을지 고민 중인 아빠이기도 하다.

『Kotlin in Action』(에이콘, 2017), 『배워서 바로 쓰는 스프링 프레임워크』(한빛미디어, 2020), 『Programming in Scala 4/e』(에이콘, 2021), 『한 권으로 읽는 컴퓨터 구조와 프로그래밍』(책만, 2021) 등 20권 이상의 책을 번역했다.

러닝 리액트 1판을 번역한 2018년에도 리액트가 자주 쓰이는 자바스크립트 앱 개발 라이브러리였지만, 2021년 현재는 명실공히 자바스크립트 앱 개발에 대표적으로 쓰이는 라이브러리로 자리 잡았다.

그동안 시중에 많은 리액트 책이 나왔지만, 이 책은 짧고 간결하게 리액트의 정수를 소개하고 있다는 점에서 강력히 권장할 만하다. 최신 자바스크립트의 핵심을 설명하고 자바스크립트 함수형 프로그래밍에 대해 소개함으로써 리액트 프로그래밍에 필요한 기초를 다져주며, 리액트 JSX와 렌더링 방식, 함수 컴포넌트를 만들고 합성하는 방법에 대해 소개한다. 다양한 훅을 사용하고 정의하는 방법과 비동기 데이터 처리에 대해 설명한 후, 테스트, 라우팅과 서버사이드 렌더링에 이르기까지 실무에서 리액트를 개발할 때 필요한 기본 지식을 적절한 예제와 함께 잘 설명해준다. 이 책은 최신 자바스크립트와 함수형 프로그래밍 개념을 익히고 그를 바탕으로 리액트 개념을 잘 이해함으로써 리액트에 입문하고 싶은 개발자들에게 꼭 필요한 내용을 쉽고 간결하게 전달해 준다.

리액트를 사용하면 UI 컴포넌트를 정의하고 정의한 컴포넌트를 선언적으로 활용해 UI를 구축하고 제어할 수 있다. 리액트 라이브러리 자체는 비교적 간단한 UI 라이브러리라고 할 수 있지만, 리액트를 뒷받침하는 합성성과 관심사 분리, 데이터 흐름 방향의 단순화 등의 아이디어는 UI뿐 아니라 다양한 응용 분야에서 활용할 수 있는 좋은 아이디어들이다. 이 책을 통해 리액트의 핵심 요소를 잘 이해하면 리액트 공식 문서나 더 자세하고 복잡한 리액트 책을 더 쉽게 이해하고 자신의 프로젝트에 리액트를 더 잘 응용할 수 있다. 더 나아가 여러분이 웹 프로그래밍이 아닌 다른 분야의 프로그래밍을 할 때도 활용할 수 있는 혜안을 얻을 것이다.

브리즈번에서

오현석

이 책에 대하여

이 책은 리액트^{React} 라이브러리와 현재 떠오르고 있는 최신 자바스크립트^{JavaScript} 언어 기술을 함께 배우고 싶어하는 개발자를 위해 쓰였다. 요즘은 자바스크립트 개발자들에게 흥미진진한 시기이다. 에코시스템이 새로운 도구, 구문, 모범 사례 그리고 여러 개발 문제를 해결해준다는 약속으로 넘쳐난다. 이 책의 목적은 이런 여러 기술을 잘 정리해서 여러분이 리액트를 즉시 활용할 수 있도록 돕는 것이다. 이 책은 상태 관리, 리액트 라우터$^{React\ Router}$, 테스트, 서버 렌더링 등에 대해서도 설명한다. 여러분에게 기본기만 가르치고 사자굴에 던져 넣지 않으리라 약속한다.

이 책은 여러분이 리액트에 대해 잘 모른다고 가정한다. 따라서 맨 밑바닥부터 리액트의 기본을 모두 소개한다. 마찬가지로 여러분이 최신 자바스크립트 문법에 대해서도 역시 잘 모른다고 가정한다. 그래서 2장에서 최신 자바스크립트에 대해 설명한다. 2장의 내용은 그 이후에 다루는 모든 다른 내용의 기초가 된다.

HTML, CSS, 자바스크립트에 대해 잘 아는 독자라면 책을 더 쉽게 읽고 이해할 수 있다. 어떤 자바스크립트 라이브러리든지 그 라이브러리를 깊이 공부하기 위해서는 언제나 빅3인 HTML, CSS, 자바스크립트에 대해 잘 알아야 한다.

코드 예제 사용

이 책을 읽으면서 코드 예제 등 여러 부속물은 깃허브 저장소를 살펴보라(`http://github.com/moonhighway/learning-react`).

한글판에서 변형한 예제는 한글판 깃허브 저장소에 있다(`https://github.com/enshahar/learning-react-kor/tree/seconded`).

책에서 다룬 모든 예제를 두 저장소에서 살펴볼 수 있고 예제를 직접 실행하면서 연습해 볼 수 있다.

감사의 글

아주 옛날식의 행운이 없었다면 우리(저자)들의 리액트 여행도 없었을 것이다. 우리는 야후 내부에서 교육에 사용할 풀스택 자바스크립트 프로그래밍 교육 자료를 작성하면서 YUI(야후! 사용자 인터페이스 라이브러리)를 프런트엔드 라이브러리로 사용했다. 하지만 2014년 8월 YUI 개발과 지원이 끝났다. 우리는 교육과정을 변경해야만 했다. 그렇지만 어떤 자바스크립트 라이브러리를 교육에 사용해야 할지 고민스러웠다. 앞으로 프런트엔드 개발에 사용하게 될 라이브러리는 뭘까 고민한 결과 얻었던 해답은 리액트였다. 우리가 즉시 리액트를 좋아하게 된 것은 아니다. 리액트에 빠져들기 위해 약간의 시간이 필요했다. 리액트는 프런트엔드 개발의 모든 내용을 바꿀 잠재력이 있어 보였다. 우리는 상당히 일찍 리액트를 도입할 수 있었고 정말 운이 좋았다.

2판을 쓰는 동안 앤절라 루피노Angela Rufino와 제니퍼 폴록Jennifer Pollock이 제공해준 모든 지원에 감사한다. 그리고 1판 편집을 담당했던 앨리 맥도널드Ally MacDonald의 도움에 감사하고 싶다. 기술 리뷰어인 스콧 이와코Scott Iwako, 애덤 래키스Adam Rackis, 브라이언 슬레튼Brian Slette, 맥스 퍼트먼Max Firtman, 체탄 카란드Chetan Karande에게 감사한다.

샤론 애덤스Sharon Adams와 매릴린 메시네오Marilyn Messineo가 없었다면 이 책도 없었을 것이다. 그들은 깜짝 선물로 알렉스에게 탠디 TRS 80 컬러 컴퓨터[1]를 사줬다. 그 컴퓨터는 알렉스의 첫 번째 컴퓨터였다. 또한 짐Jim과 로리 포셀로Lorri Porcello, 마이크Mike와 샤론 애덤스의 사랑과 지원, 격려가 없었다면 이 책도 없었을 것이다.

또 우리가 이 책을 마무리하기 위해 필요한 커피를 제공해준 캘리포니아 타호의 커피 커넥션 Coffee Connexion의 주인 로빈Robin에게도 감사를 표하고 싶다. 그는 우리에게 언제나 옳은 조언을 해줬다. "프로그래밍 책이라고? 재미없어!"

---

1 옮긴이_ 1977년 나온 원조 TRS-80(흑백)과는 다른 컴퓨터로 코코(CoCo)라고도 부른다. CPU가 원래 TRS-80과 다르고 컬러 TV를 비디오 모니터로 사용할 수 있었다. 참고로 비지캘크(VisiCalc)라는 킬러 앱(최초의 스프레드시트)이 생기기 전까지는 애플 II보다 원조 TRS-80이 더 잘 팔렸었다. 원조 TRS-80과 코코에 탑재된 베이직 중 일부는 빌게이츠의 마이크로소프트에서 라이선스 받은 것이었다.

CONTENTS

CHAPTER **3** 자바스크립트를 활용한 함수형 프로그래밍

CHAPTER **4** 리액트의 작동 원리

CONTENTS

CHAPTER 7 훅스로 컴포넌트 개선하기

CHAPTER 8 데이터 포함시키기

CONTENTS

CHAPTER 9 Suspense

CONTENTS

CHAPTER 1

리액트 소개

좋은 자바스크립트 라이브러리가 되려면 어떤 특성이 필요할까? 깃허브^{Github}의 별 개수일까? npm 다운로드 수일까? ThoughtLeaders^{TM}이 해당 라이브러리가 중요하다고 언급한 트윗^{tweet}의 수일까? 어떻게 해야 최선의 소프트웨어를 구현하기에 가장 좋은 도구를 선택할 수 있을까? 우리가 시간 들여 이 도구를 배워볼 만하다고 어떻게 알 수 있을까? 이 도구가 좋다는 사실은 어떻게 알 수 있을까?

리액트가 처음 나왔을 때 이 라이브러리가 좋은지 나쁜지에 대한 수많은 대화가 있었고, 회의적인 반응도 상당히 많았다. 리액트는 새로운 개념의 라이브러리였고, 새로운 개념은 늘 사람들의 마음을 뒤집어 놓기 마련이다.

이런 비판에 대해 피트 헌트^{Pete Hunt}는 「왜 리액트인가?^{Why React?}」라는 글을 썼다. 이 글은 독자에게 '리액트에 단 5분만 할애해달라'라고 권유한다. 피트 헌트는 리액트 팀의 접근 방법이 이상하다고 생각하기 전에 사람들이 먼저 리액트를 한번 써볼 것을 권하고 싶어했다.

그렇다. 리액트는 애플리케이션을 작성하는 데 필요한 모든 기능을 한꺼번에 제공하지는 않으며 그저 아주 작은 라이브러리다. 그러니 꼭 한번 단 5분만 리액트를 써보자.

리액트를 사용하면 자바스크립트 안에서 HTML 같아 보이는 코드를 작성할 수 있다. 그리고, 그런 태그^{tag}를 브라우저에서 실행하려면 전처리가 필요하다는 것도 사실이다. 그리고 아마도 웹팩^{webpack}과 같은 도구가 필요할 것이다. 하지만 단 5분만 리액트를 써보기 바란다.

리액트가 생긴 지 십여 년이 되면서 수많은 팀이 리액트에 5분을 투자했고, 리액트가 좋은 라이브러리라고 결정했다. 우리는 우버Uber, 트위터Twitter, 에어비앤비Airbnb, 페이스북Facebook 등에 대해 이야기하는 것이다. 이들은 거대한 기업으로, 리액트를 시험해보고 리액트가 제품을 빠르게 만들어낼 때 도움이 된다는 사실을 발견한 회사들이다. 그렇다면 이런 큰 회사가 리액트를 사용하고 있다는 사실이 우리가 지금 이 책을 쓰고, 여러분이 이 책을 읽게 된 이유일까? 트윗 때문이 아니다. 깃허브의 별 때문이 아니다. npm 다운로드 수 때문이 아니다. 우리는 우리 자신이 좋아할 수 있는 도구를 활용해 멋진 소프트웨어를 만들어내기 위해 여기 모였다. 우리는 우리가 만들었다고 자랑스럽게 이야기할 수 있는 제품을 출시하는 영광을 맛보기 위해 여기 모였다. 여러분이 이런 일을 하는 개발자라면, 아마 리액트를 사용하는 것도 좋아하게 될 것이다.

1.1 튼튼한 토대

여러분이 리액트를 처음 접했거나 최신 리액트 기능을 배우기 위해 이 책을 선택했다면, 앞으로 리액트 라이브러리를 사용하는 동안 이 책에서 든든한 기초를 배우길 바란다. 이 책의 목표는 학습 로드맵, 즉 리액트 학습 과정을 제시함으로써 리액트를 배우는 과정에서 혼란을 최소화하는 것이다.

리액트를 자세히 파고들기 전에 자바스크립트를 아는 게 우선이다. 자바스크립트를 모두 다 잘 알 필요는 없고 모든 자바스크립트 패턴을 알아둘 필요도 없지만 적어도 배열, 객체, 함수에는 익숙해져야 이 책을 유용하게 써먹을 수 있다.

다음 장에서는 여러분이 최신 자바스크립트 기능에 익숙해지도록 새로운 자바스크립트 문법을, 특히 리액트와 함께 쓰이는 문법을 중심으로 설명한다. 그 후 리액트 탄생의 바탕이 된 패러다임인 함수형 프로그래밍을 이해하도록 함수형 자바스크립트를 소개한다. 리액트를 사용해서 얻는 부수적인 효과로는 가독성, 재사용성, 테스트 가능성이 좋은 패턴을 더 많이 활용해서 여러분이 더 뛰어난 자바스크립트 개발자가 된다는 것이다. 이 과정은 여러분에게 도움이 되는 부드러운 세뇌 과정과 비슷하다.

그다음에는 컴포넌트를 사용해 사용자 인터페이스를 만드는 방법을 이해하기 위해 리액트 기초 지식을 알려준다. 그 후 이런 컴포넌트를 합성compose하고 프롭prop과 상태state를 사용해 로직

logic을 추가하는 방법을 배운다. 그 후 컴포넌트에 대한 상태 로직을 재사용할 수 있게 해주는 리액트 훅스React Hooks에 대해 다룬다.

기본 개념을 익히고 나면, 색color을 추가, 변경, 삭제할 수 있는 새로운 애플리케이션을 만든다. 훅스와 서스펜스Suspense가 데이터를 읽어올 때 어떻게 도움이 되는지 살펴본다. 이 앱을 만드는 과정에서 라우팅routing, 테스팅, 서버측 렌더링server-side rendering 등의 일반적인 관심사를 처리할 때 사용할 수 있는 리액트 생태계에 존재하는 더 많은 도구를 소개한다.

이런 방식을 통해 여러분이 리액트 생태계와 보조를 빨리 맞출 수 있게 되길 바란다. 단지 수박 겉핥기식으로 넘어가지 않고, 실제 세계에서 리액트 애플리케이션을 개발할 때 필요한 모든 도구와 기술을 여러분이 갖추게 되기를 바란다.

1.2 리액트의 과거와 미래

리액트는 페이스북 엔지니어 조던 워크Jordan Walke가 만들었다. 리액트는 2011년 페이스북 뉴스피드에 쓰이기 시작했고, 2012년 인스타그램Instagram이 페이스북에 인수된 다음에는 인스타그램에도 적용됐다. 자바스크립트 컨퍼런스인 JSConf 2013에서 리액트가 오픈 소스로 발표됐다. 리액트는 jQury, Angular, Dojo, Meteor 등의 여러 UI 라이브러리 범주에 속한다. 당시 리액트는 'MVC의 V'라고 묘사됐다. 다른 말로 하면 리액트 컴포넌트는 자바스크립트 애플리케이션의 사용자 인터페이스나 뷰 계층을 담당한다.

그 이후, 자바스크립트 커뮤니티에서 리액트가 점점 널리 쓰이기 시작했다. 2015년 1월 넷플릭스는 리액트를 사용해 UI 개발을 진행한다고 발표했다. 그달 말, 리액트로 모바일 앱을 만드는 라이브러리인 리액트 네이티브React Native가 릴리스됐다. 페이스북은 리액트를 가상현실 장치 렌더링에 사용하는 도구인 리액트VR도 발표했다. 2015년과 2016년에는 라우팅, 상태 관리 등의 작업을 처리하기 위한 리액트 라우터React Router, 리덕스Redux, Mobx와 같은 유명한 도구가 많이 나타났다. 무엇보다도 리액트는 자신을 라이브러리라고 소개한다. 이 말은 리액트가 모든 유스케이스use case에 적합한 도구를 제공하지 않고 특정 기능만 구현해 제공하는 데 관심이 있다는 뜻이다.

리액트 역사에서 일어난 큰 사건으로는 2017년 릴리스된 리액트 파이버Fiber를 들 수 있다. 파이버는 리액트 렌더링 알고리즘을 마법적인 기법을 사용해 재작성한 것이다. 파이버는 리액트 내부를 완전히 다시 작성했지만, 외부에 공개된 API는 거의 달라지지 않았다. 파이버는 리액트 사용자에게는 영향을 끼치지 않으면서 리액트를 더 현대화하고 성능을 높이기 위한 작업이었다.

조금 더 최근인 2019년에는 훅스Hooks가 릴리스됐다. 훅스는 여러 컴포넌트 간에 상태가 있는 로직을 추가하고 공유하는 새로운 방법이다. 그리고 리액트의 비동기 렌더링을 최적화하는 방법인 서스펜스도 발표됐다.

미래에도 더 많은 부분이 변경될 것임은 분명하다. 하지만 리액트가 성공한 가장 큰 이유는 강력한 팀이 여러 해 동안 프로젝트를 위해 일해왔기 때문이다. 이 팀은 야망이 크지만, 조심스럽게 라이브러리에 가하는 변경이 리액트 커뮤니티에 미칠 영향을 계속 고려하면서 앞을 내다보면서 리액트를 최적화하고 있다.

리액트와 관련 도구가 변함에 따라 때로는 기존 코드가 깨지는 변화가 생길 수도 있다. 실제로 이런 도구의 새 버전 중 일부가 릴리스될 때 리액트 코어 팀은 새로운 내용에 대해 블로그(https://facebook.github.io/react/blog)에 글을 올리고 변경 로그를 남긴다. 이런 블로그 글은 다양한 언어로 번역되며, 번역되는 언어도 점점 늘어나는 중이다. 따라서 여러분이 영어를 모국어로 구사하는 사람이 아니라 해도 문서 사이트의 언어 페이지(https://reactjs.org/languages)에서 지역화된 버전을 살펴볼 수 있다.

1.2.1 러닝 리액트 2판에서 달라진 부분

이 책은 『러닝 리액트』 2판이다. 과거 몇 년간 리액트가 상당히 많이 변했기 때문에, 이 책을 개정하는 일이 중요하다고 생각했다. 우리는 리액트 팀이 추천하는 현재 우수 사례에 초점을 맞추려고 노력했다. 하지만 이미 사용 중단된 리액트 기능도 몇 가지 공유한다. 몇 년 전 옛날 스타일로 작성됐지만, 여전히 잘 작동하고 유지 보수되는 리액트 코드도 많이 있기 때문이다. 여러분이 기존 리액트 애플리케이션을 다뤄야 할 때 필요한 이런 옛날 기능은 별도의 박스에 표시했다.

1.3 코드 예제 사용법

이번 절에서는 이 책의 예제 파일을 다루는 방법과 유용한 리액트 도구를 설치하는 방법을 설명한다.

1.3.1 파일 저장소

이 책의 깃 저장소(https://github.com/moonhighway/learning-react)에는 각 장 별로 정리된 소스 코드 파일이 들어 있다(한글판의 저장소는 https://github.com/enshahar/learning-react-kor/tree/seconded).

1.3.2 리액트 개발자 도구

리액트 프로젝트를 진행할 때는 리액트 개발자 도구를 설치하라고 강력히 권장한다. 이런 도구는 크롬이나 파이어폭스 확장으로 사용할 수 있고 사파리, 익스플로러, 리액트 네이티브와 함께 사용할 수 있는 독립 실행 프로그램도 있다. 개발자 도구를 설치하고 나면 리액트 컴포넌트 트리를 들여다볼 수 있고, 심지어는 프로덕션에서 리액트를 실행하는 경우도 내부를 살펴볼 수 있다. 이런 도구는 다른 프로젝트에서 리액트가 어떻게 쓰이는지 배우거나 디버깅을 할 때 아주 유용하다.

개발자 도구를 설치하려면 깃허브 저장소(https://oreil.ly/5tizT)에서 크롬 확장에 대한 링크(https://oreil.ly/Or3pH)와 파이어폭스 확장에 대한 링크(https://oreil.ly/uw3uv)를 볼 수 있다.

설치가 끝나면 리액트를 사용하는 사이트를 알 수 있다. [그림 1-1]처럼 브라우저 도구 막대에 있는 리액트 아이콘이 빛나면 이 페이지는 리액트를 사용하는 중이다.

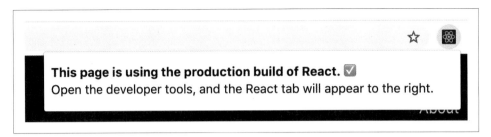

그림 1-1 크롬의 리액트 개발자 도구 모양

그럴 경우, 개발자 도구를 열면 [그림 1-2]처럼 리액트라고 표시된 새로운 탭이 보인다. 이 탭을 클릭하면 현재 살펴보고 있는 페이지를 만들어낸 리액트 컴포넌트를 모두 볼 수 있다.

그림 1-2 리액트 개발자 도구로 DOM 살펴보기

1.3.3 노드 설치하기

노드Node.js는 풀 스택full stack 애플리케이션을 구축할 수 있는 런타임 환경이다. 노드는 오픈 소스이며, 윈도우Windows, 맥OS, 리눅스Linux 등의 플랫폼에 설치할 수 있다. 12장에서 익스프레스Express 서버를 구축할 때 노드를 사용한다.

리액트를 다루려면 노드를 설치해야 하지만, 노드의 전문가가 될 필요는 없다. 여러분이 사용 중인 기계에 노드가 설치됐는지 여부를 확신할 수 없다면, 터미널을 열고 명령줄에서 다음과 같이 타이핑하자.

```
$ node -v
```

이 명령을 실행하면 노드가 돌려주는 버전 번호를 볼 수 있어야 한다. 버전이 8.6.2 이상이면 이상적이다. 이 명령을 입력했는데 '명령을 찾을 수 없음Command not found'이라는 오류 메시지가 표시된다면 아직 노드가 설치되지 않은 것이다. 노드 웹 사이트(http://nodejs.org)에 가서 노드를 다운로드하고 설치하면 이런 문제를 쉽게 해결할 수 있다. 모든 설치 단계를 그냥 진행하자. 그 후 node -v 명령을 다시 입력하면 버전 번호가 표시될 것이다.

npm

노드를 설치하면 자동으로 노드 패키지 관리자인 npm도 함께 설치된다. 자바스크립트 커뮤니티에서는 같은 일을 하는 프레임워크나 라이브러리, 도우미 함수 등을 중복으로 작성하는 일이 없도록 하기 위해 엔지니어들이 오픈 소스 프로젝트를 공유한다. 리액트 자체도 유용한 npm 라이브러리의 예이다. 이 책에서는 여러 패키지를 설치하기 위해 npm을 사용한다.

여러분이 보게 될 대부분의 자바스크립트 프로젝트에는 다양한 파일과 더불어 package.json 파일이 있다. 이 파일은 프로젝트와 프로젝트의 의존성을 기술한다. package.json 파일이 들어 있는 폴더 안에서 npm install을 실행하면 npm이 프로젝트에 필요한 모든 패키지를 설치해준다.

새로운 프로젝트를 밑바닥부터 시작하면서 의존 관계를 포함하고 싶다면 그냥 다음 명령을 실행하자.

```
npm init -y
```

이 명령은 프로젝트를 초기화하고 package.json 파일을 만들어준다. 이후로는 여러분의 원하는 의존 관계를 npm을 통해 설치할 수 있다. npm으로 패키지를 설치하고 싶으면 다음과 같이 입력하자.

```
npm install 패키지-이름
```

npm으로 패키지를 제거하려면 다음과 같이 한다.

```
npm remove 패키지-이름
```

얀

대안으로 얀Yarn이 있다. 얀은 2016년 페이스북이 익스포넌트Exponent, 구글, 틸드Tilde와 협력해 발표한 도구다. 얀 프로젝트는 페이스북 등의 회사가 의존 관계를 좀 더 신뢰성 있게 관리할 수 있도록 돕는다. npm을 사용한 작업 흐름에 익숙하다면, 얀을 잘 사용하는 것도 꽤 쉬울 것이다. 먼저, npm에 전역(-g) 옵션을 사용해 얀을 설치한다.

```
npm install -g yarn
```

이제 패키지를 설치할 준비가 됐다. `package.json`에서 의존 관계를 설치하려면 `npm install` 대신에 `yarn`을 사용하면 된다.

특정 패키지를 설치하는 경우도 비슷한 명령을 사용한다.

```
yarn add [패키지-이름]
```

의존 관계를 없애는 명령도 익숙하게 느껴질 것이다.

```
yarn remove [패키지-이름]
```

얀은 페이스북에서 프로덕션 환경에서 사용되고 있고, 리액트, 리액트 네이티브, Create React App과 같은 프로젝트에도 포함되어 있다. `yarn.lock` 파일이 있는 프로젝트가 바로 얀을 사용하는 프로젝트이다. `npm install` 명령과 비슷하게 프로젝트 디렉터리 안에서 `yarn`을 실행하면 프로젝트의 모든 의존 관계를 설치할 수 있다.

이것으로 리액트 개발을 위한 환경 설정을 마쳤다. 이제 배움에 걸림돌이 되는 것들을 하나하나 제거해 나갈 때이다. 2장에서는 리액트 코드에서 자주 볼 수 있는 최신 자바스크립트 문법을 익힐 것이다.

CHAPTER 2

리액트를 위한 자바스크립트

자바스크립트는 1995년 탄생한 이래 수많은 변화를 겪어왔다. 처음에 자바스크립트는 웹 페이지에 버튼 클릭, 마우스 호버^{hover} 상태, 입력 폼 검증 등의 상호작용을 추가하기 위해 만들어진 언어였다. 그 후 DHTML과 AJAX를 거치면서 더 활발히 사용되어 왔다. 노드가 등장함에 따라 이제 자바스크립트는 풀 스택 애플리케이션을 개발하는 데 쓰이는 언어가 되었다. 이제 자바스크립트를 모든 곳에서 볼 수 있다.

자바스크립트 언어의 변화는 자바스크립트를 사용하는 기업이나 브라우저 벤더, 커뮤니티 리더 등에서 선정된 개인들의 그룹에 의해 주도된다. 장기적인 자바스크립트 변경을 이끌어 나가는 위원회는 유럽 컴퓨터 제조사 위원회^{European Computer Manufacturers Association}(ECMA)이다. 자바스크립트 언어 변경은 커뮤니티에 의해 이뤄진다. 누구든지 자바스크립트를 어떻게 변경할지에 대한 제안을 ECMA에 제출할 수 있다(https://tc39.github.io/process-document/). ECMA 위원회는 이런 제안서를 관리하고, 우선순위를 부여해서 여러 가지 명세에 어떤 것이 포함될지를 결정하는 책임을 진다.

1997년 최초로 ECMAScript의 첫 번째 버전인 ECMAScript1이 릴리스됐다. 그 후 1998년 ECMAScript2가 나왔고, 1999년 정규식^{regular expression}, 문자열을 다루는 기능 등이 추가된 ECMAScript3가 발표됐다. ECMAScript4에 대한 합의는 혼란스럽고 정치적인 이유로 엉망진창이 되어버렸으며, 결국 합의에 실패했다. 그로 인해 ECMAScript4는 결코 세상에 나올 수 없었다. 2009년 ECMAScript5(ES5)가 릴리스됐다. ES5에는 새로운 배열 처리 메서드, 객체 프로퍼티^{property}, JSON 지원 라이브러리 등의 기능이 포함됐다.

그 이후 이 분야에는 상당한 가속도가 붙었다. ES6는 말 그대로 2015년 나왔기 때문에 ES2015라 불리는데, ES2015 이후에는 매년 새로운 기능이 추가된 자바스크립트 언어 명세가 릴리스된다. 현재 제안 단계인 기능은 모두 ESNext라고 불리며, 향후 자바스크립트 명세에 들어갈 요소들을 간단히 부르고 싶을 때 ESNext라고 한다.

제안서는 잘 정의된 여러 단계를 거쳐서 채택된다. 0단계는 갓 제출된 제안서를 의미하며, 4단계는 채택이 결정된 제안서를 의미한다. 제안의 채택 가능성이 커지면 크롬^{Chrome}이나 파이어폭스^{Firefox} 등의 브라우저 벤더는 제안을 구현할 수 있다. const 키워드를 생각해보자. 변수를 만들 때 항상 var를 사용해왔다. ECMA 위원회는 상수(나중에 이에 대해 설명한다)를 정의할 때는 const를 사용하기로 했다. const가 처음 도입됐을 때는 const를 쓴 자바스크립트 코드가 그냥 브라우저에서 실행될 것으로 기대하기는 어려웠다. 하지만 이제는 브라우저 벤더들이 브라우저가 const를 지원하게 브라우저 코드를 바꿨기 때문에, const를 쓴 코드가 브라우저에서 잘 실행되리라 예상할 수 있다.

최신 브라우저는 본 장에서 설명할 대부분의 기능을 지원한다. 하지만 자바스크립트 코드를 컴파일^{compile}하는 방법도 설명할 것이다. 이 과정은 브라우저가 인식할 수 없는 최신 자바스크립트 문법을 브라우저가 인식할 수 있는 예전 자바스크립트 문법으로 변환하는 과정이다. kangax의 호환성 표(`https://oreil.ly/oe7la`)는 각 브라우저가 최신 자바스크립트 기능을 얼마나 잘 지원하는지를 계속 추적해나갈 수 있는 좋은 자료이다.

이번 장에서는 이 책에서 사용할 자바스크립트 문법을 모두 설명한다. 리액트를 사용하기에 충분할 정도로 자바스크립트 문법에 대한 지식을 제공하기 위해 노력했다. 아직 최신 자바스크립트 문법을 익히지 못한 독자라면, 지금이 최신 문법을 채택할 좋은 기회이다. 이미 최신 자바스크립트 기능에 익숙한 독자라면 이번 장을 건너뛰고 바로 3장을 읽어도 좋다.

2.1 변수 선언하기

ES2015 전에는 var를 사용하는 것이 변수를 선언하는 유일한 방법이었다. 이제는 더 나은 기능을 제공하는 몇 가지 변수 선언 방법이 추가됐다.

2.1.1 const 키워드

상수^{contant}는 값을 변경할 수 없는 변수이다. 일단 선언하고 나면 상수로 선언된 변수의 값을 변경할 수는 없다. 우리가 작성하는 자바스크립트 코드에는 변경해서는 안 되는 변수가 많다. 따라서 const를 많이 사용한다. 다른 많은 언어가 상수를 지원하는 것처럼, ES6부터 상수가 도입됐다.

상수가 없던 시절에는 모든 값을 변수에 넣어 사용했다. 하지만 변수는 값을 변경할 수 있다. 다음을 보자.

```
var pizza = true;
pizza = false;
console.log(pizza); // false
```

상수에 값을 재설정하는 것은 불가능하다. 따라서 상수 값을 혹시라도 변경하려고 하면 콘솔 오류(그림 2-1)가 발생한다.

```
const pizza = true;
pizza = false;
```

```
⊗ ▶ Uncaught TypeError: Assignment to constant variable.
```

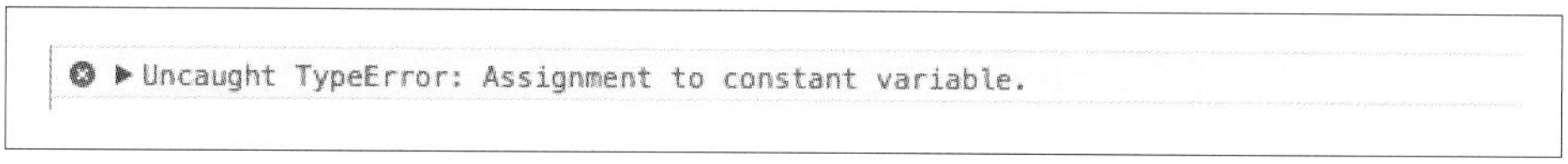

그림 2-1 상수를 변경하려고 시도함

2.1.2 let 키워드

자바스크립트도 이제는 **구문적인 변수 영역 규칙**$^{lexical\ variable\ scoping}$을 지원한다. 자바스크립트에서는 중괄호({})를 사용해 코드 블록을 만든다. 함수의 경우 이런 코드 블록이 별도의 변수 영역을 이룬다. 하지만, if/else 문 같은 경우는 다르다. 다른 언어를 사용해본 독자라면, if/else의 블록도 별도의 영역을 구성할 것으로 생각할 것이다. 하지만 실제로는 그렇지 않다.

if/else 블록 안에서 변수를 새로 만들면, 그 변수의 영역이 그 블록 안으로만 한정되지 않는다.

```
var topic = "자바스크립트";
if (topic) {
  var topic = "리액트";
  console.log('블록', topic); // 블록 리액트
}

console.log('글로벌', topic);  // 글로벌 리액트
```

이 코드에서 if 블록 안의 topic 변수를 변경하면 if 블록 밖의 topic 변수 값도 변경된다(실제로는 두 변수가 같은 변수이다[2]).

let 키워드를 사용하면 변수의 영역을 코드 블록 안으로 한정시킬 수 있다. let을 사용하면 블록 안에서 글로벌 변수를 보호할 수 있다.

```
var topic = "자바스크립트";

if (topic) {
  let topic = "리액트";
  console.log('블록', topic); // 블록 리액트
}

console.log('글로벌', topic);  // 글로벌 자바스크립트
```

if 블록 안의 topic을 변경해도 if 블록 바깥의 topic에는 아무런 영향이 없다.

중괄호가 새로운 영역을 만들어내지 못하는 다른 부분으로는 for 루프가 있다.

```
var div,
    container = document.getElementById('container');

for (var i=0; i<5; i++) {
  div = document.createElement('div');
  div.onclick = function() {
```

---

2 옮긴이_ 이 책의 독자라면 다 아는 내용이겠지만 이런 식으로 함수 안에 포함된 블록 내부에 정의된 변수를 함수 맨 처음에 정의하고 undefined로 초기화한 변수처럼 다루는 것을 호이스팅(끌어 올림, isting)이라고 부른다.

```
      alert('이것은 박스 #' + i + '입니다.');
    }
    container.appendChild(div);
  }
```

이 루프에서는 컨테이너 안에 5개의 div를 만든다. 각 div에는 그 div의 인덱스를 경고창에 표시해주는 onclick 핸들러가 할당된다. for 루프 안에서 i를 선언해도 글로벌 영역에 i가 생긴다. 그리고, i가 5가 될 때까지 for 루프를 돈다. 여러분이 5개의 div 박스 중 어느 것을 클릭하건, i의 값은 글로벌 변수 i에 있는 5이기 때문에 표시되는 인덱스는 모두 같다(그림 2-2).

그림 2-2 박스와 관계없이 i 값은 5임

var 대신 let을 사용해 루프 카운터 변수 i를 선언하면 i의 영역이 블록으로 제한된다. 이제 각 박스를 클릭하면 해당 박스를 루프에서 생성할 때 사용한 i 값이 정상적으로 표시된다(그림 2-3).

```
const container = document.getElementById('container');
let div;
for (let i=0; i<5; i++) {
  div = document.createElement('div');
  div.onclick = function() {
    alert('이것은 박스 #: ' + i + '입니다.');
  };
  container.appendChild(div);
}
```

그림 2-3 let으로 i의 영역을 제한함

let으로 i의 영역을 제한한다.

2.1.3 템플릿 문자열

템플릿 문자열template string을 문자열 연결concatenation 대신 사용할 수 있다. 템플릿 문자열을 사용하면 문자열 중간에 변수를 삽입할 수도 있다.

전통적인 문자열 연결은 더하기 기호(+)로 문자열과 변수를 서로 이어붙이는 방식을 사용한다.

```
console.log(lastName + ", " + firstName + " " + middleName);
```

템플릿에서는 변수를 ${}를 사용해 문자열 안에 집어넣을 수 있기 때문에, 문자열을 단 하나만 사용해도 된다.

```
console.log(`${lastName}, ${firstNamc} ${middleName}`);
```

템플릿 문자열의 ${}에는 값을 만들어내는 자바스크립트 식이라면 어떤 것이든 들어갈 수 있다.

템플릿 문자열은 공백(빈칸뿐 아니라 탭이나 개행 문자 등을 포함한다)을 유지한다. 따라서 전자우편 템플릿이나 코드 예제 등 공백이 들어가야 하는 문자열로 표시할 수 있는 다양한 틀에 템플릿 문자열을 사용할 수 있다. 이제는 코드가 깨질 염려 없이 여러 줄로 된 문자열을 만들 수 있다. [예제 2-1]은 탭과 개행 문자, 공백, 변수 이름을 전자우편 템플릿에서 사용하는 모습을 보여준다.

```
const email = `
${firstName} 님께,

${event} 티켓 ${qty} 건을 구매해 주셔서 감사합니다.

주문 상세 정보:
  ${lastName} ${firstName} ${middleName}
  ${qty} x $${price} = $${qty*price} 공연: ${event}

공연 시작 30분 전까지 배부처에서 티켓을 수령하시기 바랍니다.

감사합니다.

  ${ticketAgent} 드림
```

예전에는 HTML 문자열을 자바스크립트에서 직접 사용하려면 모든 문자열을 +로 연결하면서 한 줄로 처리해야 했기 때문에 그렇게 쉽지 않았다. 이제는 문자열 안의 공백 문자가 제대로 처리되기 때문에 코드에 이해하기 쉽게 잘 정렬한 HTML을 넣을 수 있다.

```
document.body.innerHTML = `
<section>
  <header>
    <h1>The HTML5 Blog</h1>
  </header>
  <article>
    <h2>${article.title}</h2>
    ${article.body}
  </article>
  <footer>
    <p>copyright ${new Date().getYear()} | The HTML5 Blog</p>
  </footer>
</section>
`;
```

여기서도 페이지 제목과 글의 본문에 변수를 포함시킬 수 있었다는 사실을 확인하기 바란다.

2.2 함수 만들기

자바스크립트에서 같은 작업을 반복 수행해야 할 때마다 함수를 사용할 수 있다. 함수를 만들 때 사용할 수 있는 여러 가지 문법을 살펴보고, 각 방식으로 만든 함수의 내부를 해부해보자.

2.2.1 함수 선언

함수 선언 또는 함수 정의는 function 키워드로 시작하고, 그 뒤에 함수 이름이 온다. 다음 코드에서 함수 이름은 logCompliment이다. 함수에 속한 자바스크립트 문장은 중괄호({}) 사이에 들어간다.

```
function logCompliment() {
  console.log("잘했어요!");
}
```

선언한 함수를 호출해 실행할 수 있다.

```
function logCompliment() {
  console.log("잘했어요!");
}

logCompliment();
```

함수가 호출되면 (함수 정의에서 함수 본문에 넣은) 위로의 글이 로그에 표시된다.

2.2.2 함수 표현식

함수를 만드는 다른 방법으로는 함수 표현식function expression이 있다. 함수 표현식은 (이름 없는) 함수를 만들며, 변수에 값을 대입할 수 있다.

```
const logCompliment = function() {
    console.log("잘했어요!");
};
logCompliment();
```

결과는 앞의 (이름 있는) 함수와 똑같다. 콘솔에 **"잘했어요!"**가 출력된다.

함수 선언과 함수 표현식 중 어떤 쪽을 사용할지 결정할 때 알아둬야 할 내용으로 함수 선언은 호이스팅되지만 함수 표현식은 그렇지 않다는 점을 들 수 있다. 즉 함수 선언을 작성하기 전에 함수를 호출해도 된다. 하지만 함수 표현식에 의해 만들어진 함수를 함수 표현식이 실행되기 전에 호출할 수는 없다. 이런 경우 오류가 발생한다. 다음 예를 보자.

```
// 선언하기 전에 함수를 호출한다
hey();

// 함수 선언
function hey() {
    alert("hey!");
}
```

이 코드는 제대로 작동한다. 브라우저에 알림창이 뜨는 모습을 볼 수 있다. 함수가 호이스팅, 즉 함수가 파일의 맨 앞에 정의된 것처럼 처리되기 때문에 이 코드가 제대로 작동한다. 같은 방식을 함수 표현식에 대해 적용하면 오류가 발생한다.

```
// 선언하기 전에 함수를 호출한다
hey();

// 함수 표현식
var hey = function() {
    alert("hey!");
};
```

```
TypeError: hey is not a function
```

이 예제는 분명 작은 예제일 뿐이지만 프로젝트에서 함수나 파일을 임포트^{import} 할 때도 TypeError가 발생하곤 한다. 이런 오류를 본다면 항상 함수를 선언으로 리팩터링하자.

인수 넘기기

logComplement 함수는 아무 인수^{argument}나 파라미터^{parameter}를 받지 않는다. 함수가 사용하는 변수에 대해 동적으로 값을 제공받고 싶다면, 함수 이름 뒤의 괄호 안에 파라미터 이름을 추가해서 함수를 선언하면 된다. `firstName`이라는 변수를 추가해 `logComplement`를 다시 정의하자.

```
const logCompliment = function(firstName) {
    console.log(`잘했어요, ${firstName}`);
};

logCompliment("현석");
```

`logCompilment` 함수를 호출하면 `firstName`의 값이 콘솔 메시지에 추가된다.

코드에 `message`라는 다른 인수를 추가할 수도 있다. 이제는 메시지를 하드코딩하지 않아도 된다. 파라미터를 통해 값을 동적으로 전달할 수 있다.

```
const logCompliment = function(firstName, message) {
  console.log(`${firstName}: ${message}`);
};

logCompliment("현석", "아주 멋져요");
```

값 반환하기

현재 `logComplement` 함수는 값을 콘솔에 남기지만, 실제로는 값을 돌려받기 위해 함수를 호출하는 경우가 더 흔하다. 함수에 `return` 문을 추가하자. `return` 문은 함수가 반환할 값을 지정해준다. 이제 함수 이름을 `createComplement`로 바꾸자.

```
const createCompliment = function(firstName, message) {
    return `${firstName}: ${message}`;
};

createCompliment("현석", "아주 멋져요");
```

함수가 원하는 대로 작동하는지 확인하고 싶다면, 함수 호출을 `console.log`로 둘러싸면 된다.

```
console.log(createCompliment("현석", "아주 멋져요"));
```

2.2.3 디폴트 파라미터

C++이나 파이썬과 같은 언어에서는 함수의 인자로 사용할 수 있는 디폴트 값을 선언할 수 있다. ES6 명세에는 디폴트 파라미터default parameter가 추가됐다. 따라서 함수를 호출하면서 인자 값을 지정하지 않으면 디폴트 값이 쓰인다.

예를 들어 디폴트 문자열을 다음과 같이 설정할 수 있다.

```
function logActivity(name="오성원", activity="테니스") {
  console.log( `${name}은 ${activity}를 좋아합니다.` );
}
```

logActivity 함수를 호출하면서 아무 인자도 지정하지 않아도 디폴트 값을 사용해 함수가 정상적으로 실행된다. 문자열뿐 아니라 어떤 타입의 값이라도 디폴트 값으로 사용할 수 있다.

```
const defaultPerson = {
  name: {
      first: "성원",
      last: "오"
  },
  favActivity: "테니스"
};

function logActivity(p=defaultPerson) {
  console.log(`${p.name.first}은(는) ${p.favActivity}를 좋아합니다.`);
}
```

2.2.4 화살표 함수

화살표 함수Arrow Functions는 ES6에 새로 추가된 유용한 기능이다. 화살표 함수를 사용하면 function 키워드 없이도 함수를 만들 수 있다. 화살표 함수에서는 return을 사용하지 않아도

식을 계산한 값이 자동으로 반환된다. 어떤 사람의 이름(firstName)을 인수로 받아서 지역 영주로 부르는 문자열을 반환하는 함수를 생각해보자.

```
const lordify = function(firstname) {
  return `켄터베리의 ${firstname}`;
}

console.log( lordify("오성원") );  // 캔터베리의 오성원
console.log( lordify("오정원") );  // 켄터베리의 오정원
```

화살표 함수를 사용하면 이 예제 함수를 아주 간단하게 만들 수 있다.

```
const lordify = firstname => `캔터베리의 ${firstname}`;
```

화살표(=>)를 사용하면 한 줄로 모든 함수 정의를 끝낼 수 있다. function 키워드를 없애고, 화살표가 어떤 값을 반환하는지를 지정해주기 때문에 return도 없앴다. 다른 장점 하나는 함수가 파라미터를 단 하나만 받는 경우 파라미터 주변의 괄호를 생략해도 된다는 것이다.

파라미터가 2개 이상이라면 괄호가 필요하다.

```
// 전형적인 방식
var lordify = function(firstName, land) {
  return `${land}의 ${firstName}`;
};

// 화살표 함수
var lordify = (firstName, land) => `${land}의 ${firstName}`;

console.log( lordify("오성원", "브리즈번") );   // 브리즈번의 오성원
console.log( lordify("오정원", "시드니") );      // 시드니의 오정원
```

지금까지는 반환해야 하는 것이 단 한 문장이었기 때문에 한 줄로 화살표 함수 정의를 끝냈다.

하지만 결과를 계산하기 위해 여러 줄을 사용해야 한다면 중괄호로 함수 본문 전체를 둘러싸야 한다.

```
const lordify = (firstName, land) => {
  if (!firstName) {
    throw new Error('lordify에게 이름을 넘겨야 합니다.');
  }

  if (!land) {
    throw new Error('영주에게는 영지가 있어야 합니다.');
  }

  return `${land}의 ${firstName}`;
}

console.log( lordify("이계영", "멜버른") );   // 멜버른의 이계영
console.log( lordify("오현석") );            // ! 자바스크립트 오류
```

if/else 문을 중괄호로 둘러싸야만 했지만, 여전히 화살표 함수가 더 짧다.

객체 반환하기

객체를 반환하고 싶으면 어떻게 해야 할까? 파라미터로 받은 firstName과 lastName에 따라 객체를 만들어주는 person이라는 함수를 생각해보자.

```
const person = (firstName, lastName) =>
{
  first: firstName,
  last: lastName
};

console.log(person("현석", "오"));
```

이 코드를 실행하면 "Uncaught SyntaxError: Unexpected token :" 라는 오류를 볼 수 있다. 이 오류를 고치려면 반환하려는 객체를 괄호로 둘러싸면 된다.

```
const person = (firstName, lastName) => ({
  first: firstName,
  last: lastName
});

console.log(person("현석", "오"));
```

자바스크립트나 리액트 앱에서 괄호를 빼먹어서 오류가 생기는 경우가 아주 많다. 따라서 이 방법을 꼭 기억해야 한다!

화살표 함수와 영역

일반 함수는 this를 새로 바인딩^{binding}한다. 예를 들어, 다음에서 this는 gangwon 객체가 아닌 그 어떤 것이다.

```
const gangwon = {
  resorts: ["용평","평창","강촌","강릉","홍천"],
  print: function(delay=1000) {
    setTimeout(function() {
      console.log(this.resorts.join(","));
    }, delay);
  }
};

gangwon.print(); // Cannot read property 'join' of undefined 라는 오류 발생
```

이 오류는 this.resorts의 join 메서드를 호출하려고 시도했기 때문에 발생했다. 이 경우 다음과 같이 this를 콘솔에 찍어보면, this가 window 객체임을 알 수 있다.[3]

```
console.log(this);  // Window {}
```

이 문제를 해결하기 위해, 화살표 함수를 사용하면 this의 영역이 제대로 유지된다.

```
var gangwon = {
  resorts: ["용평","평창","강촌","강릉","홍천"],
  print: function(delay=1000) {
    setTimeout(() => {
      console.log(this.resorts.join(","));
    }, delay);
```

---

3 옮긴이_ 여기서 재미있는 것은(그리고 다른 언어를 이미 잘 알고 있는 자바스크립트 초보자를 당황시키는 것은) print 프로퍼티를 정의하는 function(delay=1000){...}의 본문 안에서는 this가 gangwon 객체인 반면, 그 프로퍼티 안에서 setTimeout을 호출하면서 정의한 function() {...}의 this는 window 객체라는 사실이다. 일찍이 더그 크록포드(Douglas Crockford)는 『자바스크립트 핵심 가이드(JavaScript: The Good Parts)』에서 이런 방식이 자바스크립트의 설계 오류라고 지적했다. this 바인딩에 대해서는 다른 자바스크립트 기본서를 참고하기 바란다.

```
    }
  };

  gangwon.print(); // 용평, 평창, 강촌, 강릉, 홍천
```

이 코드는 정상 작동하며, .join을 사용해 리조트 이름을 콤마(,)로 연결할 수 있다. 하지만 항상 영역을 염두에 둬야 한다는 점에 유의하자. 화살표 함수는 새로운 this 영역을 만들어내지 않는다.

```
  var gangwon = {
    resorts: ["용평","평창","강촌","강릉","홍천"],
    print: (delay=1000) => {
      setTimeout(() => {
        console.log(this.resorts.join(","));
      }, delay);
    }
  };

  gangwon.print(); // Cannot read property 'join' of undefined 라는 오류 발생
```

print 프로퍼티를 화살표 함수로 바꾸면 this가 window 객체가 된다는 것을 의미한다.

2.3 자바스크립트 컴파일하기

새로운 자바스크립트 기능이 제안되고 호응을 얻으면, 커뮤니티 사람들은 모든 브라우저에서 이 기능을 사용하고 싶어한다. 새로운 기능이 제대로 작동하도록 보장하는 유일한 방법은 브라우저에서 코드를 실행하기 전에 더 호환성이 높은 코드로 변환하는 것이다. 이런 변환을 **컴파일링**compiling이라고 한다. 가장 유명한 자바스크립트 컴파일링 도구로는 바벨Babel(http://www.babeljs.io/)이 있다.

과거에는 최신 자바스크립트 기능을 사용하는 유일한 방법이 브라우저가 그 기능을 지원할 때까지 몇 주, 심지어는 몇 년을 기다렸다. 이제는 바벨을 통해 최신 자바스크립트 기능을 바로 사용할 수 있게 됐다. 컴파일링 단계는 자바스크립트를 다른 컴파일 언어와 비슷하게 느껴지게 만든다. 하지만 코드를 바이너리로 변환하는 것이 아니라는 점에서 전통적인 컴파일링과 자바

스크립트 컴파일링은 다르다. 자바스크립트 컴파일링은 코드를 더 많은 브라우저가 이해할 수 있는 다른 버전의 자바스크립트 구문으로 변환한다. 게다가 이제는 자바스크립트에서도 소스 코드가 생겨났다. 이 말은 브라우저에서 직접 실행할 수 없는 (그래서 컴파일이 필요한) 파일이 프로젝트에 들어 있는 경우도 있다는 뜻이다.

예를 들어 디폴트 파라미터가 지정된 화살표 함수를 살펴보자.

```
const add = (x=5, y=10) => console.log(x+y);
```

이 코드를 바벨로 변환하면 다음과 같은 코드가 생긴다.

```
"use strict";

var add = function add() {
var x = arguments.length <= 0 || arguments[0] === undefined ?
    5 : arguments[0];
  var y = arguments.length <= 1 || arguments[1] === undefined ?
    10 : arguments[1];
  return console.log(x + y);
};
```

바벨은 "use strict" 선언을 맨 위에 추가해서 코드가 엄격한 모드에서 실행되도록 만든다. 그리고 arguments 배열을 통해 x와 y 파라미터의 디폴트 값을 처리한다. 여러분도 arguments를 익히 잘 알 것이다. 이렇게 만들어진 자바스크립트 코드는 다양한 브라우저에서 사용 가능하다.

바벨의 동작을 이해하는 아주 좋은 방법은 바벨 문서 페이지에서 바벨 REPL(https://babeljs.io/repl)을 실행해보는 것이다. 왼쪽에서 새로운 기능을 몇 가지 시노해보고, 예전 버전의 코드가 어떻게 생겼는지 살펴보라.

자바스크립트 컴파일은 보통 웹팩^{Webpack}이나 파슬^{Parcel}과 같은 자동화된 빌드 도구에 의해 처리된다. 나중에 이에 대해 더 자세히 설명한다.

2.4 객체와 배열

ES2016부터 객체와 배열을 다루는 방법과 객체와 배열 안에서 변수의 영역을 제한하는 방법을 다양하게 제공하기 시작했다. 이런 기능으로는 구조 분해destructuring, 객체 리터럴 개선, 스프레드 연산자spread operator 등이 있다.

2.4.1 구조 분해를 사용한 대입

구조 분해를 사용하면 객체 안에 있는 필드 값을 원하는 변수에 대입할 수 있다. 다음 sandwich 객체를 생각해보자. sandwich에는 4개의 필드가 있다. 하지만 그중에서 bread와 meat 필드의 값이 필요하다.

```
const sandwich = {
  bread: "더치 크런치",
  meat: "참치",
  cheese: "스위스",
  toppings: ["상추", "토마토", "머스타드"]
};

const {bread, meat} = sandwich;

console.log(bread, meat); // 더치 크런치 참치
```

이 코드는 sandwich를 분해해서 bread와 meat 필드를 같은 이름의 변수에 넣어준다. 두 변수의 값은 sandwich에 있는 같은 이름의 필드 값으로 초기화되지만, 두 변수를 변경해도 원래의 필드 값이 바뀌지는 않는다.

```
const sandwich = {
  bread: "더치 크런치",
  meat: "참치",
  cheese: "스위스",
  toppings: ["상추", "토마토", "머스타드"]
};

let {bread, meat} = sandwich;
```

```
bread = "마늘";
meat = "칠면조";

console.log(bread); // 마늘
console.log(meat);  // 칠면조

console.log(sandwich.bread, sandwich.meat); // 더치 크런치 참치
```

객체를 분해해서 함수의 인자로 넘길 수도 있다. 어떤 사람의 이름을 캔터베리의 영주처럼 표현해주는 함수를 생각해보자.

```
const lordify = regularPerson => {
  console.log(`캔터베리의 ${regularPerson.firstname}`);
};

var regularPerson = {
  firstname: "현석",
  lastname: "오"
};

lordify(regularPerson); // 켄터베리의 현석
```

객체의 필드에 접근하기 위해 섬(.)과 필드 이름을 사용하는 대신, regularPerson에서 필요한 값을 구조 분해로 가져올 수도 있다.

```
const lordify = ({firstname}) => {
  console.log(`켄터베리의 ${firstname}`)
};

const regularPerson - {
  firstname: "현석",
  lastname: "오"
};

lordify(regularPerson); // 켄터베리의 현석
```

데이터를 변경하고 이에 맞춰 한 수준 더 깊이 들어가보자. 이제는 regularPerson 객체 안에 spouse를 키로 하는 새로운 객체를 포함시킨다.

```
const regularPerson = {
  firstname: "현석",
  lastname: "오",
  spouse: {
    firstname: "계영",
    lastname: "이"
  }
};
```

배우자의 이름도 캔터베리의 영주로 만들고 싶다. 함수에 있는 구조 분해 인수를 약간만 조정해주면 된다.

```
const lordify = ({ spouse: { firstname } }) => {
  console.log(`켄터베리의 ${firstname}`);
};
lordify(regularPerson); // 켄터베리의 계영
```

콜론과 내포된 중괄호를 사용해 `firstname`을 `spouse` 객체로부터 구조 분해할 수 있다.

2.4.2 배열 구조 분해하기

배열을 구조 분해해서 값을 뽑아낼 수도 있다. 배열의 첫 번째 원소를 변수에 대입하고 싶다고 가정하자.

```
const [firstAnimal] = ["캥거루","웜뱃","코알라"];

console.log(firstAnimal); // 캥거루
```

불필요한 값을 콤마(,)를 사용해 생략하는 **리스트 매칭**list matching을 사용할 수도 있다. 변수에 대입하지 않고 무시하고 싶은 원소의 위치에 콤마를 넣으면 리스트 매칭을 사용하는 것이다. 앞에서 본 것과 같은 배열에서 최초의 두 원소를 콤마로 대치하면 다음과 같다.[4]

---

4 옮긴이_ 저자는 원소를 콤마로 대치한다고 표현하지만, 배열에서 변수에 대입하고 싶지 않은 원소의 위치에 아무 것도 넣지 않는 것으로 생각하는 편이 나아 보인다. 예를 들어 var [x,,z] = [1,2,4] 같은 경우 저자가 설명한 방식으로는 이해하기가 어렵다.

```
const [,,thirdAnimal] = ["캥거루","웜뱃","코알라"];

console.log(thirdAnimal); // 코알라
```

이번 장 뒤에서 이 예제를 좀 더 자세히 살펴볼 것이다. 그때 배열과 스프레드 연산자를 조합하는 방법에 대해서도 함께 설명한다.

2.4.3 객체 리터럴 개선

객체 리터럴 개선object literal enhancement은 구조 분해의 반대라 할 수 있다. 객체 리터럴 개선은 구조를 다시 만들어내는 과정 또는 내용을 한데 묶는 과정이라 할 수 있다. 객체 리터럴 개선을 사용하면 현재 영역에 있는 변수를 객체의 필드로 묶을 수 있다.

```
const name = "탈락";          // 캘리포니아에 있는 산
const elevation = 9738;      // 고도(단위: 피트)

const funHike = {name, elevation};

console.log(funHike); // {name: "탈락", elevation: 9738}
```

이제 funHike 객체에는 name과 elevation이라는 필드가 들어가 있다.

객체 리터럴 개선 또는 객체 재구축을 통해 객체 메서드를 만드는 것도 가능하다.

```
const name = "탈락";
const elevation = 9738;
const print = function() {
  console.log(`${this.name} 산의 높이는 ${this.elevation} 피트입니다.`)
};

const funHike = {name,elevation,print};

funHike.print(); // 탈락 산의 높이는 9738 피트입니다.
```

이때 객체의 키에 접근하기 위해 this를 사용했다는 사실에 유의하자.

객체 메서드를 정의할 때는 더 이상 function 키워드를 사용하지 않아도 된다.

```
// 옛날 방식
var skier = {
  name: name,
  sound: sound,
  powderYell: function() {
    var yell = this.sound.toUpperCase();
    console.log(`${yell} ${yell} ${yell}!!!`);
  },
  speed: function(mph) {
    this.speed = mph;
    console.log('속력(mph):', mph);
  }
}

// 새로운 방식
const skier = {
  name,
  sound,
  powderYell() {
    let yell = this.sound.toUpperCase();
    console.log(`${yell} ${yell} ${yell}!!!`);
  },
  speed(mph) {
    this.speed = mph;
    console.log('속력(mph):', mph);
  }
}
```

객체 리터럴 개선을 통해 현재 영역에서 볼 수 있는 변수들을 객체의 필드에 대입할 수 있으며, function 키워드를 입력하지 않아도 되기 때문에 타이핑해야 할 양이 줄어든다.

2.4.4 스프레드 연산자

스프레드 연산자spread operator는 3개의 점(...)으로 이뤄진 연산자로 몇 가지 다른 역할을 담당한다. 첫째로 스프레드 연산자를 사용해 배열의 내용을 조합할 수 있다. 예를 들어 두 배열이 있다면, 두 배열의 모든 원소가 들어간 세 번째 배열을 만들 수 있다.

```
const peaks = ["대청봉", "중청봉", "소청봉"];
const canyons = ["천불동계곡", "가야동계곡"];
const seoraksan = [...peaks, ...canyons];

console.log(seoraksan.join(', ')); // 대청봉, 중청봉, 소청봉, 천불동계곡, 가야동계곡
```

peaks와 canyons에 포함된 모든 원소가 seoraksan이라는 새 배열에 들어간다.

이제 스프레드 연산자가 해결해주는 문제를 한 가지 살펴보자. 앞의 예제에서 정의한 peaks 배열에서 마지막 원소를 변수에 담고 싶다. Array.reverse 메서드를 사용해 배열을 뒤집고 구조 분해를 사용해 첫 번째 원소를 변수에 넣으면 될 것 같다. 다음을 보자.

```
const peaks = ["대청봉", "중청봉", "소청봉"];
const [last] = peaks.reverse();

console.log(last);            // 소청봉
console.log(peaks.join(', ')); // 소청봉, 중청봉, 대청봉
```

문제점을 알 수 있는가? 실제로 reverse 메서드는 원래의 배열을 변경한다. 하지만 스프레드 연산을 사용하면 원본 배열을 뒤집지 않고 복사본을 만들어서 뒤집을 수 있다.

```
const peaks = ["대청봉", "중청봉", "소청봉"];
const [last] = [...peaks].reverse();

console.log(last);            // 소청봉
console.log(peaks.join(', ')); // 대청봉, 중청봉, 소청봉
```

스프레드 연산자를 사용해 배열의 원소들을 복사했기 때문에, 원본인 **peaks**는 변경되지 않고 그대로 남게 된다. 따라서 나중에 필요할 때 그것을 다시 사용할 수 있다.

또한 스프레드 연산자를 사용해 배열의 나머지 원소들을 얻을 수도 있다.

```
const lakes = ["경포호", "화진포", "송지호", "청초호"];
const [first, ...rest] = lakes;

console.log(rest.join(", ")); // "화진포, 송지호, 청초호"
```

세 점(...) 구문을 사용해 함수의 인자를 배열로 모을 수도 있다. 이런 식으로 함수 파라미터 정의에서 스프레드 연산자가 쓰일 때는 레스트 파라미터^{rest parameters}라고 부른다. 다음 예제에서는 n개의 인자를 스프레드 연산자를 사용해 배열로 모은 다음에, 그 배열을 사용해 여러 가지 내용을 콘솔 메시지로 찍는 함수를 보여준다.

```javascript
function directions(...args) {
  let [start, ...remaining] = args;
  let [finish, ...stops] = remaining.reverse();

  console.log(`${args.length} 도시를 운행합니다.`);
  console.log(`${start}에서 출발합니다.`);
  console.log(`목적지는 ${finish}입니다.`);
  console.log(`중간에 ${stops.length} 군데를 들립니다.`);
}

directions(
  "서울",
  "수원",
  "천안",
  "대전",
  "대구",
  "부산"
);
```

directions 함수는 스프레드 연산자를 사용해 인자를 받는다. 첫 번째 인자는 start 변수에 대입된다. 마지막 인자는 finish 변수에 Array.reverse를 통해 대입된다. 그 후 args 배열의 length를 사용해서 얼마나 많은 도시를 지나는지를 보여준다. 목적지에 가는 동안 들러야 하는 도시의 수는 args 배열에서 2(출발지와 도착지)를 뺀 것이다. directions 함수에 임의의 개수의 경유 도시를 넘길 수 있기 때문에 이런 기능은 매우 편리하다.

스프레드 연산자를 객체에도 사용할 수 있다(레스트/스프레드 프로퍼티에 대한 깃허브 페이지 https://oreil.ly/kCpEL를 보라). 객체에 스프레드 연산자를 사용하는 방법도 배열에 스프레드 연산자를 사용하는 경우와 비슷하다. 다음 예제에서는 두 배열을 세 번째 배열로 합쳤던 과정과 같은 것을 배열 대신 객체를 사용해 수행한다.

```
const morning = {
  breakfast: "미역국",
  lunch: "삼치구이와 보리밥"
};

const dinner = "스테이크 정식";

const backpackingMeals = {
  ...morning,
  dinner
};

console.log(backpackingMeals);
// {breakfast: "미역국", lunch: "삼치구이와 보리밥", dinner: "스테이크 정식"}
```

2.5 비동기 자바스크립트

지금까지 2장에서 살펴본 코드 예제는 모두 동기적^{synchronous}이었다. 동기적인 자바스크립트 코드를 작성할 때는 일련의 명령이 순서대로 실행된다. 예를 들어 자바스크립트를 사용해 간단한 DOM 조작을 수행하기 위해 다음과 같은 코드를 작성할 수 있다.

```
const header = document.getElementById("heading");
header.innerHTML = "Hey!";
```

이들은 명령문들이다. "자, id가 heading인 엘리먼트를 찾아와. 그리고 그 엘리먼트를 찾으면 내부 HTML에 Hey!라는 문자열을 넣으면 어떨까?"라고 말하는 것이다. 이 작업은 동기적으로 이뤄진다. 각 연산이 일어나는 동안 다른 어떤 일도 벌어질 수 없다.

현대적인 웹에서는 비동기^{asynchronous} 작업을 수행할 필요가 있다. 이런 작업 중에는 완료가 될 때까지 기다려야만 하는 경우도 자주 있다. 데이터베이스에 접근할 수도 있고, 비디오나 오디오 콘텐츠를 스트림으로 받아올 수도 있다. API에서 데이터를 받아와야 할 수도 있다. API가 데이터를 반환할 때까지 자바스크립트는 자유롭게 다른 일을 할 수 있다. 지난 몇 년 동안 이런 식의 비동기 처리를 더 쉽게 수행할 수 있는 방향으로 자바스크립트가 진화해왔다. 이제 비동기 처리를 쉽게 할 수 있는 방법에 대해 살펴보자.

2.5.1 단순한 프라미스와 fetch

REST API에 요청을 보내는 일은 상당히 귀찮은 일이었다. REST API로부터 간단한 데이터를 앱이 받아오려면 20줄이 넘는 코드를 작성해야만 했다. 그 후 `fetch()` 함수가 등장하면서 우리 삶이 편해졌다. `fetch`를 채택한 ECMAScript 위원회에게 고마울 따름이다.

`randomuser.me` API로부터 데이터를 가져와보자. 이 API에는 가짜 멤버에 대한 전자우편 주소, 이름, 전화번호, 집 주소 등의 정보가 들어 있으며, 그런 데이터를 더미dummy로 활용하기 좋다. `fetch`는 유일한 인수로 데이터를 받아올 URL을 받는다.

```
console.log(fetch("https://api.randomuser.me/?nat=US&results=1"));
```

콘솔 로그를 보면 대기 중인pending **프라미스**promise를 볼 수 있다. 프라미스는 자바스크립트에서 비동기적인 동작을 잘 처리할 수 있게 해준다. 대기 중인 프라미스는 데이터가 도착하기 전의 상태를 표현한다. `.then()`이라는 함수를 대기 중인 프라미스에 연쇄 호출해야 한다. 이 함수는 콜백 함수를 인수로 받으며, 바로 앞에 있는 연산(프라미스)이 성공하면 콜백이 호출된다. 다른 말로 하면, `fetch()`는 데이터를 받아오고, `then()`은 데이터가 도착하면 그 데이터를 가지고 다른 일을 한다.

여기서 우리가 하고 싶은 일은 응답을 JSON으로 바꾸는 것이다.

```
fetch("https://api.randomuser.me/?nat=US&results=1").then(res =>
  console.log(res.json())
);
```

`then`은 프라미스가 정상적으로 완료되면 콜백 함수를 한 번만 호출한다. 이 콜백 함수가 반환하는 값은 그다음에 오는 `then` 함수의 콜백에 전달되는 인자가 된다. 따라서 성공적으로 처리된 프라미스를 처리하기 위해 `then` 함수를 연쇄적으로 호출할 수 있다.

```
fetch("https://api.randomuser.me/?nat=US&results=1")
  .then(res => res.json())
  .then(json => json.results)
  .then(console.log)
  .catch(console.error);
```

우선 fetch를 호출해 randomuser.me에 대한 GET 요청을 보낸다. 요청이 성공하면 응답 본문을 JSON으로 변환한다. 그 후 JSON 데이터 중에서 results를 얻는다. 그 후 콘솔에 results의 값을 출력한다. 마지막에 있는 catch 함수는 fetch가 성공하지 못한 경우 콜백을 호출해준다. 여기서는 console.error를 사용해 그냥 오류를 콘솔에 출력했다.

2.5.2 async/await

비동기 프라미스를 처리하는 다른 유명한 방법으로 async 함수를 만드는 방법이 있다. async 를 사용하는 코드는 전통적인 동기적인 방식의 코드와 비슷하기 때문에, 일부 개발자는 async 방식을 더 선호한다. then 함수를 연쇄 호출해 프라미스의 결과를 기다리는 대신, async 함수 는 프라미스 다음에 있는 코드를 실행하기 전에 프라미스가 끝날 때까지 기다리라고 명령할 수 있다.

randomuser.me에 대한 요청을 이번에는 async 함수를 사용해 만들어보자.

```
const getFakePerson = async () => {
  let res = await fetch("https://api.randomuser.me/?nat=US&results=1");
  let { results } = res.json();
  console.log(results);
};

getFakePerson();
```

여기서 getFakePerson 함수 앞에 async라는 키워드가 있다는 점에 유의하자. 이 키워드는 getFakePerson 함수를 비동기 함수로 만들어준다. 비동기 함수에서는 코드를 더 진행하기 전 에 프라미스가 완료될 때까지 기다릴 수 있다. 프라미스 호출 앞에 await 키워드를 붙이면, 프 라미스가 완료될 때까지 기다렸다가 함수가 진행된다. 이 코드는 앞 절에서 보여준 then 함수 를 사용하는 코드와 완전히 똑같은 일을 한다. 사실은 거의 비슷한 일을 한다.

```
const getFakePerson = async () => {
  try {
    let res = await fetch("https://api.randomuser.me/?nat=US&results=1");
    let { results } = res.json();
    console.log(results);
```

```
    } catch (error) {
      console.error(error);
    }
  };

  getFakePerson();
```

이제 다 됐다. 이제는 앞 절에서 본 **then**을 사용한 코드와 완전히 같은 일을 한다. `fetch` 호출이 성공하면 결과를 콘솔 로그에 남긴다. 실패하면 `console.error`를 사용해 오류를 콘솔에 남긴다. `async`와 `await`을 사용할 때는 프라미스 호출 주변을 `try...catch` 블록으로 둘러싸서 정상적으로 완료되지 않은 프라미스에서 발생한 오류를 처리할 필요가 있다.

2.5.3 프라미스 만들기

비동기 요청을 하면 발생할 수 있는 경우는 2가지다. 즉 모든 일이 원하는 대로 잘 풀리거나, 오류가 생길 수 있다. 요청 성공이나 실패에는 다양한 유형이 있다. 예를 들어 성공할 때까지 여러 번 다른 방법으로 데이터를 가져오려고 시도할 수도 있다. 또 여러 유형의 오류를 받을 수도 있다. 프라미스를 사용하면 간단하게 비동기 작업의 성공이나 실패를 돌려줄 수 있다.

`getPeople` 함수는 새로운 프라미스를 반환한다. 프라미스는 API에 요청을 보낸다. 프라미스가 성공하면 데이터를 읽어온다. 프라미스가 성공하지 않으면 오류를 발생시킨다.

```
const getPeople = count =>
  new Promise((resolves, rejects) => {
    const api = `https://api.randomuser.me/?nat=US&results=${count}`;
    const request = new XMLHttpRequest();
    request.open("GET", api);
    request.onload = () =>
      request.status === 200
        ? resolves(JSON.parse(request.response).results)
        : reject(Error(request.statusText));
    request.onerror = err => rejects(err);
    request.send();
  });
```

이 코드로 프라미스가 만들어진다. 하지만 아직 프라미스를 사용하지는 않았다. getPeople 함수를 호출하면서 원하는 회원 수를 전달하면 프라미스를 만들 수 있다. then 함수를 연쇄시켜서 프라미스가 완료되면 원하는 일을 할 수 있다. 프라미스가 실패하면 자세한 정보가 catch 함수에 전달한 콜백에게 전달된다. 또는 async/await 구문을 사용하면 catch 블록으로 오류 정보가 전달된다.

```
getPeople(5)
  .then(members => console.log(members))
  .catch(error => console.error(`getPeople failed: ${error.message}`));
```

프라미스를 사용하면 비동기 요청을 쉽게 처리할 수 있다. 자바스크립트에서는 비동기 처리를 할 일이 많기 때문에 이는 좋은 일이다. 현대 자바스크립트 엔지니어는 비동기 동작에 대해 잘 이해해야만 한다.

2.6 클래스

ES2015 이전에는 공식적으로 자바스크립트 명세에 클래스 문법이 없었다. 클래스가 도입되면서 자바나 C++과 같은 전통적인 객체지향 언어와 비슷한 구문을 제공한다는 점으로 인해 흥분한 개발자들이 많았다. 과거 몇 년간은 리액트 라이브러리가 사용자 인터페이스 컴포넌트를 만들 때 클래스에 주로 의존했다. 오늘날, 리액트는 점차 클래스를 멀리하기 시작했고, 함수를 사용해 컴포넌트를 구성한다. 하지만 레거시 리액트 코드나 다른 자바스크립트 세계에서 클래스를 자주 볼 것이다. 따라서 간단하게 클래스에 대해 살펴보자.

자바스크립트는 **프로토타입을 사용한 상속**prototypical inheritance라고 불리는 방법을 사용한다. 이 기법은 객체지향처럼 느껴지는 구조를 만들어내기 위한 기법이다. 예를 들어, new를 사용해 호출해야 하는 Vacation 생성자를 다음과 같이 정의할 수 있다.

```
function Vacation(destination, length) {
  this.destination = destination;
  this.length = length;
}
```

```
Vacation.prototype.print = function() {
  console.log(this.destination + "은(는) " + this.length + " 일 걸립니다.");
};

const maui = new Vacation("마우이", 7);

maui.print(); // 마우이은(는) 7 일 걸립니다.
```

이 코드는 객체지향 언어의 커스텀 타입과 비슷한 느낌의 물건을 만들어낸다. Vacation에는 프로퍼티property(destionation, length)들과 메서드(print)가 있다. maui 인스턴스는 프로토타입을 통해 print 메서드를 상속받는다. 더 표준적인 클래스에 익숙한 개발자라면 이런 방식에 상당히 화가 날 수도 있다. 이런 화를 가라앉히기 위해 ES2015에는 클래스 선언이 추가됐다. 하지만 자바스크립트는 여전히 기존의 방식과 같이 작동한다. 함수는 객체이며 상속은 프로토타입을 통해 처리된다. class는 단지 이 기가 막힌 프로토타입 구문에 대한 구문적 편의syntatic sugar를 제공할 뿐이다.

```
class Vacation {

  constructor(destination, length) {
    this.destination = destination;
    this.length = length;
  }

  print() {
    console.log(`${this.destination}은(는) ${this.length} 일 걸립니다.`);
  }

}
```

클래스를 만들 때는 보통 클래스 이름의 첫 글자를 대문자로 표시한다. 클래스를 만들고 나면 new 키워드를 사용해 해당 클래스의 새로운 인스턴스instance를 만들 수 있다. 그 후, 인스턴스의 메서드를 호출할 수 있다.

```
const trip = new Vacation("칠레 산티아고", 7);

console.log(trip.print()); // 칠레 산티아고은(는) 7 일 걸립니다.
```

클래스 객체를 만들고 나면 새로운 객체를 생성하기 위해 원하는 만큼 **new**를 호출할 수 있다. 클래스를 확장할 수도 있다. 기존의 클래스(부모parent 또는 상위super 클래스)를 확장한 새로운 클래스(자식child 또는 하위sub 클래스)는 상위 클래스의 모든 프로퍼티와 메서드를 상속한다. 이렇게 상속한 메서드나 프로퍼티를 하위 클래스 선언 안에서 변경할 수도 있다. 하지만 디폴트로 모든 메서드와 프로퍼티가 상속될 것이다.

Vacation을 여러 가지 휴가 타입을 정의하기 위한 추상 클래스로 사용할 수도 있다. 예를 들어, Expedition은 Vaction 클래스를 확장하되 장비를 표현하는 프로퍼티(gear)를 포함한다.

```
class Expedition extends Vacation {

  constructor(destination, length, gear) {
    super(destination, length);
    this.gear = gear;
  }

  print() {
    super.print();
    console.log(`당신의 ${this.gear.join("와(과) 당신의 ")}를(을) 가져오십시오.`);
  }
}
```

여기서 간단한 상속 관계를 볼 수 있다. 하위 클래스는 상위 클래스의 프로퍼티를 상속한다. print()에서는 상위 클래스에 있는 print()를 호출한 다음에 Expedition에 있는 추가 정보를 출력했다. 상속을 사용해 만든 하위 클래스의 인스턴스를 만들 때도 상위 클래스의 인스턴스를 생성할 때와 마찬가지로 new 키워드를 사용한다.

```
const trip2 = new Expedition("한라산", 3,
                ["선글라스", "오색 깃발", "카메라"]);
trip2.print();

// 한라산은(는) 3 일 걸립니다.
// 당신의 선글라스와(과) 당신의 오색 깃발와(과) 당신의 카메라를(을) 가져오십시오.
```

2.7 ES6 모듈

자바스크립트 **모듈**module은 다른 자바스크립트 파일에서 이름 충돌이 없이 쉽게 불러서 활용할 수 있는 재사용 가능한 코드 조각을 말한다. 자바스크립트는 모듈을 한 모듈당 하나씩 별도의 파일로 저장한다. 모듈을 만들고 외부에 익스포트하는 방법에는, 한 모듈에서 여러 자바스크립트 객체를 외부에 노출시키는 방식과 한 모듈에 하나의 자바스크립트 객체를 노출시키는 방식이 있다.

text-helper.js 파일에 있는 다음 모듈은 두 함수를 외부에 노출시킨다.

```
export const print(message) => log(message, new Date());
export const log(message, timestamp) =>
  console.log(`${timestamp.toString()}: ${message}`};
```

export를 사용해 다른 모듈에서 활용하도록 이름(함수,[5] 객체, 변수, 상수 등이 될 수 있다)을 외부에 익스포트할 수 있다. 이 예제에서는 print 함수와 log 함수를 외부에 익스포트하는 중이다. text-helper.js에 정의된 다른 선언들은 이 모듈 내부에만 한정된다(즉, 로컬 선언이다).

경우에 따라 모듈에서 단 하나의 이름만을 외부에 익스포트하고 싶을 때가 있다. 그런 경우 export default를 사용할 수 있다. 다음 mt-freel.js 파일은 구체적인 탐험 계획을 외부에 노출시킨다.

```
const freel = new Expedition("프릴 산", 2, ["식수", "간식"]);

export default freel;
```

export default는 오직 하나의 이름만을 노출하는 모듈에서 export 대신 사용할 수 있다. 다시 말하지만 export나 export default에서는 기본 타입, 객체, 배열, 함수 등 모든 타입의 자바스크립트 이름을 외부에 노출시킬 수 있다.

import 명령을 사용해 다른 자바스크립트 파일에 있는 모듈을 불러와 사용할 수 있다. 외부에 여러 이름을 노출한 모듈을 임포트할 때는 객체 구조 분해를 활용할 수 있다. export

---

5   옮긴이_ 타입 이름은 생성자 함수의 이름과 같았다는 사실을 기억한다면 함수나 객체를 외부에 노출시킬 수 있다는 것이 클래스 이름을 외부에 노출 시킬 수 있다는 것과 동일함을 알 수 있을 것이다.

default를 사용해 한 이름만을 노출한 경우에는 노출된 대상을 한 이름으로 부를 수 있다.

```
import { print, log } from './text-helpers';
import freel from './mt-freel';

print('메시지를 print');
log('메시지를 log');

freel.print();
```

모듈에서 가져온 대상에 다른 이름을 부여할 수도 있다.

```
import { print as p, log as l } from './text-helpers';

p('메시지를 print');
l('메시지를 log');
```

import *를 사용하면 다른 모듈에서 가져온 모든 이름을 사용자가 정한 로컬 이름 공간 안에 가둘 수 있다.

```
import * as fns from './text-helpers;
```

아직은 모든 브라우저나 노드가 import와 export 구문을 완전히 지원하지는 못한다. 하지만 다른 최신 자바스크립트 문법과 마찬가지로 바벨은 import와 export를 지원한다. 이 말은 소스 코드에서 이런 문장을 사용하면 바벨이 어떤 파일에서 모듈을 찾아서 포함시켜야 할지 알 수 있다는 뜻이다.

2.7.1 커먼JS

커먼JS^{CommonJS}는 모든 버전의 노드에서 지원하는 일반적인 모듈 패턴이다(https://oreil. ly/CN-gA). 여전히 이런 방식의 모듈을 바벨이나 웹팩에서 사용할 수 있다. 커먼JS를 사용하면 module.exports를 사용해 자바스크립트 객체를 익스포트할 수 있다.

예를 들어 커먼JS에서 print와 log 함수를 객체로 반환할 수 있다.

```
const print(message) => log(message, new Date());

const log(message, timestamp) =>
  console.log(`${timestamp.toString()}: ${message}`};

module.exports = {print, log};
```

커먼JS는 import 문을 지원하지 않는다. 그 대신, require 함수를 통해 모듈을 임포트할 수 있다.

```
const { log, print } = require('./txt-helpers');
```

자바스크립트는 정말로 빠르게 변하고 있으며, 엔지니어들의 요구가 언어에 반영되고 있다. 브라우저는 새로운 기능을 빠르게 구현하고 있다. 최신 호환성 정보가 필요한 독자는 ESNext 호환성 표(https://oreil.ly/rxTcg)를 살펴보라. 최신 자바스크립트 문법에 포함된 기능 대부분은 함수형 프로그래밍 기법을 지원하기 위한 것이다. 함수형 자바스크립트에서는 여러 함수를 모아둔 것으로 코드를 생각하고, 그런 함수를 서로 합성해서 애플리케이션을 구축한다. 우리는 다음 장에서 함수형 프로그래밍 기법을 좀 더 자세히 살펴보고, 왜 여러분이 함수형 프로그래밍을 사용해야 하는지에 대해 설명한다.

CHAPTER 3

자바스크립트를 활용한 함수형 프로그래밍

여러분이 리액트 프로그래밍의 세계를 탐험하기 시작하자마자, 함수형 프로그래밍이라는 주제가 자주 눈에 띈다는 사실을 깨달았을 것이다. 자바스크립트 프로젝트에서 함수형 기법의 사용이 점점 늘어나는 중이다.

함수형 기법인지도 모르고 이미 함수형 자바스크립트 코드를 작성해본 독자가 많을 것이다. 배열에 대해 map이나 reduce를 적용해 봤다면 여러분은 이미 함수형 프로그래머가 되는 첫걸음을 뗀 것이다. 함수형 프로그래밍 기법은 리액트 뿐 아니라 리액트 생태계를 이루는 여러 라이브러리의 근간이기도 하다.

함수형 프로그래밍이라는 개념이 언제부터 시작됐는지 궁금하다면, 해답은 1930년대이다. 1930년대 발명된 **람다 계산법**lambda calculus, 즉 **λ-계산법**이 함수형 프로그래밍의 시작이라 할 수 있다.[6] 17세기 함수가 등장한 이래 함수는 계속해서 계산법calculus의 일부였다. 함수를 함수에 넘기거나 함수가 함수를 결과로 내놓는 것도 가능하다. 다른 함수를 조작하고, 함수를 인자로 받거나 반환하는 것이 가능한 복잡한 함수를 **고차 함수**high order function라고 부른다. 1930년대에 알론조 처치Alonzo Church는 미국 프린스턴 대학교에서 람다 계산법을 발명하고, 고차 함수를 활용한 여러 가지 연구를 진행했다.

....

6 다나 스콧(Dana S. Scott), '람다 계산법: 과거와 현재'(λ–Calculus: Then and Now, `https://goo.gl/zTGoSr`). (이하 옮긴이) 참고로 다나 스콧은 튜링상에 빛나는 유명한 전산학자로 오토마타 이론이나 프로그래밍 언어 이론에 큰 족적을 남긴 사람이다. 또한, 본문에 나오는 알론조 처치가 다나 스콧의 박사과정 지도교수이기도 하다.

1950년대 말 존 맥카시John McCarthy는 람다 계산법에서 비롯된 개념을 활용해 새로운 프로그래밍 언어를 만들었는데, 바로 그 언어가 리스프Lisp이다. 리스프는 고차 함수라는 개념과 함수가 **1급 시민**first class citizen 혹은 **1급 멤버**first class member라는 개념을 구현했다. 함수가 1급 시민이 되려면 변수에 함수를 대입할 수 있고, 함수를 다른 함수에 인자로 넘길 수 있으며, 함수에서 함수를 만들어서 반환할 수 있어야 한다.

이번 장에서는 함수형 프로그래밍의 핵심 개념을 몇 가지 살펴볼 것이다. 그리고 자바스크립트에서 함수형 기법을 구현하는 방법을 알아볼 것이다.

3.1 함수형이란 무엇인가?

자바스크립트에서는 함수가 1급 시민이기 때문에, 자바스크립트가 함수형 프로그래밍을 지원한다고 말할 수 있다. 일급 시민이라는 말은 정수나 문자열 같은 다른 일반적인 값과 마찬가지로 함수를 취급할 수 있다는 뜻이다. 최신 자바스크립트에는 함수형 프로그래밍 기법을 더 풍부하게 해주는 화살표 함수, 프라미스, 스프레드 연산자 등의 개선이 추가됐다.

자바스크립트에서는 함수가 애플리케이션의 데이터를 표현할 수도 있다. 문자열이나 수, 또는 다른 모든 값과 마찬가지로 var 키워드를 사용해서 함수를 정의할 수 있다.

```
var log = function(message) {
  console.log(message);
};

log("자바스크립트에서는 함수를 변수에 넣을 수 있습니다.");

// 자바스크립트에서는 함수를 변수에 넣을 수 있습니다.
```

화살표 함수를 사용해 같은 함수를 정의할 수 있다. 함수형 프로그래머들은 작은 함수를 아주 많이 작성하기 때문에 화살표 함수 구문을 사용할 수 있으면 훨씬 더 코딩이 간편해진다.

```
const log = message => {
  console.log(message);
};
```

이 두 문장은 같은 일을 한다. 두 문장 다 함수를 log라는 변수에 넣는다. 추가로 두 번째 문장에서는 const 키워드를 사용했기 때문에 log를 덮어쓰지 못하게 막아준다.

함수를 변수에 넣을 수 있는 것과 마찬가지로, 함수를 객체에 넣을 수도 있다.

```
const obj = {
  message: "함수를 다른 값과 마찬가지로 객체에 추가할 수도 있습니다.",
  log(message) {
    console.log(message);
  }
}

obj.log(obj.message);

// 함수를 다른 값과 마찬가지로 객체에 추가할 수도 있습니다.
심지어 함수를 배열에 넣을 수도 있다.
const messages = [
  "함수를 배열에 넣을 수도 있습니다.",
  message => console.log(message),
  "일반적인 값과 마찬가지입니다.",
  message => console.log(message)
]

messages[1](messages[0]) // 함수를 배열에 넣을 수도 있습니다.
messages[3](messages[2]) // 일반적인 값과 마찬가지입니다.
```

다른 값들과 마찬가지로 함수를 다른 함수에 인자로 넘길 수도 있다.

```
const insideFn = logger => {
  logger("함수를 다른 함수에 인자로 넘길수도 있습니다.");
};

insideFn(message => console.log(message));

// 함수를 다른 함수에 인자로 넘길수도 있습니다.
```

함수가 함수를 반환할 수도 있다. 이 또한 일반적인 값과 마찬가지이다.

```
const createScream = function(logger) {
  return function(message) {
```

```
      logger(message.toUpperCase() + "!!!");
  };
};

const scream = createScream(message => console.log(message));

scream('함수가 함수를 반환할 수도 있습니다.');
scream('createScream은 함수를 반환합니다.');
scream('scream은 createScream이 반환한 함수를 가리킵니다.');

// 함수가 함수를 반환할 수도 있습니다.
// CREATESCREAM은 함수를 반환합니다.
// SCREAM은 CREATESCREAM이 반환한 함수를 가리킵니다.
```

마지막 두 예제, 즉 함수가 함수를 인자로 받는 경우와 함수가 함수를 반환하는 경우를 고차함 수라고 부른다. createScream 고차 함수를 화살표 함수로 표현할 수도 있다.

```
const createScream = logger => message => {
  logger(message.toUpperCase() + "!!!");
};
```

이제부터는 함수를 선언할 때 사용한 화살표의 개수에 주의를 기울일 필요가 있다. 2개 이상의 화살표가 있다면 고차 함수를 사용하고 있다는 뜻이다.

자바스크립트에서는 함수가 일등 시민이기 때문에, 자바스크립트를 함수형 언어라고 말할 수 있 다. 함수가 일등시민이라는 말은 함수를 일반적인 데이터와 마찬가지로 취급한다는 뜻이다. 그 래서 함수를 일반적인 값과 마찬가지로 저장하거나 읽어오거나, 애플리케이션에서 흘려보낼 수 있다.

3.2 명령형 프로그래밍과 선언적 프로그래밍 비교

함수형 프로그래밍은 **선언적 프로그래밍**delarative programming이라는 더 넓은 프로그래밍 패러다임 의 한 가지이다. 선언적 프로그래밍은 필요한 것을 달성하는 과정을 하나하나 기술하는 것보다 필요한 것이 어떤 것인지를 기술하는 것에 더 방점을 두고 애플리케이션의 구조를 세워나가는 프로그래밍 스타일이다.

선언적 프로그래밍을 이해하기 위해 우리는 선언적 프로그래밍을 **명령형 프로그래밍**imperative programming과 비교할 것이다. 명령형 프로그래밍은 코드로 원하는 결과를 달성해 나가는 과정에만 관심을 두는 프로그래밍 스타일이다. 어떤 문자열을 URL에서 사용할 수 있게 만드는 일반적인 작업을 살펴보자. 공백은 URL에서 사용할 수 있는 문자가 아니므로, 문자열을 URL에서 사용할 수 있게(URL 친화적으로) 만들려면 모든 공백을 하이픈(-)으로 바꾸면 된다고 하자.[7] 우선, 명령형 프로그래밍에서 이 과업을 어떻게 달성할 수 있는지 살펴보자.

```
const string = " Restaurants in Hanalei";
const urlFriendly = "";

for (var i=0; i<string.length; i++) {
  if (string[i] === " ") {
    urlFriendly += "-";
  } else {
    urlFriendly += string[i];
  }
}

console.log(urlFriendly);  // "Restaurants-in-Hanalei"
```

이 예제는 문자열의 모든 문자에 대해 루프를 돌면서 공백이 발생할 때마다 그 공백을 -로 바꾼다. 이런 구조의 프로그램은 우리가 원하는 것을 달성하는 방법에만 신경을 쓴다. for 루프와 if 문을 사용하고 대입 연산자(+=)를 사용해 값을 설정한다. 이 코드 자체를 간단히 살펴보는 것만으로는 우리가 즉시 알 수 있는 점이 많지 않다. 명령형 프로그램에서는 코드 안에서 어떤 일이 벌어지는지 코드를 읽는 사람이 더 잘 이해할 수 있게 돕기 위해 주석을 많이 달 필요가 있다.

이제 같은 문제를 선언적으로 푸는 것을 보자.

```
const string = "Restaurants in Hanalei";
const urlFriendly = string.replace(/ /g, "-");

console.log(urlFriendly);
```

----

7 옮긴이_ 물론 표준적인 URL 인코딩 방식은 이와는 다르다. 알파벳이나 숫자, ., -, *, _는 그대로 사용하고, 공백은 +로 변경하며, 나머지 문자들은 UTF-8로 인코딩한 다음 각 바이트를 %XY와 같은 식의 16진수로 표시하면 된다. 여기서 말하는 URL 친화적인 문자열은 두 패러다임을 대조하기 위해 꾸며낸 예일 뿐이다.

여기서는 string.replace와 정규식을 사용해서 모든 공백을 하이픈으로 바꾼다. string.replace를 사용하면 모든 공백이 하이픈으로 변경되야 한다는 사실을 묘사할 수 있다. 모든 공백을 하이픈으로 바꾸는 자세한 방법은 replace 함수안에 들어가고, 구체적 절차 대신 replace(치환이라는 뜻)라는 함수를 사용해 추상적인 개념을 표현한다. 선언적 프로그래밍의 코드 구문은 어떤 일이 발생해야 하는지에 대해 기술하고, 실제로 그 작업을 처리하는 방법은 추상화를 통해 아랫단에 감춰진다.[8]

선언적 프로그램은 코드 자체가 어떤 일이 벌어질지에 대해 설명하기 때문에 좀 더 추론하기가 쉽다. 다음 예제를 보라. 다음 코드는 API에서 멤버를 가져온 다음에 어떤 일을 해야 할지에 대해 자세히 기술한다.

```
const loadAndMapMembers = compose(
  combineWith(sessionStorage, "members"),
  save(sessionStorage, "members"),
  scopeMembers(window),
  logMemberInfoToConsole,
  logFieldsToConsole("name.first"),
  countMembersBy("location.state"),
  prepStatesForMapping,
  save(sessionStorage, "map"),
  renderUSMap
);

getFakePerson(100).then(loadAndMapMembers);
```

선언적 접근 방식이 더 읽기 쉽고, 그렇기 때문에 더 추론하기 쉽다. 각 함수가 어떻게 구현되었는지는 함수라는 추상화 아래에 감춰진다. 각각의 작은 함수에는 그 함수가 하는 일을 잘 설명하는 이름이 붙어 있고, 그런 함수들이 조합된 방식을 보면 멤버 데이터를 불러와서 맵에 저장하고 출력하는 과정이 잘 드러난다. 그리고 그런 과정을 설명하기 위한 주석이 따로 필요 없다. 근본적으로, 선언적 프로그래밍은 추론하기 쉬운 애플리케이션을 만들어내며, 애플리케이션에 대한 추론이 쉬우면 그 애플리케이션의 규모를 확장하는 것도 더 쉽기 마련이다. 선언적

---

8 옮긴이_ 물론 replace라는 함수를 구현하는 쪽에서는 구체적인 처리를 기술하는 수밖에 없다. 함수 등에 의한 추상화를 진행하더라도 맨 아랫단에서는 구체적인 구현을 만들어 제공해야만 하기 때문이다. 하지만, 선언형 프로그래밍에서는 언어 자체가 선언적인 코드를 작성하는 데 알맞은 여러 가지 기본 라이브러리를 풍부하게 제공하고, 그런 라이브러리를 조합할 때도 루프와 대입 등을 사용한 명령형 프로그래밍 기법을 사용하기보다는 함수 합성이나 고차함수, 패턴 매칭, 대수적 데이터 타입(algebraic data type)을 사용한 문제 분해, 재귀 등의 선언적 프로그래밍 기법을 더 많이 활용하는 편이다.

프로그래밍에 대한 더 자세한 정보를 선언적 프로그래밍 위키(https://oreil.ly/7MbkB)에서 찾아볼 수 있다.

이제 문서 객체 모델document object model(DOM)을 만드는 과정을 하나 살펴보자. 명령형 접근방식을 택하면 다음과 같이 DOM을 구축하는 절차에 관심을 가질 것이다.

```
var target = document.getElementById("target");
var wrapper = document.createElement("div");
var headline = document.createElement("h1");

wrapper.id = "welcome";
headline.innerText = "Hello World";

wrapper.appendChild(headline);
target.appendChild(wrapper);
```

이 코드는 엘리먼트를 만들고, 설정하고, 문서에 엘리먼트를 추가하는 각 단계에 관심을 가진다. 이런 식으로 DOM을 명령형으로 변경하는 1만줄 정도 되는 코드를 변경하거나 새로운 기능을 추가하거나 규모를 확장하는 것은 아주 어려운 일일 것이다.

이제 리액트 컴포넌트를 사용해 DOM을 선언적으로 구성하는 방법을 살펴보자.

```
const { render } = ReactDOM;

const Welcome = () => (
  <div id="welcome">
    <h1>Hello World</h1>
  </div>
);

render(<Welcome />,
  document.getElementById('target'));
```

리액트는 선언적이다. 여기서 Welcome 컴포넌트는 렌더링 할 DOM에 대해 기술한다. render 함수는 컴포넌트에 있는 지시에 따라 DOM을 만든다. 이 과정에서 실제 DOM이 어떻게 만들어져야 하는지에 대한 내용은 추상화를 통해 사라진다. 이 코드를 보면 Welcome 컴포넌트를

target이라는 ID를 가지는 엘리먼트 안에 렌더링하고 싶어 한다는 프로그래머의 의도가 더 명확히 드러난다.

3.3 함수형 프로그래밍의 개념

지금까지 함수형 프로그래밍과 "함수형", "선언형"이라는 말이 의미하는 바에 대해 소개했다. 이제는 함수형 프로그래밍의 핵심 개념인 불변성immutability, 순수성purity, 데이터 변환transformation, 고차 함수, 재귀recursion에 대해 소개할 것이다.

3.3.1 불변성

'mutate'라는 영어 단어는 변한다는 뜻이다. 따라서 'immutable'이란 단어는 변할 수 없다는 뜻이다. 함수형 프로그래밍에서는 데이터가 변할 수 없다. 불변성 데이터는 결코 바뀌지 않는다.

여러분이 자신의 출생증명서를 공개하고 싶은데 개인 정보는 알아볼 수 없게 만들거나 없애고 싶다면 실질적으로 선택할 수 있는 방법은 2가지뿐이다. 첫 번째 방법은 두꺼운 유성펜을 가지고 원본 출생증명서의 개인 정보를 가리는 것이고, 두 번째 방법은 복사기를 찾는 것이다. 복사기를 찾아서, 출생증명서의 복사본을 만든 다음에 그 복사본을 유성펜으로 지우는 것이다. 물론 두 번째 방식이 더 바람직하다. 두 번째 방법을 택하면 개인 정보를 보호하면서 출생증명을 공개하는 동시에 원본을 안전하게 그대로 유지할 수 있다.

이것이 바로 애플리케이션에서 불변성 데이터가 작동하는 방식이다. 원본 데이터 구조를 변경하는 대신 그 데이터 구조의 복사본을 만들되 그중 일부를 변경한다. 그리고 원본 대신 변경한 복사본을 사용해 필요한 작업을 진행한다.

불변성이 어떻게 작동하는지 이해하기 위해 데이터를 변경한다는 것이 어떤 의미인지를 살펴보자. 잔디 색을 표현하는 객체를 생각해보자.

```
let color_lawn = {
  title: "잔디",
```

```
  color: "#00FF00",
  rating: 0
};
```

색에 평점을 메기는 함수를 만들 수 있을 것이다. 그 함수는 넘겨받은 color 객체의 rating을 변경한다.

```
function rateColor(color, rating) {
  color.rating = rating;
  return color;
}

console.log(rateColor(color_lawn, 5).rating); // 5
console.log(color_lawn.rating);         // 5
```

자바스크립트에서 함수의 인자는 실제 데이터에 대한 참조다. rateColor 함수 안에서 color 의 rating을 변경하면 원본 color_lawn객체의 rating도 바뀐다(여러분이 어떤 업체에게 출생증명서에서 개인 정보를 없애는 일을 맡겼는데, 그 업체가 여러분이 제공한 원본 출생증명서의 중요한 개인정보를 모두 다 검은 유성펜으로 가린 후 돌려보냈다고 생각해보라. 여러분은 아마도 업체가 원본은 그대로 남기고 출생 증명서 복사본의 개인정보를 가리는 작업을 진행하는 정도의 상식은 가지고 있으리라 기대할 것이다). rateColor를 다음과 같이 고쳐쓰면 (color 파라미터로 전달 받은) 원본에는 아무런 해가 없이 색깔에 평점을 부여할 수 있다.

```
var rateColor = function(color, rating) {
  return Object.assign({}, color, {rating:rating});
};

console.log(rateColor(color_lawn, 5).rating); // 5
console.log(color_lawn.rating);         // 0
```

여기서는 Object.assign을 사용해 색의 평점을 바꿨다. Object.assign은 복사기와 같다. Object.assign은 빈 객체를 받고, color 객체를 그 빈 객체에 복사한 다음에, 복사본에 있는 rating 프로퍼티의 값을 rating 파라미터의 값으로 변경한다. 이제 우리는 원본은 그대로 남겨둔 채, rating만 변경된 복사본을 손에 쥐게 된다.

화살표 함수와 객체 스프레드 연산자를 활용해 같은 함수를 작성할 수도 있다. 이렇게 만든 rateColor 함수는 스프레드 연산자를 사용해 원본 color를 새로운 객체 안에 복사한 다음에 그 rating 프로퍼티를 덮어쓴다.

```
const rateColor = (color, rating) => ({
    ...color,
    rating
});
```

이렇게 새로운 버전의 자바스크립트 언어로 작성한 rateColor 함수는 앞에서 본 예제의 rateColor 함수와 똑같은 일을 한다. 이 함수는 color를 변경불가능한 객체로 취급하며, 더 짧고, 약간 더 명확해 보인다. 여기서 반환할 객체를 괄호(())로 감쌌다는 것에 주의하자. 화살표 함수의 본문에서 바로 중괄호({})를 사용해 객체를 반환할 수 없기 때문에, 꼭 괄호가 필요하다.

색의 이름으로 이루어진 배열을 생각해보자.

```
let list = [
  { title: "과격한 빨강"},
  { title: "잔디"},
  { title: "파티 핑크"}
];
```

이 배열에 Array.push를 사용해 색을 추가하는 함수를 작성할 수 있다.

```
const addColor = function(title, colors) {
  colors.push({ title: title });
  return colors;
};

console.log(addColor("화려한 녹색", list).length); // 4
console.log(list.length);                      // 4
```

하지만 Array.push는 불변성 함수가 아니다. 이 addColor 함수는 원본 배열에 새로운 원소를 추가한다. 원래의 list 배열을 변화시키지 않고 유지하기 위해서는 Array.concat을 사용해야 한다.

```
const addColor = (title, array) => array.concat({title});

console.log(addColor("화려한 녹색", list).length); // 4
console.log(list.length);                    // 3
```

Array.concat은 두 배열을 붙여준다. 여기서는 Array.concat이 새로운 객체를 받는다. 그 객체에는 새로운 색의 이름이 title이라는 이름의 프로퍼티로 들어 있다. Array.concat은 그 객체를 원래의 배열을 복사한 새로운 배열 뒤에 추가한다.

앞에서 객체를 복사할 때 사용했던 방법과 똑같은 방법으로 배열 스프레드 연산자를 사용해 배열을 복사할 수 있다. 다음은 앞의 addColor 함수를 새로운 자바스크립트 버전으로 작성한 코드를 보여준다.

```
const addColor = (title, list) => [...list, {title}];
```

이 함수는 원본 list의 원소들을 새로운 배열에 복사하고, title 파라미터로 받은 값을 title 프로퍼티로 하는 객체를 새 배열 뒤에 추가한다. 이 함수는 인자로 받은 list를 변경하지 않기 때문에 list의 원본인 colorArray의 불변성을 지켜준다.[9]

3.3.2 순수 함수

순수 함수 Pure Functions는 파라미터에 의해서만 반환값이 결정되는 함수를 뜻한다. 순수 함수는 최소한 하나 이상의 인수를 받고,[10] 인자가 같으면 항상 같은 값이나 함수를 반환한다. 순수 함수

---

9 옮긴이_ 자바스크립트의 const는 변수를 다시 대입하는 것은 막아주지만, 변수가 가리키는 객체의 내용을 변경하는 것은 막지 않는다. 다른 함수형 언어들은 프로그래머가 데이터를 불변 데이터로 선언하면 컴파일러가 불변성을 보장해준다. 이 부분에서는 자바스크립트는 함수형 언어이기보다는 다른 일반적인 명령형 언어에 가깝다. 불변성이 정말 필요한 경우에는 Object.freeze()를 통해 객체를 고정하기 바란다.

10 옮긴이_ 인수를 안 받는 함수가 순수 함수라면 결과가 항상 같기 때문에 상수와 같아진다. 따라서 인수가 없는 순수 함수를 정의하는 것은 그다지 쓸모가 없다.

에는 부수 효과^{side effect}가 없다. 부수 효과란 전역 변수를 설정하거나, 함수 내부나 애플리케이션에 있는 다른 상태를 변경하는 것을 말한다. 순수 함수는 인수를 변경 불가능한 데이터로 취급한다.

순수 함수를 이해하기 위해 순수하지 않은 함수를 먼저 하나 살펴보자.

```
const frederick = {
  name: "Frederick Douglass",
  canRead: false,
  canWrite: false
};

function selfEducate() {
  frederick.canRead = true;
  frederick.canWrite = true;
  return frederick;
}

selfEducate();
console.log( frederick );

// {name: "Frederick Douglass", canRead: true, canWrite: true}
```

selfEducate 함수는 순수하지 않다. 그 함수는 인자를 취하지 않으며, 값을 반환하거나 함수를 반환하지도 않는다. 또한 자신의 영역 밖에 있는 frederick이라는 변수를 바꾸기까지 한다. selfEducate 함수가 호출되면 '세계'의 일부분이 바뀐다. 즉, 함수 호출에 따른 부수 효과가 발생한다.

이제 selfEducate가 파라미터를 받게 만들자.

```
const frederick = {
  name: "Frederick Douglass",
  canRead: false,
  canWrite: false
};

const selfEducate = (person) => {
  person.canRead = true;
  person.canWrite = true;
  return person;
```

```
};

console.log( selfEducate(frederick) );
console.log( frederick );

// {name: "Frederick Douglass", canRead: true, canWrite: true}
// {name: "Frederick Douglass", canRead: true, canWrite: true}
```

파라미터를 받기는 하지만, 이 selfEducate 함수도 순수하지 않다. 이 함수에도 부수 효과가 있기 때문이다. 이 함수를 호출하면 인수로 넘긴 객체의 필드가 바뀐다. 이 함수에 전달된 객체를 불변 데이터로 취급한다면 순수 함수를 얻을 수 있을 것이다.

> **NOTE_ 순수 함수는 테스트하기 쉽다**
>
> 순수 함수는 자연적으로 **테스트하기 쉽다**testable. 순수 함수는 자신의 환경 또는 '세계'를 변화시키지 않기 때문에 복잡한 테스트 준비 과정setup이나 정리 과정teardown이 필요하지 않다. 순수 함수를 테스트할 때는 함수에 전달되는 인수만 제어하면 되며, 인자에 따른 결괏값을 예상할 수 있다. 이 selfEducate 함수는 순수하지 않은 함수이다. 이 함수는 인수로 받은 객체를 변이시킨다. 만약 전달받은 인수를 불변 데이터로 취급한다면, selfEducate는 순수 함수가 됐을 것이다.

받은 파라미터를 변경하지 않도록 함수 본문을 다시 작성하자.

```
const frederick = {
  name: "Frederick Douglass",
  canRead: false,
  canWrite: false
};

const selfEducate = (person) => ({
    ...person,
    canRead = true,
    canWrite = true
});

console.log( selfEducate(frederick) );
console.log( frederick );

// {name: "Frederick Douglass", canRead: true, canWrite: true}
// {name: "Frederick Douglass", canRead: false, canWrite: false}
```

마침내 selfEducate가 순수 함수가 됐다. 이 함수는 전달받은 인자 person으로부터 새로운 값을 계산한다. 새 값을 계산할 때 전달받은 인자를 변경하지 않고 새로 만든 객체를 반환한다. 따라서 이 함수에는 부수 효과가 없다.

이제 DOM을 변경하는 순수하지 않은 함수를 살펴보자.

```
function Header(text) {
  let h1 = document.createElement('h1');
  h1.innerText = text;
  document.body.appendChild(h1);
}

Header("Header() caused side effects");
```

Header 함수는 머릿글을 만든다. 이 함수는 인자로 받은 텍스트를 머릿글에 넣는다. 이 함수는 순수하지 않다. 이 함수는 함수나 값을 반환하지 않으며 DOM을 변경하는 부수 효과를 발생시킨다.

리액트에서는 UI를 순수 함수로 표현한다. 다음 예제에서 Header는 머릿글을 만들어내는 순수 함수다. 다음 함수가 만들어내는 머릿글은 앞 예제에서 본 머릿글과 똑같이 엘리먼트 하나로 구성된다. 하지만 이 함수는 DOM을 변경하는 부수 효과를 발생시키지 않고 엘리먼트를 반환한다. 이 함수는 엘리먼트를 만드는 일만 책임지며, DOM을 변경하는 책임은 애플리케이션의 다른 부분이 담당해야 한다.

```
const Header = (props) => <h1>{props.title}</h1>;
```

순수 함수는 함수형 프로그래밍의 또 다른 핵심 개념이다. 순수 함수를 사용하면 애플리케이션의 상태에 영향을 미치지 않기 때문에 코딩이 편해진다. 함수를 사용할 때 다음 세 가지 규칙을 따르면 순수 함수를 만들 수 있다.

1 순수 함수는 파라미터를 최소 하나 이상 받아야 한다.

2 순수 함수는 값이나 다른 함수를 반환해야 한다.

3 순수 함수는 인자나 함수 밖에 있는 다른 변수를 변경하거나, 입출력을 수행해서는 안된다.[11]

---

11 옮긴이_ 원칙적으로 순수 함수는 아무런 부수효과도 있어서는 안 된다. 따라서 콘솔에 로그를 남긴다든지, 파일에 출력을 남기는 것도 허

3.3.3 데이터 변환

데이터가 변경 불가능하다면 애플리케이션에서 어떻게 무언가를 바꿀 수 있을까? 함수형 프로그래밍은 한 데이터를 다른 데이터로 변환하는 것이 전부다. 함수형 프로그래밍은 함수를 사용해 원본을 변경한 복사본을 만들어낸다. 그런 식으로 순수 함수를 사용해 데이터를 변경하면, 코드가 덜 명령형이 되고 그에 따라 복잡도도 감소한다.

어떻게 한 데이터를 변환해서 다른 데이터를 만들어낼 수 있는지 이해하기 위해 특별한 프레임워크가 필요한 것은 아니다. 자바스크립트 언어 안에는 이미 그런 작업에 사용할 수 있는 도구가 들어 있다. 함수형 자바스크립트를 유창하게 사용하기 위해 통달해야 하는 핵심 함수가 2개 있다. `Array.map`과 `Array.reduce`가 바로 그 두 함수다.

이번 절에서는 이 두 함수와 다른 여러 핵심 함수를 사용해 한 유형의 데이터를 다른 유형으로 어떻게 변경할 수 있는지 살펴볼 것이다.

고등학교 명단이 들어 있는 배열을 생각해보자.

```
const schools = ["Yorktown", "Washington & Lee", "Wakefield"];
```

`Array.join` 함수를 사용하면 콤마(,)로 각 학교를 구분한 문자열을 얻을 수 있다.

```
console.log( schools.join(", ") );

// "Yorktown, Washington & Lee, Wakefield"
```

`Array.join`은 자바스크립트 내장 배열 메서드다. `join`은 배열의 모든 원소를 인자로 받은 구분자^{delimiter}로 연결한 문자열을 반환한다. 원래의 배열은 그대로 남는다. `join`은 단지 배열에 대해 다른 해석을 제공할 뿐이다. 프로그래머가 `join`이 제공하는 추상화를 사용하면 문자열을 실제로 어떻게 만드는지에 대해서는 신경 쓰지 않아도 된다.

용해서는 안 된다. 물론 디버깅 등을 위해 이를 위반하는 경우도 자주 있지만, 실제로(특히 병렬/동시성 프로그래밍에서는) 그런 행위에 의해 함수와 외부 환경과의 상호작용이 바뀔 수도 있음을 명확히 인지하고 있어야 한다. 실제 디버깅을 위해 추가한 코드로 인해서 프로그램의 동작이 바뀌는 경우를 하이젠버그(Heisenbug)라고 부르기도 한다. 이는 물리학에서 불확정성의 원리를 발견한 하이젠베르크(Heisenberg)의 이름을 따서 붙인 명칭이다.

'W'로 시작하는 학교만 들어 있는 새로운 배열을 만들고 싶다면 `Array.filter` 메서드를 사용하면 된다.

```
const wSchools = schools.filter(school => school[0] === "W");

console.log( wSchools );

// ["Washington & Lee", "Wakefield"]
```

`Array.filter`는 원본 배열로부터 새로운 배열을 만들어내는 자바스크립트 배열 내장 함수이다. 이 함수는 **술어**predicate를 유일한 인자로 받는다. 술어는 불린Boolean 값, 즉 **true**나 **false**를 반환하는 함수를 뜻한다. `Array.filter`는 배열에 있는 모든 원소를 하나씩 사용해 이 술어를 호출한다. `filter`는 술어에 배열의 원소를 인자로 전달하며, 술어가 반환하는 값이 **true**이면 해당 원소를 새 배열에 넣는다. 여기서 `Array.filter`는 각 학교의 이름이 'W'로 시작하는지 여부를 검사한다.

배열에서 원소를 제거해야 할 필요가 있다면 `Array.pop`이나 `Array.splice`보다는 `Array.filter`를 사용하자. `Array.filter`는 순수 함수다. 다음 예제에서 cutSchool 함수는 특정 학교의 이름을 제외한 새로운 배열을 반환한다.

```
const cutSchool = (cut, list) =>
  list.filter(school => school !== cut);

console.log(cutSchool("Washington & Lee", schools).join(", "));

// "Yorktown, Wakefield"

console.log(schools.join("\n"));

// Yorktown
// Washington & Lee
// Wakefield
```

cutSchool 함수는 "Washington & Lee"가 들어 있지 않은 새로운 배열을 반환한다. join 함수를 사용해 그 새 배열에 들어 있는 두 학교의 이름을 *로 구분한 문자열을 만든다. cutSchool은 순수 함수다. 학교 목록(배열)과 학교 이름을 인자로 받아서 그 이름에 해당하는 학교를 제외한 나머지 학교로 이뤄진 새 배열을 반환한다.

함수형 프로그래밍에 꼭 필요한 다른 함수로는 `Array.map`이 있다. `Array.map`은 술어가 아니라 변환 함수를 인자로 받는다. `Array.map`은 그 함수를 배열의 모든 원소에 적용해서 반환받은 값으로 이뤄진 새 배열을 반환한다.

```
const highSchools = schools.map(school => `${school} High School`);

console.log(highSchools.join("\n"));

// Yorktown High School
// Washington & Lee High School
// Wakefield High School

console.log(schools.join("\n"));

// Yorktown
// Washington & Lee
// Wakefield
```

이 경우 map 함수는 각 학교 이름 뒤에 'High School'을 추가한다. 이때 원본 schools 배열은 아무 변화가 없다.

이 마지막 예제에서는 문자열의 배열에서 문자열의 배열을 만들었다. map 함수는 객체, 값, 배열, 다른 함수 등 모든 자바스크립트 타입의 값으로 이뤄진 배열을 만들 수 있다. 다음 예제는 학교가 담겨있는 객체의 배열을 반환하는 map 함수를 보여준다.

```
const highSchools = schools.map(school => ({ name: school }));

console.log( highSchools );

// [
// { name: "Yorktown" },
// { name: "Washington & Lee" },
// { name: "Wakefield" }
// ]
```

이 예제는 문자열을 포함하는 배열로부터 객체를 포함하는 배열을 만든다.

배열의 원소중 하나만을 변경하는 순수 함수가 필요할 때도 map을 사용할 수 있다. 다음 예제는 원본 schools 배열을 변경하지 않으면서 'Stratford'라는 이름의 학교를 'HB Woodlawn'으로 바꾼다.

```
let schools = [
  { name: "Yorktown"},
  { name: "Stratford" },
  { name: "Washington & Lee"},
  { name: "Wakefield"}
];

let updatedSchools = editName("Stratford", "HB Woodlawn", schools);

console.log( updatedSchools[1] ); // { name: "HB Woodlawn" }
console.log( schools[1] );        // { name: "Stratford" }
```

schools 배열은 객체의 배열이다. updatedSchools 변수는 editName 함수에 대상 학교 이름, 그 학교의 새 이름, 그리고 schools 배열을 넘겨서 받은 결과를 저장한다. editName 함수는 원본 배열은 그대로 둔채로 학교 이름이 바뀐 새 배열을 반환한다.

```
const editName = (oldName, name, arr) =>
  arr.map(item => {
    if (item.name === oldName) {
      return {
        ...item,
        name
      };
    } else {
      return item;
    }
  });
```

editName는 map 함수를 사용해서 원본 배열로부터 새로운 객체로 이뤄진 배열을 만든다. editName이 Array.map에 전달하는 화살표 함수는 배열의 원소를 item 파라미터로 받으며 파라미터의 이름과 oldName이 같은지 비교해서 이름이 같은 경우에는 새 이름(name)을 객체에 넣어서 반환하고 이름이 다르면 예전 원소를 그대로 반환한다.

editName 함수를 한 줄로 쓸 수도 있다. 다음은 if/else 문장 대신 3항 연산자(? :)를 사용
해 editName 함수를 짧게 쓴 코드다.

```
const editName = (oldName, name, arr) =>
  arr.map(item => (item.name === oldName ? { ...item, name } : item));
```

방금 본 예에서는 Array.map에 전달한 변환 함수의 파라미터가 1개뿐이었다. 하지만 실제로
Array.map은 각 원소의 인덱스를 변환 함수의 두 번째 인자로 넘겨준다. 다음 예를 보자.

```
const editNth = (n, name, arr) =>
  arr.map((item, i) => (i === n ? { ...item, name }  : item ));

let updateSchools2 = editNth(2,"Mansfield",schools);

console.log( updateSchools2[2] ); // { name: "Mansfield" }
console.log( schools[2] );        // { name: "Washington & Lee" }
```

editNth에서는 원소와 인덱스를 넘겨주는 Array.map 기능을 사용했다. 변환 함수에서 인덱
스 i가 변경 대상 n과 같은 인덱스라면 item에 새 이름을 넣은 객체를 만들어서 반환하고 인덱
스가 같지 않으면 원래의 item을 그대로 반환한다. 이 예제는 약간 억지스러운 느낌이 있지만,
실전에서는 필요에 따라 원소만 받는 화살표 함수나 원소와 인덱스를 함께 받는 화살표 함수
중 필요한 쪽을 적절히 선택하면 된다.

객체를 배열로 변환하고 싶을 때는 Array.map과 Object.keys를 함께 사용하면 된다.
Object.keys는 어떤 객체의 키로 이뤄진 배열을 반환하는 메서드다.

schools 객체를 학교의 배열로 바꾸고 싶다고 치자.

```
const schools = {
  "Yorktown": 10,
  "Washington & Lee": 2,
  "Wakefield": 5
};

const schoolArray = Object.keys(schools).map(key => ({
  name: key,
  wins: schools[key]
```

```
  })
);

console.log(schoolArray);
// [ { name: 'Yorktown', wins: 10 },
//   { name: 'Washington & Lee', wins: 2 },
//   { name: 'Wakefield', wins: 5 } ]
```

이 예제에서 Object.keys는 학교 이름의 배열을 반환한다. 그 배열에 map을 사용해서 길이가 같은 새로운 배열을 만든다. 새로 만들어진 객체의 name 프로퍼티의 값으로는 학교 이름(schools의 키)을 설정하고 wins 프로퍼티의 값으로는 schools에서 그 학교 이름에 해당하는 값을 설정한다.

지금까지는 Array.map과 Array.filter를 사용한 배열 변환을 살펴봤다. 또 Object.keys와 Array.map을 사용해 객체를 배열로 바꿀 수 있음을 알았다. 함수형 프로그래밍에 필요한 마지막 도구는 배열을 기본 타입의 값이나 다른 객체로 변환하는 기능이다.

reduce와 reduceRight 함수를 사용하면 객체를 수, 문자열, 불린 값, 객체, 심지어 함수와 같은 값으로 변환할 수 있다.

수로 이뤄진 배열에서 최댓값을 찾을 필요가 있다고 하자. 배열을 하나의 수로 변환해야 하므로 reduce를 사용할 수 있다.

```
const ages = [21,18,42,40,64,63,34];

const maxAge = ages.reduce((max, age) => {
  console.log(`${age} > ${max} = ${age > max}`);
  if (age > max) {
      return age;
  } else {
      return max;
  }
}, 0);

console.log('maxAge', maxAge);

// 21 > 0 = true
// 18 > 21 = false
// 42 > 21 = true
// 40 > 42 = false
```

```
// 64 > 42 = true
// 63 > 64 = false
// 34 > 64 = false
// maxAge 64
```

ages 배열을 한 값으로 축약reduce했다. 그 값은 최댓값인 64이다. reduce 함수는 변환 함수와 초깃값을 인자로 받는다. 여기서 초깃값은 0이고 처음에 그 값으로 최댓값 max를 설정한다. 변환 함수는 객체의 모든 원소에 대해 한 번씩 호출된다. 처음 변환 함수가 호출될 때는 age가 배열의 첫 번째 원소인 21이고 max는 초깃값인 0이다. 변환 함수는 0과 21중 더 큰 값인 21을 반환한다. 이 반환값인 21이 다음 이터레이션 시 max 값이 된다. 각 이터레이션마다 매번 age와 max를 비교해서 더 큰 값을 반환한다. 마지막으로 배열의 마지막 원소를 직전 변환 함수가 반환한 max와 비교해서 더 큰 값을 최종 값으로 반환한다.

앞의 함수에서 console.log를 제거하고 if/else를 짧게 변경하면 다음 코드를 사용해 배열의 최댓값을 계산할 수 있다.

```
const max = ages.reduce((max, value) => (value > max ? value : max), 0);
```

> **NOTE_ Array.reduceRight**
> Array.reduceRight는 Array.reduce와 같은 방식으로 동작한다. 다만 Array.reduceRight는 배열의 첫 번째 원소부터가 아니라 맨 마지막 원소부터 축약을 시작한다는 점이 다르다.[12]

때로 배열을 객체로 변환해야 할 때가 있다. 다음 예제는 reduce를 사용해 값이 들어 있는 배열을 해시로 변환한다.

```
const colors = [
  {
    id: 'xekare',
    title: "과격한 빨강",
    rating: 3
```

---

12 옮긴이_ 기호로 표시하자면 배열 arr = [a1, ..., an]과 이항 함수 f(v,item)이 있을 때 arr.reduce(f,initVal)는 f(...f(f(f(initVal,a1),a2)...,an)이다. reduceRight는 적용 방향이 reduce와 반대다. arr.reduceRight(f,initVal)은 g(...g(g(initVal,an),an−1)...,a1)이 된다. 다른 언어의 reduceLeft/reduceRight와 달리 자바스크립트 reduce와 reduceRight는 전달받은 람다의 첫 번째 항에 초깃값과 이전 결괏값을 계속 누적시킨다는 사실에 유의하자.

```
  },
  {
    id: 'jbwsof',
    title: "큰 파랑",
    rating: 2
  },
  {
    id: 'prigbj',
    title: "회색곰 회색",
    rating: 5
  },
  {
    id: 'ryhbhsl',
    title: "바나나",
    rating: 1
  }
];

const hashColors = colors.reduce(
  (hash, {id, title, rating}) => {
    hash[id] = {title, rating};
    return hash;
  },
  {}
);

console.log(hashColors);

//{ 'xekare': { title: '과격한 빨강', rating: 3 },
//  'jbwsof': { title: '큰 파랑', rating: 2 },
//  'prigbj': { title: '회색곰 회색', rating: 5 },
//  'ryhbhsl': { title: '바나나', rating: 1 } }
```

이 예제에서 reduce에 전달한 두 번째 인자는 빈 객체다. 이 빈 객체가 바로 해시에 대한 초 깃값이다(즉 처음 해시에는 아무 것도 안 들어 있다). 각 이터레이션마다 변환 함수는 각괄호 ([]) 연산을 사용해 해시에 새로운 키를 추가한다. 이때 배열의 각 원소에 있는 id 필드의 값 을 키 값으로 사용한다. Array.reduce를 이런 방식으로 사용하면 배열을 한 값으로 축약할 수 있다. 이 예제에서는 객체가 바로 그 이다.

심지어 reduce를 사용해 배열을 전혀 다른 배열로 만들 수도 있다. reduce를 통해 같은 값이 여럿 들어 있는 배열을 서로 다른 값이 한 번씩만 들어 있는 배열로 다음과 같이 바꿀 수 있다.

```
const colors = ["red", "red", "green", "blue", "green"];

const uniqueColors = colors.reduce(
  (unique, color) =>
   unique.indexOf(color) !== -1 ? unique : [...unique, color],
  []
);

console.log(distinctColors);

// ["red", "green", "blue"]
```

이 예제에서는 colors 배열을 서로 다른 값으로 이뤄진 배열로 만든다. reduce 함수에게 전달한 두 번째 인자는 빈 배열이다. 이 배열은 unique의 최초 값이다. unique 배열에 어떤 색이 이미 들어 있지 않다면 그 색을 추가한다. 이미 unique에 그 색이 들어 있다면 아무 일도 하지 않고 다음으로 넘어가기 위해 현재의 unique를 그대로 반환한다.

map과 reduce는 함수형 프로그래머가 주로 사용하는 무기이며 자바스크립트도 예외가 아니다. 여러분이 더 자바스크립트를 유창하게 구사하는 엔지니어가 되고 싶다면 반드시 이 두 함수에 통달해야 한다. 한 데이터 집합에서 다른 데이터 집합을 만들어내는 능력은 꼭 필요한 기술이며 프로그래밍 패러다임과 관계없이 유용하다.

3.3.4 고차 함수

함수형 프로그래밍에서는 **고차 함수**가 꼭 필요하다. 이미 고차 함수에 대해 설명했으며 그중 일부를 이번 장에서 살펴봤다. 고차 함수는 다른 함수를 조작할 수 있는 함수다. 고차함수는 다른 함수를 인자로 받을 수 있거나 함수를 반환할 수 있고, 때로는 그 2가지를 모두 수행한다.

고차 함수의 첫 번째 분류는 다른 함수를 인자로 받는 함수다. Array.map, Array.filter, Array.reduce는 모두 다른 함수를 인자로 받는다. 이들은 모두 고차 함수다.[13]

---

[13] 고차 함수에 대해 더 알아보고 싶은 독자는 『Eloquent Javascript』의 5장을 살펴보라(http://eloquentjavascript.net/05_ higher_order.html). 한글판은 『자바스크립트 개론』(에이콘, 2013)이다.

고차 함수를 구현하는 방법을 살펴보자. 다음 예제에서 invokeIf 함수는 조건을 검사해서 조건이 참인 경우 fnTrue 함수를 조건이 거짓인 경우 fnFalse 함수를 호출한다.

```
const invokeIf = (condition, fnTrue, fnFalse) =>
  (condition) ? fnTrue() : fnFalse();

const showWelcome = () =>
  console.log("Welcome!!!");

const showUnauthorized = () =>
  console.log("Unauthorized!!!");

invokeIf(true, showWelcome, showUnauthorized);  // "Welcome"
invokeIf(false, showWelcome, showUnauthorized); // "Unauthorized"
```

invokeIf는 참인 경우와 거짓인 경우에 대한 함수를 인자로 받는다. 방금 본 예제에서는 showWelcome와 showUnauthorized를 invokeIf에게 넘겼다. 조건이 참이면 showWelcome이 불리고 거짓이면 showUnauthorized가 불린다.

다른 함수를 반환하는 고차 함수는 자바스크립트에서 비동기적인 실행 맥락을 처리할 때 유용하다. 함수를 반환하는 고차 함수를 쓰면 필요할 때 재활용할 수 있는 함수를 만들 수 있다.

커링Currying은 고차 함수 사용법과 관련한 함수형 프로그래밍 기법이다. 커링은 어떤 연산을 수행할 때 필요한 값 중 일부를 저장하고 나중에 나머지 값을 전달받는 기법이다. 이를 위해 다른 함수를 반환하는 함수를 사용하며, 이를 커링된 함수Curried function라고 부른다.

다음은 커링 예제다. userLogs는 일부 정보(사용자 이름)를 받아서 함수를 반환한다. 나머지 정보(메시지)가 사용 가능해지면 userLogs가 반환한 함수를 활용할 수 있다. 이 예제에서는 연관된 사용자 이름 정보 뒤에 로그 메시지를 덧붙인다. 여기서 2장에서 살펴본 프라미스를 반환하는 getFakePerson를 사용한다.

```
const userLogs = userName => message =>
  console.log(`${userName} -> ${message}`);

const log = userLogs("grandpa23");

log("attempted to load 20 fake members");
```

```
getFakePerson(20).then(
  members => log(`successfully loaded ${members.length} members`),
  error => log("encountered an error loading members")
);

// grandpa23 -> attempted to load 20 fake members
// grandpa23 -> successfully loaded 20 members

// grandpa23 -> attempted to load 20 fake members
// grandpa23 -> encountered an error loading members
```

userLogs는 고차 함수다. userLogs를 호출해 만들어지는 log 함수를 호출할 때마다 메시지 맨 앞에 'grandpa23'이 덧붙여진다.

3.3.5 재귀

재귀는 자기 자신을 호출하는 함수를 만드는 기법이다. 루프를 모두 재귀로 바꿀 수 있고, 일부 루프는 재귀로 표현하는 쪽이 더 쉽다. 10부터 0까지 거꾸로 세는 경우를 생각해보자. 물론 for 루프를 사용할 수도 있지만 루프 대신 재귀 함수를 사용할 수도 있다. 다음 예제의 countdown 함수는 재귀 함수다.

```
const countdown = (value, fn) => {
  fn(value);
  return (value > 0) ? countdown(value-1, fn) : value;
};

countdown(10, value => console.log(value));

// 10
// 9
// 8
// 7
// 6
// 5
// 4
// 3
// 2
// 1
// 0
```

countdown은 수와 함수를 인자로 받는다. 이 예제에서는 10과 콜백 함수를 인자로 넘긴다. countdown이 호출되면 현재 값을 로그에 남기는 콜백이 호출된다. 그 후 countdown은 현재 값이 0보다 큰지 검사한다. 현재 값이 0보다 크면 countdown이 자기 자신을 호출하되 값을 1 감소시켜서 호출한다. 언젠가는 현재 값이 0 이하가 되고 countdown이 그 값을 돌려주면 호출 스택을 거슬러 올라가면서 값이 전달된다.

재귀는 비동기 프로세스에서도 잘 작동하는 또 다른 함수형 기법이다. 함수는 필요할 때 자기 자신을 다시 호출할 수 있다.

countdown 함수가 약간의 시간 지연을 두고 카운트다운을 진행하게 만들 수 있다. 이렇게 변경한 버전을 사용하면 실제 1초마다 카운트다운을 하는 시계를 만들 수 있다.

```
const countdown = (value, fn, delay=1000) => {
  fn(value);
  return (value > 0) ?
    setTimeout(() => countdown(value-1, fn), delay) :
    value;
};

const log = value => console.log(value);
countdown(10, log);
```

이 예제에서는 countdown 함수에 10이라는 수와 카운트다운을 로그에 남기는 콜백 함수를 전달해 10초짜리 카운트다운을 만들었다. countdown은 즉시 자기 자신을 재귀 호출하는 대신 setTimeout을 통해 1초 기다린 후 자기 자신을 호출한다. 따라서 실제 1초마다 값이 1씩 감소하는 카운트다운 시계를 만들 수 있다.

데이터 구조를 검색할 때도 재귀가 유용하다. 어떤 폴더의 모든 하위 폴더를 뒤져 가면서 파일 이름을 모두 추려내고 싶다면 재귀를 사용할 수 있다. HTML DOM에서 자식이 없는 엘리먼트를 찾고 싶을 때도 재귀를 쓸 수 있다. 다음 예제는 재귀를 통해 객체에 내포된 값을 찾아낸다.

```
const dan = {
    type: "person",
    data: {
      gender: "male",
```

```
    info: {
      id: 22,
      fullname: {
        first: "Dan",
        last: "Deacon"
      }
    }
  }
};

console.log( deepPick("type", dan) );                  // "person"
console.log( deepPick("data.info.fullname.first", dan) );  // "Dan"
```

deepPick을 사용해 최상위 객체에 저장된 **Dan**의 타입에 접근할 수 있고, 내포된 객체를 타고 내려가서 **Dan**의 이름을 알아낼 수도 있다. 점으로 구분하는 문자열을 사용해서 내포된 객체의 계층 구조를 어떻게 타고 내려가서 값을 가져올지 지정할 수 있다.

```
const deepPick = (fields, object={}) => {
  const [first, ...remaining] = fields.split(".");
  return (remaining.length) ?
   ? deepPick(remaining.join("."), object[first])
   : object[first];
};
```

deepPick 함수는 값을 반환하거나 자기 자신을 재귀 호출한다. 재귀 호출은 값이 발견될 때까지 반복된다. 먼저 이 함수는 점으로 구분한 문자열을 배열로 변환하고 그 배열의 첫 번째 값과 나머지를 배열 구조 분해를 사용해 분리한다. 배열에 남은 값이 있다면 **deepPick**은 약간 다른 데이터(배열의 나머지로 만들어낸 문자열)를 가지고 자기 자신을 다시 호출해서 객체 계층 구조의 한 단계 아래를 처리한다.

이 함수는 `fields`에 더는 점이 남아있지 않을 때까지 재귀 호출을 반복한다. `fields`에 점이 없다는 말은 더 아래 계층으로 내려갈 내포된 객체가 없다는 뜻이다. 다음 예시를 보면 **deepPick**에 있는 `first`, `remaining`, `object[first]`가 어떻게 변하는지 알 수 있다.

```
deepPick("data.info.fullname.first", dan); // "Dan"

// 첫 번째 재귀 호출
```

```
//    first = "data"
//    remaining.join(".") = "info.fullname.first"
//    object[first] = { gender: "male", {info} }

// 두 번째 재귀 호출
//    first = "info"
//    remaining.join(".") = "fullname.first"
//    object[first] = {id: 22, {fullname}}

// 세 번째 재귀 호출
//    first = "fullname"
//    remaining.join("." = "first")
//    object[first] = {first: "Dan", last: "Dan" }

// 마지막...
//    first = "first"
//    remaining.length = 0
//    object[first] = "Dan"
```

재귀는 강력한 함수형 기법이며 구현할 때도 재미있다. 가능하면 루프보다는 재귀를 사용하자.

3.3.6 합성

함수형 프로그램은 로직을 구체적인 작업을 담당하는 여러 작은 순수 함수로 나눈다. 그 과정에서 언젠가는 모든 작은 함수를 한데 합칠 필요가 있다. 자세히 말하자면 각 함수를 서로 연쇄적으로 또는 병렬로 호출하거나 여러 작은 함수를 조합해서 더 큰 함수로 만드는 과정을 반복해서 전체 애플리케이션을 구축해야 한다.

합성의 경우 여러 다른 구현과 패턴과 기법이 있다. 여러분에게 가장 낯익은 것은 함수를 연쇄 호출하는 체이닝chaining일 것이다. 자바스크립트에서는 점을 사용하면 이전 함수의 반환 값에 대해 다음 함수(메서드)를 적용할 수 있다.

문자열에는 replace 메서드가 있다. replace 메서드는 문자열을 반환하며 그 문자열에는 역시 replace 메서드가 있다. 따라서 점 표기법을 사용해 문자열을 계속 변환할 수 있다.

```
const template = "hh:mm:ss tt";
const clockTime = template.replace("hh", "03")
  .replace("mm", "33")
```

```
    .replace("ss", "33")
    .replace("tt", "PM");

  console.log(clockTime);

  // "03:33:33 PM"
```

이 예제는 문자열을 템플릿으로 사용한다. 템플릿 문자열 끝에 `replace` 메서드를 연쇄 호출함으로써 시간, 분, 초, 오전오후 정보를 차례로 새로운 값으로 변환한다. 템플릿 자체는 바뀌지 않으므로 나중에 다시 비슷한 시각 표시가 필요할 때 재활용할 수 있다.

`both` 함수는 서로 다른 두 함수에 값을 흘려넣는 함수다. `civilianHours`의 출력은 `appendAMPM`의 입력이 된다. 따라서 날짜 값을 이 두 함수를 사용해 처리하는 대신 `both`를 사용하면 한 함수로 처리할 수 있다.

```
const both = date => appendAMPM(civilianHours(date));
```

하지만 이런 구문은 이해하기 어렵고 그로 인해 유지 보수나 대규모 확장이 어렵다. 어떤 값을 20개의 서로 다른 함수를 거쳐 처리해야 한다면 어떻게 해야 할까?

더 우아한 접근 방법은 함수를 더 큰 함수로 조합해주는 `compose` 함수를 사용하는 것이다.

```
const both = compose(
  civilianHours,
  appendAMPM
);

both(new Date());
```

이 방법이 훨씬 나아 보인다. 원하는 위치에 언제든 함수를 추가할 수 있으므로 이를 더 쉽게 확장할 수 있다. 게다가 이 방법을 사용하면 합성한 함수의 순서를 쉽게 바꿀 수 있다.

`compose`는 고차 함수다. 이 함수는 인자를 받아서 값을 하나 반환한다.

```
const compose = (...fns) => (arg) =>
  fns.reduce((composed, f) => f(composed), arg);
```

compose는 여러 함수를 인자로 받아서 한 함수를 결과로 내놓는다. 이 구현은 스프레드 연산자를 사용해 인자로 받은 함수들을 fns라는 배열로 만든다. 그 후 compose는 arg라는 인자를 받는 함수를 반환한다. 이렇게 반환된 화살표 함수에 나중에 누군가 인자를 전달해 호출하면, fns 배열의 reduce를 호출되면서 arg로 받은 값이 전달된다. arg 값은 reduce의 초깃값이 되고 각 이터레이션마다 배열의 각 원소(함수)와 이전 값을 변환 함수를 사용해 축약한 값을 전달한다. 이때 reduce의 변환 함수는 이전 이터레이션의 결괏값인 composed와 f를 인자로 받아서 f에 composed를 적용해 반환한다. 언젠가는 마지막 함수가 호출되며 최종 결과를 반환한다.

이 예제는 합성 기법을 보여주기 위해 설계된 간단한 compose 함수 예다. 인자를 하나 이상 다뤄야 한다거나 함수가 아닌 인자를 다뤄야 한다면 함수가 더 복잡해진다.

3.3.7 하나로 합치기

지금까지 함수형 프로그래밍의 핵심 개념을 소개했다. 이제 이런 개념을 한데 모아서 작은 자바스크립트 애플리케이션을 만들어보자.

여기서 도전할 과제는 정상 동작하는 시계를 만드는 것이다. 시계는 시, 분, 초와 오전/오후를 상용시를 사용해 표시한다. 각 필드에는 숫자가 2개 있어야 한다. 따라서 1이나 2와 같이 숫자가 하나뿐인 수에는 앞에 0을 추가 표시해야 한다. 그리고 시간이 흐름에 따라 매초 표시한 시간을 갱신해야 한다.

먼저 이 시계를 명령형으로 구현한 코드를 살펴보자.

```
// 매 초 시간을 로그에 남긴다
setInterval(logClockTime, 1000);

function logClockTime() {
  // 현재 시간을 상용시로 표현하는 문자열을 얻는다
  var time = getClockTime();

  // 콘솔을 지우고 시간을 로그에 남긴다
  console.clear();
  console.log(time);
}
```

```javascript
function getClockTime() {
  // 현재 시간을 얻는다
  var date = new Date();
  var time = "";

  // 시간을 직렬화한다
  var time = {
    hours: date.getHours(),
    minutes: date.getMinutes(),
    seconds: date.getSeconds(),
    ampm: "AM"
  }

  // 상용시로 변환한다
  if (time.hours == 12) {
    time.ampm = "PM";
  } else if (time.hours > 12) {
    time.ampm = "PM";
    time.hours -= 12;
  }

  // 시간을 두 글자로 만들기 위해 앞에 0을 붙인다
  if (time.hours < 10) {
    time.hours = "0" + time.hours;
  }

  // 분을 두 글자로 만들기 위해 앞에 0을 붙인다
  if (time.minutes < 10) {
    time.minutes = "0" + time.minutes;
  }

  // 초를 두 글자로 만들기 위해 앞에 0을 붙인다
  if (time.seconds < 10) {
    time.seconds = "0" + time.seconds;
  }

  // "hh:mm:ss tt" 형식의 문자열을 만든다
  return time.hours + ":" + time.minutes + ":" + time.seconds + " " + time.ampm;

}
```

이 해법은 상당히 단순하며 잘 작동한다. 주석을 보면 코드를 읽을 때 도움이 될 것이다. 하지만 각 함수는 길고 복잡하며 하는 일도 많다. 이런 함수를 주석이 없이 이해하기는 어렵고 유지 보수하기도 힘들다. 이제 함수형 접근 방법이 어떻게 더 확장성 높은 애플리케이션을 만들어 주는지 살펴보자.

목표는 애플리케이션 로직을 더 작은 부분인 함수로 나누는 것이다. 각 함수는 한 가지 작업에 초점을 맞추고 여러 함수를 합성해서 더 큰 함수를 만드는 방식으로 시계를 만든다.

먼저 콘솔을 관리하거나 값을 돌려주는 함수를 몇 가지 만들자. 1초를 돌려주는 함수, 현재 시간을 돌려주는 함수, 메시지를 콘솔에 남기는 함수, 콘솔을 지우는 함수가 필요하다. 함수형 프로그래밍에서는 가능하면 값 보다는 함수를 활용해야 한다. 필요할 때 값을 얻기 위해 함수를 호출할 것이다.

```
const oneSecond = () => 1000;
const getCurrentTime = () => new Date();
const clear = () => console.clear();
const log = message => console.log(message);
```

다음으로 데이터를 변환하는 함수가 필요하다. 다음 세 함수는 **Date** 객체를 시계에 사용할 수 있는 다른 객체로 변환한다.

- abstractClockTime: Date 객체를 받아서 시, 분, 초가 들어 있는 24시간제 시각을 반환한다.
- civilianHours: 24시간제 시각을 받아서 상용시로 변경한다. 예를 들어 13:00은 1:00이 된다.
- appendAMPM: 24시간제 시각을 받아서 시각에 맞는 AM이나 PM을 붙여준다.

```
const abstractClockTime = date => ({
  hours: date.getHours(),
  minutes: date.getMinutes(),
  seconds: date.getSeconds()
});

const civilianHours = clockTime => ({
  ...clockTime,
  hours: clockTime.hours > 12 ? clockTime.hours - 12 : clockTime.hours
});

const appendAMPM = clockTime => ({
  ...clockTime,
  ampm: clockTime.hours >= 12 ? "PM" : "AM"
});
```

이 세 함수는 원본 객체를 변화시키지 않고 새 객체를 반환한다. 각 함수는 인자를 불변 객체로 다룬다.

다음으로 몇 가지 고차 함수가 필요하다.

- display: 대상 함수를 인자로 받아서 시간을 그 함수에게 전달하는 함수를 반환한다. 우리가 볼 예제에 서는 대상 함수로 console.log를 사용한다.

- formatClock: 템플릿 문자열을 받아서 그 문자열이 지정하는 형식대로 시간을 표현하는 문자열을 반환한다. 예제에서는 'hh:mm:ss tt'를 템플릿으로 사용한다. formatClock은 그 템플릿 문자열에서 시간(hh), 분(mm), 초(ss), 오전오후(tt) 부분을 각각에 맞는 값으로 바꿔치기 해준다.

- prependZero: 키와 객체를 인자로 받아서 객체에서 그 키에 해당하는 프로퍼티 값이 9 이하인 경우 앞에 0을 붙인 문자열을 반환하고 10 이상인 경우 그냥 그 값에 해당하는 문자열을 반환한다.

```
const display = target => time => target(time)

const formatClock = format => time =>
  format.replace("hh", time.hours)
    .replace("mm", time.minutes)
    .replace("ss", time.seconds)
    .replace("tt", time.ampm);

const prependZero = key => clockTime => ({
  ...clockTime,
  [key]: (clockTime[key] < 10) ? "0" + clockTime[key] : clockTime[key]
});
```

이런 고차 함수들을 호출해서 매 초마다 시계의 시간을 형식화할 때 재사용할 함수를 얻는다. formatClock과 prependZero를 필요한 템플릿 문자열이나 키를 지정하면서 각각 한 번씩만 호출한다. 화면 표시를 위해 매 초마다 formatClock과 prependZero 함수가 반환한 내부 함수를 호출한다.

이제 시계를 움직이기 위해 필요한 모든 함수를 만들었다. 이제 이 함수들을 합성해야 한다. 이 때 지난 절의 마지막에 설명했던 compose 함수를 사용한다.

- convertToCivilianTime: 24시간제 시간을 받아서 상용시로 변경하는 함수다.

- doubleDigits: 상용시 객체를 받아서 시, 분, 초가 두자리 숫자로 이뤄졌는지 확인하고 필요하면 앞에 0을 붙여준다.

- startTicking: 매초 호출되는 인터벌 타이머를 설정해서 시계를 시작한다. 타이머의 콜백은 우리가 만든 여러 함수를 합성한 함수다. 매초 콘솔을 지우고, 현재 시간을 얻어서 변환한 다음에 사용시로 바꾸고 형식에 맞는 문자열을 만들어서 출력한다.

```
const convertToCivilianTime = clockTime =>
  compose(
    appendAMPM,
    civilianHours
  )(clockTime);

const doubleDigits = civilianTime =>
  compose(
    prependZero("hours"),
    prependZero("minutes"),
    prependZero("seconds")
  )(civilianTime);

const startTicking = () =>
  setInterval(
    compose(
      clear,
      getCurrentTime,
      abstractClockTime,
      convertToCivilianTime,
      doubleDigits,
      formatClock("hh:mm:ss")("tt"),
      display(log)
    ),
    oneSecond()
  );

startTicking();
```

이렇게 만든 선언적인 버전은 명령형 버전과 같은 결과를 보여준다. 하지만 이 접근 방법에는 적지 않은 장점이 존재한다. 먼저 각각의 작은 함수를 쉽게 테스트하고 재활용할 수 있다. 각 함수를 나중에 다른 시계를 만들거나 다른 형태로 시간을 표시하는 디지털 시계를 만들 때 활용할 수 있다. 부수 효과가 없으며 함수 밖에 아무런 전역 변수도 없다. 그렇기 때문에 버그가 있더라도 범위가 함수 내부로 제한되므로 쉽게 버그를 찾을 수 있다.

이번 장에서는 함수형 프로그래밍의 원리를 소개했다. 이 책 전체에서 리액트와 플럭스의 가장 좋은 사례에 대해 이야기하면서 두 라이브러리가 모두 함수형 기법을 기반으로 만들어졌음을 보여줄 것이다. 다음 장에서는 본격적으로 리액트에 들어가서 리액트 개발을 지금까지 이끌어 온 핵심 원칙을 더 잘 이해할 수 있게 설명할 것이다.

CHAPTER 4

리액트의 작동 원리

지금까지의 여정에서는 최신 자바스크립트 문법을 배웠다. 그리고 리액트의 탄생을 이끈 함수형 프로그래밍 패턴을 리뷰했다. 이런 과정을 통해 여러분은 다음 단계로 나아갈 준비가 됐다. 이 단계는 리액트가 어떻게 작동하는지 배우는 것이다. 일부 진짜 리액트 코드를 작성해보자.

리액트를 사용할 때는 JSX로 앱을 만들 가능성이 커진다. JSX는 HTML과 아주 비슷해 보이는 태그를 기반으로 하는 자바스크립트 구문이다. JSX 문법에 대해서 다음 장에서 더 자세히 다루고, 이 책의 나머지 부분에서 JSX를 계속 사용한다. 하지만 정말 리액트를 이해하고 싶다면 가장 핵심이 되는 단위인 리액트 엘리먼트를 이해할 필요가 있다. 여기서부터 리액트의 기본 요소를 알 수 있고, 여기서부터 다른 컴포넌트와 엘리먼트를 합성하는 커스텀 컴포넌트를 만드는 방법을 살펴봄으로써 리액트 컴포넌트에 대해 알 수 있다.

4.1 페이지 설정

리액트를 브라우저에서 다루려면 React와 ReactDOM 라이브러리를 불러와야 한다. React는 뷰를 만들기 위한 라이브러리고 ReactDOM은 UI를 실제로 브라우저에 렌더링할 때 사용하는 라이브러리다. 두 라이브러리는 모두 unpkg CDN(링크는 다음 코드에서 볼 수 있다) 스크립트에서 다운로드할 수 있다. 먼저 HTML 문서를 만들자.

```
<!DOCTYPE html>
<html>
  <head>
    <meta charset="utf-8">
    <title>순수 리액트 예제</title>
  </head>
<body>
  <!-- 타겟 컨테이너 -->
  <div id="root"></div>

  <!-- React와 ReactDOM 라이브러리(개발 버전) -->
  <script src="https://unpkg.com/react@16/umd/react.development.js"></script>
  <script src= "https://unpkg.com/react-dom@16/umd/react-dom.development.js"></script>

  <script>
    // 순수 리액트와 자바스크립트 코드
  </script>
</body>
</html>
```

이런 설정이 브라우저에서 리액트를 사용하기 위한 최소한의 요구 사항이다. 여러분이 작성한 자바스크립트 코드를 별도의 파일에 넣을 수도 있지만 항상 페이지에서 리액트 관련 라이브러리를 읽어들인 다음에 자바스크립트 코드를 넣어야만 한다. 오류와 경고 메시지를 모두 브라우저 콘솔에서 보기 위해 리액트 개발자 버전을 사용할 것이다. `react.production.min.js`와 `react-dom.production.min.js`를 사용하면 최소화한 프로덕션 버전을 선택할 수 있다. 이런 버전에서는 경고가 제거된다.

4.2 리액트 엘리먼트

HTML을 브라우저가 문서 객체 모델^{Document Object Model}인 DOM을 구성하기 위해 따라야 하는 절차라고 간단히 말할 수 있다. HTML 문서를 이루는 엘리먼트는 브라우저가 HTML 문서를 읽어들이면 DOM 엘리먼트가 되고, 이 DOM이 사용자 인터페이스를 화면에 표시한다.

어떤 조리법을 표시하기 위한 HTML 계층 구조를 만들었다고 하자. 한 가지 가능한 예를 든다면 다음과 비슷할 것이다.

```
<section id="baked-salmon">
  <h1>구운 연어</h1>
  <ul class="ingredients">
    <li>연어 900그램</li>
    <li>신선한 로즈마리 5 가지</li>
    <li>올리브 오일 2 테이블스푼</li>
    <li>작은 레몬 2 조각</li>
    <li>코셔 소금 1 티스푼</li>
    <li>다진 마늘 4 쪽</li>
  </ul>
  <section class="instructions">
    <h2>조리 과정</h2>
    <p>오븐을 190도로 예열한다.</p>
    <p>알루미늄 포일에 올리브 오일을 가볍게 두른다.</p>
    <p>연어를 포일에 올린다.</p>
    <p>로즈마리, 슬라이스한 레몬, 다진 마늘을 연어 위에 얹는다.</p>
    <p>완전히 익을 때까지 15-20분간 굽는다.</p>
    <p>오븐에서 그릇을 꺼낸다.</p>
  </section>
</section>
```

HTML에서 엘리먼트는 가계도를 닮은 계층 구조 안에서 서로 관계를 짓는다. 여기서는 루트 root 엘리먼트 밑에 제목heading, 번호를 붙이지 않은 재료 리스트, 조리절차 섹션이라는 세 자식이 있다고 말할 수 있다.

전통적으로 웹사이트는 독립적인 HTML 페이지들로 만들어졌다. 사용자가 페이지 사이를 내비게이션 함에 따라 브라우저는 매번 다른 HTML 문서를 요청해서 로딩할 수 있었다. 에이젝스Asynchronous JavaScript and XML(AJAX)가 생기면서 단일 페이지 애플리케이션Single Page Application(SPA)이 생겼다. 브라우저가 에이젝스를 사용해 아주 작은 데이터를 요청해서 가져올 수 있게 됨에 따라 이제는 전체 웹 애플리케이션이 한 페이지로 실행되면서 자바스크립트에 의존해 사용자 인터페이스를 갱신하게 됐다.

SPA에서 처음에 브라우저는 HTML 문서를 하나 적재한다. 사용자는 사이트를 내비게이션하지만 실제로는 같은 페이지 안에 계속 머문다. 자바스크립트는 사용자가 애플리케이션과 상호작용하는 것에 맞춰 표시중이던 인터페이스를 없애고 새로운 사용자 인터페이스를 만든다. 사용자가 느끼기에는 한 페이지에서 다른 페이지로 이동한 것 같지만 실제로 사용자는 여전히 같은 HTML 페이지 안에 머물 뿐이고 자바스크립트가 모든 힘든 처리를 대신 해준다.

DOM API(mzl.la/2m1oQDJ)는 브라우저의 DOM을 변경하기 위해 자바스크립트가 사용할 수 있는 객체의 모음이다. document.createElement나 document.appendChild를 써봤다면 이미 DOM을 써본 것이다. 화면에 표시된 DOM 엘리먼트를 자바스크립트로 갱신하거나 변경하기는 상대적으로 쉽다.[14]

리액트는 브라우저 DOM을 갱신해주기 위해 만들어진 라이브러리다. 리액트가 모든 처리를 대신 해주기 때문에 더 이상 SPA를 더 효율적으로 만들기 위해 여러 복잡한 내용을 신경쓸 필요가 없다. 리액트에서는 코드로 DOM API를 직접 조작하지 않는다. 대신 리액트에게 어떤 UI를 생성할지 지시하면, 리액트가 우리 명령에 맞춰 원소 렌더링을 조절해준다.

브라우저 DOM이 DOM 엘리먼트로 이뤄지는 것처럼, 가상 DOM은 리액트 엘리먼트로 이뤄진다. 리액트 엘리먼트는 개념상 HTML 엘리먼트와 비슷하지만 실제로는 자바스크립트 객체다. 리액트 엘리먼트는 실제 DOM 엘리먼트는 DOM API를 직접 다루는 것보다 자바스크립트 객체인 가상 DOM을 직접 다루는 편이 훨씬 더 빠르다. 우리가 가상 DOM을 변경하면 리액트는 DOM API를 통해 그 변경 사항을 가장 효율적으로 렌더링해준다.

브라우저의 DOM은 DOM 엘리먼트로 이뤄진다. 마찬가지로 React DOM은 리액트 엘리먼트로 이뤄진다. DOM 엘리먼트와 리액트 엘리먼트의 겉모습은 비슷해 보일지 몰라도 그 실체는 꽤 다르다. 리액트 엘리먼트는 그에 대응하는 실제 DOM 엘리먼트가 어떻게 생겨야 하는지를 기술한다. 다른식으로 말하자면 리액트 엘리먼트는 브라우저 DOM을 만드는 방법을 알려주는 명령이다.

React.createElement를 사용해 h1을 표현하는 리액트 엘리먼트를 만들 수 있다.

```
React.createElement("h1", { id: "recipe-0" }, "구운 연어")
```

첫 번째 인자는 만들려는 엘리먼트의 타입을 정의한다. 여기서는 제목$-1^{\text{heading 1}}$ 엘리먼트를 만든다. 두 번째 인자는 엘리먼트의 프로퍼티를 표현한다. 여기서 만드는 h1에는 recipe-0라는 id가 있다. 세 번째 인자는 만들려는 엘리먼트를 여는 태그와 닫는 태그 사이에 들어가야 할 자식 노드들을 표현한다.

렌더링 과정에서 리액트는 이 엘리먼트를 실제 DOM 엘리먼트로 변환한다.

....

14 린지 사이먼(Lindsey Simon), '브라우저 화면 재계산 최소화하기(Minimizing Browser Reflow)', bit.ly/2m1pa58

```
<h1 id="recipe-0">구운 연어</h1>
```

프로퍼티는 새로운 DOM 엘리먼트에도 비슷하게 적용된다. 프로퍼티는 태그의 속성으로 추가되고, 자식 텍스트는 엘리먼트 안에 텍스트로 추가된다. 리액트 엘리먼트는 단지 리액트에게 DOM 엘리먼트를 구성하는 방법을 알려주는 자바스크립트 리터럴에 불과하다.

```
{
  $$typeof: Symbol(React.element),
  "type": "h1",
  "key": null,
  "ref": null,
  "props": {id: "recipe-0", children: "구운 연어"},

  "_owner": null,
  "_store": {}

}
```

리액트 엘리먼트는 이렇게 생겼다. 그 안에는 리액트가 사용하는 _owner, _store, $$typeof 같은 필드가 있다. 리액트 엘리먼트에서 key와 ref 필드가 중요하지만 나중에 이에 대해 소개할 것이다. 지금은 앞의 예제에 나온 type과 props 필드를 더 자세히 살펴보자.

리액트 엘리먼트의 type 프로퍼티는 만들려는 HTML이나 SVG 엘리먼트의 타입을 지정한다. props 프로퍼티는 DOM 엘리먼트를 만들기 위해 필요한 데이터나 자식 엘리먼트들을 표현한다. children 프로퍼티는 텍스트 형태로 표시할 다른 내부 엘리먼트다.

NOTE_ 엘리먼트 생성에 관해
React.createElement가 반환하는 객체를 방금 살펴봤다. 하지만 이와 같은 리터럴을 직접 손으로 입력해서 엘리먼트를 만드는 경우는 결코 없다. 리액트 엘리먼트를 만들고 싶으면 항상 React.createElement 함수를 사용해야 한다.

4.3 ReactDOM

리액트 엘리먼트를 만들면, 브라우저에서 보고 싶을 것이다. ReactDOM에는 리액트 엘리먼트를 브라우저에 렌더링하는 데 필요한 모든 도구가 들어 있다. ReactDOM에는 render 메서드가 들어 있다.

리액트 엘리먼트와 그 모든 자식 엘리먼트를 함께 렌더링하기 위해 ReactDOM.render를 사용한다. 이 함수의 첫 번째 인자는 렌더링할 리액트 엘리먼트이며, 두 번째 인자는 렌더딩이 일어날 대상 DOM 노드이다.

```
var dish = React.createElement("h1", null, "구운 연어");
ReactDOM.render(dish, document.getElementById('root'));
```

제목 엘리먼트를 DOM으로 렌더링하면 HTML에 정의해 둔 root라는 id를 가지는 div의 자식으로 h1 엘리먼트가 추가된다. body태그의 자식으로 이 div 가 생긴 것을 볼 수 있다.

```
<body>
  <div id="root">
    <h1>구운 연어</h1>
  </div>
</body>
```

모든 DOM 렌더링 기능은 ReactDOM 패키지에 들어 있다. 리액트 16 이전 버전의 리액트에서는 DOM에서 한 엘리먼트만 렌더링할 수 있었다. 요즘은 배열을 렌더링할 수도 있다. 이 기능이 2017년 ReactConf에서 발표됐을 때는 모두가 박수치면서 환호했다. 이 기능은 다음과 같이 사용한다.

```
const dish = React.createElement("h1", null, "구운 연어");
const dessert = React.createElement("h2", null, "코코넛 크림 파이");

ReactDOM.render([dish, dessert], document.getElementById("root"));
```

이 코드는 root 컨테이너 내부에 이 두 엘리먼트를 형제 노드로 렌더링한다. 여러분도 박수치면서 환호했으리라 생각한다.

다음 절에서는 props.children을 사용하는 방법을 배운다.

4.3.1 자식들

리액트는 props.children을 사용해 자식 엘리먼트들을 렌더링한다. 앞 절에서는 h1 엘리먼트의 유일한 자식으로 텍스트 엘리먼트를 렌더링했기 때문에 props.children이 "Baked Salmon"으로 설정됐다. 텍스트가 아닌 다른 리액트 엘리먼트들을 자식으로 렌더링할 수도 있고 그렇게 하면 엘리먼트의 트리가 생긴다. 그래서 엘리먼트 트리element tree라는 말을 사용한다. 트리에는 루트 엘리먼트가 하나 존재하고, 루트 아래로 많은 가지가 자란다.

재료 정보가 들어 있는 번호가 붙지 않은 리스트를 생각해보자.

```
<ul>
  <li>연어 900 그램</li>
  <li>신선한 로즈마리 5 가지</li>
  <li>올리브 오일 2 테이블스푼</li>
  <li>작은 레몬 2 조각</li>
  <li>코셔 소금 1 티스푼</li>
  <li>다진 마늘 4 쪽</li>
</ul>
```

이 예제에서는 번호가 붙지 않은 리스트가 루트 엘리먼트이며 그 엘리먼트에는 6개의 자식 엘리먼트가 있다. 이 ul과 자식을 React.createElement로 나타낼 수 있다.

```
React.createElement(
  "ul",
  null,
  React.createElement("li", null, "연어 900 그램"),
  React.createElement("li", null, "신선한 로즈마리 5 가지"),
  React.createElement("li", null, "올리브 오일 2 테이블스푼"),
  React.createElement("li", null, "작은 레몬 2 조각"),
  React.createElement("li", null, "코셔 소금 1 티스푼"),
  React.createElement("li", null, "다진 마늘 4 쪽")
);
```

createElement에 대해 네 번째 이후 추가된 인자는 다른 자식 엘리먼트로 취급된다. 리액트는 이런 자식 엘리먼트의 배열을 만들고 props.children을 그 배열로 설정한다.

이 호출의 결과로 생기는 리액트 엘리먼트를 살펴보면 리액트 엘리먼트로 표현한 리스트 원소가 props.children 배열 안에 들어가 있는 모습을 볼 수 있다. 이 원소를 콘솔에 찍어보면,

```
const list = React.createElement(
  "ul",
  null,
  React.createElement("li", null, "연어 900 그램"),
  React.createElement("li", null, "신선한 로즈마리 5 가지"),
  React.createElement("li", null, "올리브 오일 2 테이블스푼"),
  React.createElement("li", null, "작은 레몬 2 조각"),
  React.createElement("li", null, "코셔 소금 1 티스푼"),
  React.createElement("li", null, "다진 마늘 4 쪽")
);

console.log(list);
```

결과는 다음과 같다.

```
{
  "type": "ul",
  "props": {
    "children": [
      { "type": "li", "props": { "children": "연어 900 그램" } … },
      { "type": "li", "props": { "children": "신선한 로즈마리 5 가지"} … },
      { "type": "li", "props": { "children": "올리브 오일 2 테이블스푼" } … },
      { "type": "li", "props": { "children": "작은 레몬 2 조각"} … },
      { "type": "li", "props": { "children": "코셔 소금 1 티스푼"} … },
      { "type": "li", "props": { "children": "다진 마늘 4 쪽"} … }
    ]
    ...
  }
}
```

이제 리스트의 각 원소가 자식으로 들어간 모습을 볼 수 있다. 이번 장 맨 앞에서 section 엘리먼트 안에 모든 조리법이 들어간 HTML을 보여준 적이 있다. 이런 HTML을 리액트를 사용해 만들려면 다음과 같이 createElement를 호출해야 한다.

```
React.createElement(
  "section",
  {id: "baked-salmon"},
  React.createElement("h1", null, "구운 연어"),
  React.createElement(
    "ul",
    {"className": "ingredients"},
    React.createElement("li", null, "연어 900 그램"),
    React.createElement("li", null, "신선한 로즈마리 5가지"),
    React.createElement("li", null, "올리브 오일 2 테이블스푼"),
    React.createElement("li", null, "작은 레몬 2 조각"),
    React.createElement("li", null, "코셔 소금 1 티스푼"),
    React.createElement("li", null, "다진 마늘 4 쪽")
  ),
  React.createElement(
    "section",
    {"className": "instructions"},
    React.createElement("h2", null, "조리절차"),
    React.createElement("p", null, "오븐을 190도로 예열한다."),
    React.createElement("p", null, "알루미늄 포일에 올리브 오일을 가볍게 두른다."),
    React.createElement(
      "p",
      null,
      "로즈마리, 슬라이스한 레몬, 다진 마늘을 연어 위에 얹는다."
    ),
    React.createElement("p", null, "완전히 익을 때까지 15-20분간 굽는다."),
    React.createElement("p", null, "오븐에서 그릇을 꺼낸다.")
  )
);
```

NOTE_ 리액트에서 className 사용하기

HTML class 속성이 있는 엘리먼트는 class 대신 className이라는 이름의 프로퍼티를 사용해야 한다. class가 자바스크립트에서 예약어라서 HTML 엘리먼트의 class를 정의하려면 어쩔 수 없이 className을 사용해야만 한다. 이 예제는 순수 리액트의 생김새를 잘 보여준다. 순수 리액트는 결국 브라우저에서 실행된다. 리액트 엘리먼트는 리액트가 브라우저에서 UI를 어떻게 구성할지 지시하는 명령이다.

데이터를 가지고 엘리먼트 만들기

리액트를 사용하는 경우 큰 장점은 UI 엘리먼트와 데이터를 분리할 수 있다는 것이다. 리액트
는 단순한 자바스크립트이기 때문에 리액트 컴포넌트 트리를 더 편하게 구성하기 위한 자바스
크립트 로직을 얼마든지 추가할 수 있다. 예를 들어 배열에 재료를 저장해두고 그 배열을 리액
트 엘리먼트로 map할 수 있다.

번호가 붙지 않은 리스트에 내해 다시 생각해보자.

```
React.createElement(
  "ul",
  null,
  React.createElement("li", null, "연어 900 그램"),
  React.createElement("li", null, "신선한 로즈마리 5 가지"),
  React.createElement("li", null, "올리브 오일 2 테이블스푼"),
  React.createElement("li", null, "작은 레몬 2 조각"),
  React.createElement("li", null, "코셔 소금 1 티스푼"),
  React.createElement("li", null, "다진 마늘 4 쪽")
);
```

이 재료 리스트에 사용할 데이터를 자바스크립트 배열로 간단하게 표현할 수 있다.

```
const items = [
  "연어 900 그램",
  "신선한 로즈마리 5 가지",
  "올리브 오일 2 테이블스푼",
  "작은 레몬 2 조각",
  "코셔 소금 1 티스푼",
  "다진 마늘 4 쪽"
];
```

이 데이터를 활용해 리스트 원소를 직접 하드코딩하지 않고도 원하는 만큼 리스트 원소를 생성
할 수 있다. 배열 안에 들어 있는 원소에 대해 엘리먼트를 만드는 map을 적용하면 된다.

```
React.createElement(
  "ul",
  { className: "ingredients" },
  items.map(ingredient => React.createElement("li", null, ingredient)
);
```

이 구문은 배열에 있는 각 재료에 해당하는 리액트 엘리먼트를 만든다. 재료를 표현하는 문자열은 li 엘리먼트에서 텍스트 형태의 자식이 된다.

이 코드를 실행하면 콘솔에서 [그림 4-1]과 같은 경고를 볼 수 있다.

```
⊗ ▶ Warning: Each child in an array or iterator should have a        runner-3.36.10.min.js:1
    unique "key" prop. Check the top-level render call using <ul>. See https://fb.me/react-
    warning-keys for more information.
```

그림 4-1 콘솔 경고

배열을 이터레이션해서 자식 엘리먼트의 리스트를 만드는 경우 리액트에서는 각 자식 엘리먼트에 key 프로퍼티를 넣는 것을 권장한다. 리액트는 key를 사용해 DOM을 더 효율적으로 갱신할 수 있다. 각 li 엘리먼트에 고유한 키를 부여해서 경고를 없앨 수 있다. 각 재료의 배열 인덱스를 유일한 키 값으로 쓸 수 있다.

```
React.createElement(
  "ul",
  { className: "ingredients" },
  items.map((ingredient, i) =>
    React.createElement("li", { key: i }, ingredient)
  )
);
```

JSX에 대해 설명할 때 키에 대해 더 설명한다. 하지만 현재는 콘솔 경고를 없애기 위해 키를 추가하는 것으로 만족하자.

4.4 리액트 컴포넌트

사용한 기술이나, 내용, 크기와 관계없이 모든 사용자 인터페이스는 여러 부분으로 이뤄진다. 버튼, 리스트, 제목 등이 이런 부품이다. 이런 부품이 모여서 사용자 인터페이스를 이룬다. 3가지 조리법을 보여주는 조리법 애플리케이션을 생각해보자. 각 박스에 들어 있는 데이터는 서로 다르지만, 각 조리법을 이루는 부품은 같다(그림 4-2).

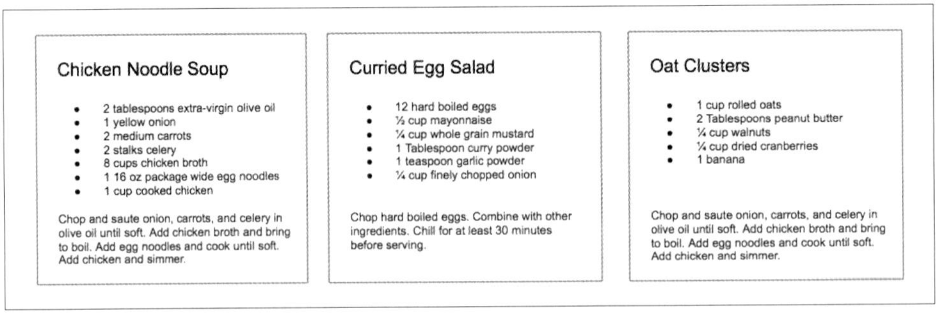

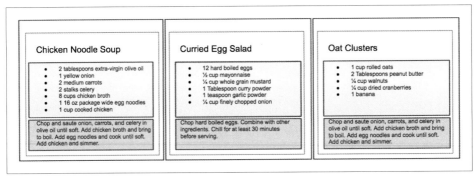

그림 4-2 조리법 앱

리액트에서 이런 각 부분을 컴포넌트^{Component}라고 부른다. 컴포넌트를 사용하면 서로 다른 조리법이나 서로 다른 데이터 집합에 대해 같은 DOM 구조를 재사용할 수 있다.

리액트로 만들고 싶은 사용자 인터페이스에 대해 생각할 때는 엘리먼트를 재사용 가능한 조각으로 나눌 수 있는지 고려해보라. 예를 들어 [그림 4–3]의 조리법에는 각각 제목, 재료 리스트, 조리절차가 들어 있다. 각 부분은 모두 조리법이나 조리법 앱의 일부다. [그림 4–3]에서 표시한 각 부분인 재료, 조리절차 등에 해당하는 컴포넌트를 만들 수 있다.

그림 4-3 App, IngredientsList, Instructions 컴포넌트

이런 구조가 얼마나 규모 확장성이 있는지 생각해보라. 조리법을 하나 표시하고 싶은 경우에도 이 컴포넌트로 처리할 수 있다. 조리법을 1만개 표시하고 싶어도 역시 이 컴포넌트를 사용해 새로운 인스턴스를 만들기만 하면 된다.

우리는 함수를 작성해 컴포넌트를 만든다. 함수는 사용자 인터페이스에서 재활용할 수 있는 부품을 반환한다. 순서가 없는 재료 리스트를 반환하는 함수를 만들어보자. 이번에는

IngredientsList라는 이름으로 디저트를 만드는 함수를 작성하자.

```
function IngredientsList() {
  return React.createElement(
    "ul",
    { className: "ingredients" },
    React.createElement("li", null, "무염 버터 1 컵"),
    React.createElement("li", null, "크런치 땅콩 버터 1 컵"),
    React.createElement("li", null, "흑설탕 1 컵"),
    React.createElement("li", null, "백설탕 1 컵"),
    React.createElement("li", null, "달걀 2 개"),
    React.createElement("li", null, "일반 밀가루 2.5 컵"),
    React.createElement("li", null, "베이킹 소다 1 티스푼"),
    React.createElement("li", null, "소금 0.5 티스푼")
  );
}

ReactDOM.render(
  React.createElement(IngredientsList, null, null),
  document.getElementById("root")
);
```

이 컴포넌트의 이름은 IngredientsList이다. 이 함수가 반환하는 엘리먼트는 다음과 같다.

```
<IngredientsList>
  <ul className="ingredients">
    <li>무염 버터 1 컵</li>
    <li>크런치 땅콩 버터 1 컵</li>
    <li>흑설탕 1 컵</li>
    <li>백설탕 1 컵</li>
    <li>달걀 2 개</li>
    <li>일반 밀가루 2.5 컵</li>
    <li>베이킹 소다 1 티스푼</li>
    <li>소금 0.5 티스푼</li>
  </ul>
</IngredientsList>
```

이런 코드도 충분히 멋지지만, 데이터를 컴포넌트 안에 하드코딩했다는 문제가 있다. 컴포넌트를 만들고 데이터를 프로퍼티로 컴포넌트에 넘길 수 있다면 어떨까? 그 후 컴포넌트가 데이터를 동적으로 렌더링하게 만든다면 어떨까? 언젠가는 이런 일이 벌어질 것이다!

농담이었다. 사실 오늘이 그런 일이 벌어질 날이다. 다음은 조리법에 넣어야 할 secretIngredients 배열을 보여준다.

```
const secretIngredients = [
  "무염 버터 1 컵",
  "크런치 땅콩 버터 1 컵",
  "흑설탕 1 컵",
  "백설탕 1 컵",
  "달걀 2 개",
  "일반 밀가루 2.5 컵",
  "베이킹 소다 1 티스푼",
  "소금 0.5 티스푼"
];
```

그 후 IngredientsList 컴포넌트가 이 items를 map하게 만들어서 items 배열에 있는 모든 내용에 대해 li를 만들게 한다.

```
function IngredientsList() {
  return React.createElement(
    "ul",
    { className: "ingredients" },
    items.map((ingredient, i) =>
      React.createElement("li", { key: i }, ingredient)
    )
  );
}
```

그 후 secretIngredients를 items라는 프로퍼티로 넘기면 된다. items 프로퍼티는 createElement의 두 번째 인자다.

```
ReactDOM.render(
  React.createElement(IngredientsList, { items: secretIngredients }, null),
  document.getElementById("root")
);
```

이제 DOM을 살펴보자. items라는 데이터 프로퍼티는 8가지 재료가 들어 있는 배열이다. 루프를 돌면서 li 태그를 만들기 때문에 루프 인덱스를 사용해 유일한 키를 추가할 수 있었다.

```
<IngredientsList items="[...]">
  <ul className="ingredients">
    <li key="0">무염 버터 1 컵</li>
    <li key="1">크런치 땅콩 버터 1 컵</li>
    <li key="2">흑설탕 1 컵</li>
    <li key="3">백설탕 1 컵</li>
    <li key="4">개란 2 개</li>
    <li key="5">일반 밀가루 2.5 컵</li>
    <li key="6">베이킹 소다 1 티스푼</li>
    <li key="7">소금 0.5 티스푼</li>
  </ul>
</IngredientsList>
```

이런식으로 컴포넌트를 만들면 컴포넌트가 더 유연해진다. items 배열에 원소가 하나뿐이든 수백 개이든 컴포넌트는 배열의 각 원소를 리스트 원소로 렌더링할 것이다.

여기서 items 배열을 리액트 프로퍼티로 참조하게 변경할 수도 있다. 전역 items에 대해 매핑을 수행하는 대신에 props 객체를 통해 items를 얻게 한다. 먼저, props를 함수에 전달하고 props.items에 대해 매핑을 수행하게 만들자.

```
function IngredientsList(props) {
  return React.createElement(
    "ul",
    { className: "ingredients" },
    props.items.map((ingredient, i) =>
      React.createElement("li", { key: i }, ingredient)
    )
  );
}
```

props에서 items를 구조 분해하면 코드를 약간 더 다듬을 수 있다.

```
function IngredientsList({ items }) {
  return React.createElement(
    "ul",
    { className: "ingredients" },
    items.map((ingredient, i) =>
      React.createElement("li", { key: i }, ingredient)
    )
```

```
  );
}
```

IngredientsList와 관련된 모든 내용은 이제 한 컴포넌트 안에 캡슐화되어 있다. 컴포넌트를 처리할 때 필요한 모든 것이 컴포넌트 내부에 들어 있다.

4.4.1 리액트 컴포넌트의 역사

함수 컴포넌트가 등장하기 전에는 다른 방식으로 컴포넌트를 만들었다. 이런 다른 방법에 대해 시간을 많이 투자하지는 않겠지만, 이런 API를 사용하는 레거시 코드베이스를 처리해야 한다면 리액트 컴포넌트의 역사를 잘 이해해야 한다. 시간에 따른 리액트 API 변화를 살펴보자.

첫 번째 정류장: createClass

2013년 리액트가 처음 등장했을 때는 컴포넌트를 만드는 유일한 방법이 createClass 함수를 사용하는 것이었다. React.createClass를 사용해 리액트 컴포넌트를 만드는 방법은 다음과 같다.

```
const IngredientsList = React.createClass({
  displayName: "IngredientsList",
  render() {
    return React.createElement(
      "ul",
      {"className": "ingredients"},
      this.props.items.map((ingredient, i) =>
        React.createElement("li", { key: i }, ingredient)
      )
    );
  }
});
```

createClass를 통해 만든 컴포넌트에는 어떻게 리액트 엘리먼트를 반환하고 렌더링해야 하는지 알려주는 render() 메서드 정의가 들어 있다. 하지만 렌더링할 때 사용할 수 있는 재사용가능한 UI 조각을 기술한다는 컴포넌트의 아이디어는 동일하다.

리액트 15.5(2017년 4월)부터 createClass를 사용하면 경고를 표시하기 시작했다. 리액트 16(2017년 9월)부터 React.createClass는 공식적으로 사용 금지됐고, 자체 패키지인 create-react-class로 옮겨졌다.

두 번째 정류장: 클래스 컴포넌트

ES 2015에 클래스 문법이 도입되면서 리액트에도 리액트 컴포넌트를 만드는 새로운 방법이 도입됐다. React.Component API를 사용하면 class 구문을 사용해 새로운 컴포넌트 인스턴스를 만들 수 있다.

```
class IngredientsList extends React.Component {
  render() {
    return React.createElement(
      "ul",
      { className: "ingredients" },
      this.props.items.map((ingredient, i) =>
        React.createElement("li", { key: i }, ingredient)
      )
    );
  }
}
```

여전히 class 구문을 사용해 리액트 컴포넌트를 만들 수 있지만, React.Component도 조만간 사용 금지될 것으로 예상한다. 아직은 이 방식을 공식 지원하지만, 예전엔 자주 봤지만 여러분이 성장함에 따라 더 이상 만나지 않게 된 오랜 친구 같은 React.createClass와 마찬가지 길을 걷게 될 것이다. 이제부터 이 책에서는 함수만 사용해 컴포넌트를 만들고, 예전 방식은 참고를 위해서만 간략하게 설명할 것이다.

CHAPTER 5

JSX를 사용하는 리액트

지난 장에서는 리액트가 어떻게 작동하는지 깊이 살펴보면서 리액트 애플리케이션을 컴포넌트라고 불리는 작은 재사용 가능한 조각으로 나눠봤다. 이런 컴포넌트는 엘리먼트 트리나 다른 컴포넌트를 렌더링해준다. createElement 함수는 리액트의 동작을 살펴보는 데 좋은 방법이지만 리액트 개발자들이 실제로 해야 하는 일과는 거리가 있다. 우리는 복잡하고 읽기 어려운 자바스크립트 구문 트리를 이리저리 전달하면서 재미있다고 하지 않는다. 리액트를 활용해 효과적으로 일하려면 JSX라는 다른 요소가 필요하다.

JSX는 자바스크립트의 **JS**와 XML의 **X**를 합친 말이다. JSX는 자바스크립트 코드 안에서 바로 태그 기반의 구문을 써서 리액트 엘리먼트를 정의할 수 있게 해주는 자바스크립트 확장이다. JSX가 HTML과 닮았기 때문에 때로 이 둘을 혼동하기도 한다. JSX는 단지 복잡한 createElement 호출에서 빠뜨린 콤마(,)를 찾느라고 머리를 긁지 않고도 편하게 리액트 엘리먼트를 만들 수 있게 해주는 다른 방법일 뿐이다.

5.1 JSX로 리액트 엘리먼트 정의하기

페이스북의 리액트 팀은 리액트를 내놓으면서 JSX도 함께 내놨다. JSX는 속성이 붙은 복잡한 DOM 트리를 작성할 수 있는 간편한 문법을 제공한다. 또한 리액트 팀은 JSX가 HTML이나 XML처럼 리액트를 더 읽기 쉽게 만들어 주기를 원했다. JSX에서는 태그를 사용해 엘리먼트의 타입을 지정한다. 태그의 속성은 프로퍼티를 표현한다. 여는 태그와 닫는 태그 사이에 엘리먼트의 자식을 넣는다.

JSX 엘리먼트에 다른 JSX 엘리먼트를 자식으로 추가할 수 있다. JSX로 정의한 ul 엘리먼트가 있다면 JSX 태그를 사용해 만든 자식 리스트 원소들을 ul 엘리먼트에 추가할 수 있다. 결과는 HTML과 비슷해 보인다.

```
<ul>
  <li>연어 500 그램</li>
  <li>잣 1 컵</li>
  <li>버터 상추 2 컵</li>
  <li>옐로 스쿼시(Yellow Squash, 호박의 한 종류) 1 개</li>
  <li>올리브 오일 1/2 컵</li>
  <li>마늘 3 쪽</li>
</ul>
```

JSX는 컴포넌트와도 잘 작동한다. 단순히 클래스 이름을 사용해 컴포넌트를 정의하자. [그림 5-1]에서 IngredientsList에게 JSX 프로퍼티로 재료 배열을 넘기는 모습을 볼 수 있다.

그림 5-1 JSX로 IngredientsList 생성하기

재료 배열을 이 컴포넌트에 넘길 때는 중괄호({})로 감싸야 한다. 이렇게 중괄호로 감싼 코드를 **자바스크립트 식**JavaScript expression(JSX)이라고 부른다. JSX에서 컴포넌트에게 프로퍼티 값으로 자바스크립트 값을 넘기려면 자바스크립트 식을 꼭 사용해야 한다. 컴포넌트의 프로퍼티는 문자열과 자바스크립트 식의 2가지 유형이 있다. 자바스크립트 식에는 배열, 객체, 함수 등 포함된다. 배열, 객체, 함수 등의 자바스크립트 값을 포함시키려면 자바스크립트 값 주변을 중괄호로 감싸야만 한다.

5.1.1 JSX 팁

JSX가 낯익어 보일 것이다. 대부분의 문법은 HTML과 비슷하다. 하지만 JSX를 다룰 때 알아둬야 할 내용이 몇 가지 있다.

내포된 컴포넌트

JSX에서는 다른 컴포넌트의 자식으로 컴포넌트를 추가할 수 있다. 예를 들어 IngredientsList 안에 Ingredient를 여러번 추가할 수 있다.

```
<IngredientsList>
  <Ingredient />
  <Ingredient />
  <Ingredient />
</IngredientsList>
```

className

자바스크립트에서 class가 예약어이므로 class 속성 대신 className을 사용한다.

```
<h1 className="fancy">구운 연어</h1>
```

자바스크립트 식

중괄호로 자바스크립트 식을 감싸면 중괄호 안의 식을 평가해서 결괏값을 사용해야 한다는 뜻이다. 예를 들어 엘리먼트 안에 title 프로퍼티 값을 출력하고 싶다면 자바스크립트 식을 사용해 값을 집어 넣을 수 있다. 변수를 평가한 값이 엘리먼트 안에 들어간다.

```
<h1>{title}</h1>
```

문자열이 아닌 다른 타입의 값도 자바스크립트 식 안에 넣어야 한다.

```
<input type="checkbox" defaultChecked={false} />
```

평가

중괄호 안에 들어간 자바스크립트 코드는 그 값을 평가받는다. 이는 덧셈이나 문자열 이어붙임 등의 여러 연산이 일어날 수 있다는 뜻이다. 또 자바스크립트 식 안에 함수 호출 구문이 있다면 그 함수가 호출된다는 뜻이기도 하다.

```
<h1>{"Hello" + title}</h1>

<h1>{title.toLowerCase().replace}</h1>
```

5.1.2 배열을 JSX로 매핑하기

JSX는 자바스크립트이므로 자바스크립트 함수 안에서 JSX를 직접 사용할 수 있다. 예를 들어 배열을 JSX 엘리먼트로 변환할 수 있다.

```
<ul>
  {props.ingredients.map((ingredient, i) => (
    <li key={i}>{ingredient}</li>
  ))}
</ul>
```

JSX는 깔끔하고 읽기 쉽지만 브라우저는 JSX를 해석할 수 없다. `createElement`나 팩토리를 사용해 모든 JSX를 변환해야만 한다. 다행히 이런 작업에 쓸 수 있는 바벨Babel이라는 유용한 도구가 있다.

5.2 바벨

대부분의 소프트웨어 언어는 소스 코드를 컴파일한다. 자바스크립트는 인터프리터 언어라서 브라우저가 코드 텍스트를 해석하기 때문에 컴파일할 필요가 없다. 하지만 모든 브라우저가 최신 자바스크립트 문법을 지원하지는 않는다. 그리고 어떤 브라우저도 JSX를 지원하지 않는다. 우리는 JSX와 함께 최신 자바스크립트 기능을 활용하고 싶기 때문에 우리가 작성한 멋진 소스 코드를 브라우저가 해석할 수 있는 코드로 변환해줄 수단이 필요하다. 이런 변환 과정을 컴파일링이라고 부르며 바벨(`https://babeljs.io/`)이 그런 일을 해준다.

바벨 프로젝트는 최초에 2014년 9월에 발표됐으며 처음에는 6to5라고 불렸다. 6to5는 ES6 문법으로 작성된 코드를 당시 여러 웹 브라우저가 지원하고 있던 ES5 문법에 맞는 코드로 변환해주는 도구였다. 프로젝트가 커짐에 따라 ES6뿐 아니라 이후 발생한 에크마스크립트의 변화를 모두 지원해주는 플랫폼 역할을 하는 것으로 목표를 재설정했다. 또 바벨은 JSX를 순수 리액트로 변환하는 과정을 지원하도록 발전했다. 2015년 2월에는 이름을 바벨로 바꿨다.

페이스북, 넷플릭스Netflix, 페이팔Paypal, 에어비앤비Airbnb 등의 기업에서 프로덕션 환경에 바벨을 사용 중이다. 예전에는 페이스북이 만든 JSX 변환기가 JSX를 처리하는 표준적인 방식이었지만 이제는 바벨이 JSX 처리 표준이다.

바벨을 사용하는 방법이 많이 있다. 가장 간단한 방법은 바벨 CDN 링크를 직접 HTML에 포함시키는 것이다. 이렇게 하면 타입이 "text/babel"인 script 블록을 바벨이 컴파일해준다. 바벨은 클라이언트가 script안의 코드를 실행하기 전에 컴파일을 수행한다. 이 방법은 프로덕션에 사용할 수 있는 가장 좋은 방법은 아니지만 JSX를 처음 시작하기 아주 편한 방법이다.

```
<!DOCTYPE html>
<html>
  <head>
    <meta charset="utf-8">
    <title>리액트 예제</title>
  </head>
  <body>
    <div id="root"></div>

    <!-- React 라이브러리와 ReactDOM 라이브러리 -->
    <script src="https://unpkg.com/react@16.8.6/umd/react.development.js" ></script>
    <script src="https://unpkg.com/react-dom@16.8.6/umd/react-dom.development.js" ></script>
    <script src= "https://unpkg.com/@babel/standalone/babel.min.js" ></script>

    <script type="text/babel">
      // JSX 코드를 여기 넣거나 별도의 자바스크립트 파일에 대한 링크를 script 태그에 넣을 것
    </script>

  </body>
</html>
```

5.3 JSX로 작성한 조리법

JSX는 코드에서 리액트 엘리먼트를 멋지고 깔끔하게 기술할 수 있게 해주며 JSX로 작성한 코드는 작성자 스스로 볼 때도 이해하기 쉽고 리액트 커뮤니티의 다른 엔지니어들이 볼 때도 거의 즉시 이해할 수 있을 정도로 읽기 좋다. JSX의 단점은 브라우저가 JSX를 해석하지 못한다는 점이다. 따라서 JSX를 순수 리액트로 변환해야만 한다.

다음 배열에는 2가지 조리법이 들어 있다. 이 배열이 애플리케이션의 현재 상태를 나타낸다.

```
const data = [
  {
    "name": "Baked Salmon",
    "ingredients": [
      { "name": "연어", "amount": 500, "measurement": "그램" },
      { "name": "잣", "amount": 1, "measurement": "컵" },
      { "name": "버터 상추", "amount": 2, "measurement": "컵" },
      { "name": "옐로 스쿼시(Yellow Squash, 호박의 한 종류)", "amount": 1,
"measurement": "개" },
      { "name": "올리브 오일", "amount": 0.5, "measurement": "컵" },
      { "name": "마늘", "amount": 3, "measurement": "쪽" }
    ],
    "steps": [
      "오븐을 180도로 예열한다.""",
      "유리 베이킹 그릇에 올리브 오일을 두른다.",
      "연어, 마늘, 잣을 그릇에 담는다.",
      "오븐에서 15분간 익힌다.",
      "옐로 스쿼시를 추가하고 다시 30분간 오븐에서 익힌다.",
      "오븐에서 그릇을 꺼내서 15분간 식힌 다음에 상추를 곁들여서 내놓는다."
    ]
  },
  {
```

```
      "name": "생선 타코",
      "ingredients": [
        { "name": "흰살생선", "amount": 500, "measurement": "그램" },
        { "name": "치즈", "amount": 1, "measurement": "컵" },
        { "name": "아이스버그 상추", "amount": 2, "measurement": "컵" },
        { "name": "토마토", "amount": 2, "measurement": "개(큰것)"},
        { "name": "또띠야", "amount": 3, "measurement": "개" }
      ],
      "steps": [
        "생선을 그릴에 익힌다.",
        "또띠야 3장 위에 생선을 얹는다.",
        "또띠야에 얹은 생선 위에 상추, 토마토, 치즈를 얹는다."
      ]
    }
];
```

데이터는 자바스크립트 객체가 2개 포함된 배열이다. 각 객체에는 조리법의 이름, 필요한 재료 리스트, 그리고 조리 절차가 들어 있다.

이런 조리법을 가지고 2가지 컴포넌트가 들어 있는 UI를 만들 수 있다. Menu 컴포넌트는 조리법의 목록을 표시하고 Recipe 컴포넌트는 각 조리법의 UI를 표현한다. DOM에 렌더링해야 하는 대상은 Menu 컴포넌트다. 데이터를 Menu 컴포넌트의 recipes 프로퍼티로 넘긴다.

```
// 데이터는 조리법 객체의 배열이다
var data = [ ... ];

// 조리법 하나를 표현하는 상태가 없는 함수 컴포넌트다
const Recipe = (props) => (
  ...
);

// 조리법으로 이뤄진 메뉴를 표현하는 상태가 없는 함수 컴포넌트다
const Menu = (props) => (
  ...
);

// ReactDOM.render를 호출해서 Menu를 현재의 DOM 안에 렌더링한다
ReactDOM.render(
  <Menu recipes={data} title="맛있는 조리법" />,
  document.getElementById("root")
);
```

Menu 컴포넌트 안에서 쓰인 리액트 엘리먼트는 JSX로 되어 있다. 모든 내용은 article 엘리먼트 안에 들어 있다. 메뉴의 DOM을 표현하는 데는 header, h1, div.recipes 엘리먼트가 쓰인다. title 프로퍼티의 값은 h1 안에 텍스트로 표시된다.

```
function Menu(props) {
  return (
    <article>
      <header>
        <h1>{props.title}</h1>
      </header>
      <div className="recipes">
      </div>
    </article>
  );
}
```

div.recipes 엘리먼트 안에는 각 조리법 컴포넌트가 들어간다.

```
<div className="recipes">
  {props.recipes.map((recipe, i) => (
    <Recipe
      key={i}

        name={recipe.name}
        ingredients={recipe.ingredients}
        steps={recipe.steps}


      />
  ))}
</div>
```

div.recipes 엘리먼트 안에 조리법을 나열하기 위해 중괄호를 사용해서 자식 노드 배열을 반환하는 자바스크립트 식을 추가한다. props.recipes 배열에 map을 적용해서 배열 안의 각 객체에 대한 컴포넌트를 만든다. 앞에서 설명한 것처럼 각 조리법에는 이름, 재료, 조리 절차가 들어 있다. 이런 데이터를 각 Recipe에 프로퍼티로 전달해야 한다. 또한 각 조리법 엘리먼트를 유일하게 식별하기 위해 key 프로퍼티를 추가해야 한다는 점을 잊지 말아야 한다.

JSX의 스프레드 연산자를 사용하면 코드를 더 개선할 수 있다. JSX 스프레드 연산자는 객체 스프레드 연산자처럼 작동한다. 스프레드 연산자는 recipe 객체의 각 필드를 Recipe 컴포넌트의 프로퍼티로 추가해준다. 다음 구문은 모든 프로퍼티를 컴포넌트에게 제공한다.

```
{
  props.recipes.map((recipe, i) => <Recipe key={i} {...recipe} />);
}
```

이런 단축 표기법은 모든 프로퍼티를 Recipe 컴포넌트에게 제공한다는 점을 기억하자. 이런 기능이 좋을 때도 있지만, 컴포넌트에 너무 많은 프로퍼티를 추가하게 될 수도 있다.

Menu 컴포넌트 구문을 개선할 수 있는 다른 부분으로는 props 인자를 받는 부분이 있다. 객체 구조 분해를 사용하면 이 함수 내부로 변수 영역을 한정시킬 수 있다. 이렇게 하면 직접 title과 recipes를 사용할 수 있고 항상 props를 덧붙여야 하는 번거로움을 줄일 수 있다.

```
function Menu({ title, recipes }) {
  return (
    <article>
      <header>
        <h1>{title}</h1>
      </header>
    <div className="recipes">
        {recipes.map((recipe, i) =>
          <Recipe key={i} {...recipe} />
        )}
      </div>
    </article>
  );
}
```

이제 각 조리법을 처리하는 코드를 작성하자.

```
function Recipe({ name, ingredients, steps }) {
  return (
    <section id={name.toLowerCase().replace(/ /g, "-")}>
      <h1>{name}</h1>
      <ul className="ingredients">
        {ingredients.map((ingredient, i) => (
```

```
            <li key={i}>{ingredient.name}</li>
          ))}
        </ul>
        <section className="instructions">
          <h2>조리 절차</h2>
          {steps.map((step, i) => (
            <p key={i}>{step}</p>
          ))}
        </section>
      </section>
    );
  }
```

이 컴포넌트도 상태가 없는 함수 컴포넌트다. 각 조리법에는 이름에 해당하는 문자열, 재료를 표현하는 객체의 배열, 조리 절차를 표현하는 문자열의 배열이 들어 있다. 객체 구조 분해를 사용하면 각 필드를 로컬 영역 안에서 변수로 뽑아낼 수 있다. 따라서 props.name, props. ingredients, props.steps처럼 귀찮게 props를 앞에 붙이지 않고도 각 필드를 쉽게 사용할 수 있다.

Recipe 컴포넌트 안에 있는 첫 번째 자바스크립트 식은 루트 section의 id 속성을 설정하는 식이다. 이 식은 조리법의 이름을 소문자로만 이뤄진 문자열로 바꾸고, 공백( )을 대시(-)로 바꿔서 UI의 id속성으로 사용한다. 한글은 큰 영향이 없지만 영어라면 "Baked Salmon"이 "baked-salmon"으로 바뀐다(비슷하게 "Boston Baked Beans"라는 이름의 조리법이 있다면 "boston-baked-beans"로 바뀔 것이다). 그 외에 h1 자식 텍스트 노드로 name의 값이 사용된다.

ul 내부에 있는 자바스크립트 식은 map을 사용해 각 재료를 li 엘리먼트로 변환한다. 조리법을 표시하는 section 안에서도 비슷하게 map을 사용해 각 조리 단계를 p 엘리먼트로 변환해 표시한다.

이 애플리케이션의 전체 코드는 다음과 같다.

```
const data = [
  {
    "name": "구운 연어",
    "ingredients": [
      { "name": "연어", "amount": 500, "measurement": "그램" },
```

```
    { "name": "잣", "amount": 1, "measurement": "컵" },
    { "name": "버터 상추", "amount": 2, "measurement": "컵" },
    { "name": "옐로 스쿼시(Yellow Squash, 호박의 한 종류)", "amount": 1,
"measurement": "개" },
    { "name": "올리브 오일", "amount": 0.5, "measurement": "컵" },
    { "name": "마늘", "amount": 3, "measurement": "쪽" }
  ],
  "steps": [
    "오븐을 350도로 예열한다.",
    "유리 베이킹 그릇에 올리브 오일을 두른다.",
    "연어, 마늘, 잣을 그릇에 담는다.",
    "오븐에서 15분간 익힌다.",
    "옐로 스쿼시를 추가하고 다시 30분간 오븐에서 익힌다.",
    "오븐에서 그릇을 꺼내서 15분간 식힌다음에 상추를 곁들여서 내놓는다."
  ]
},
{
  "name": "생선 타코",
  "ingredients": [
    { "name": "흰살생선", "amount": 500, "measurement": "그램" },
    { "name": "치즈", "amount": 1, "measurement": "컵" },
    { "name": "아이스버그 상추", "amount": 2, "measurement": "컵" },
    { "name": "토마토", "amount": 2, "measurement": "개(큰것)"},
    { "name": "또띠야", "amount": 3, "measurement": "개" }
  ],
  "steps": [
    "생선을 그릴에 익힌다.",
    "또띠야 3장 위에 생선을 얹는다.",
    "또띠야에 얹은 생선 위에 상추, 토마토, 치즈를 얹는다."
  ]
}
];

function Recipe({ name, ingredients, steps }) {
  return(
    <section id={name.toLowerCase().replace(/ /g, "-")}>
      <h1>{name}</h1>
      <ul className="ingredients">
        {ingredients.map((ingredient, i) => (
          <li key={i}>{ingredient.name}</li>
        ))}
      </ul>
      <section className="instructions">
        <h2>조리 절차</h2>
```

```
            {steps.map((step, i) => (
              <p key={i}>{step}</p>
            ))}
          </section>
        </section>
      );
    }

    function Menu({ title, recipes }) {
      return (
        <article>
          <header>
            <h1>{title}</h1>
          </header>
          <div className="recipes">
            {recipes.map((recipe, i) => (
              <Recipe key={i} {...recipe} />
            ))}
          </div>
        </article>
      );
    }

    ReactDOM.render(
      <Menu recipes={data} title="맛있는 조리법" />,
      document.getElementById("root")
    );
```

이 코드를 브라우저에서 실행하면 리액트가 우리가 작성한 코드와 조리법 데이터를 사용해 [그림 5-2]와 같은 페이지를 구성해준다.

구글 크롬을 사용하는 중이고 리액트 개발자 도구 확장을 설치했다면 현재 가상 DOM 상태를 볼 수 있다. 이를 위해 개발자 도구를 열고 React 탭을 열라(그림 5-3).

여기서 Menu와 자식 엘리먼트들을 볼 수 있다. data 배열에는 두 조리법 객체가 들어 있고, Recipe 엘리먼트도 2개다. 각 Recipe 엘리먼트에는 조리법 이름, 재료, 조리 절차에 대한 프로퍼티가 들어 있다. 재료와 조리 절차는 data로 컴포넌트에 전달된다.

컴포넌트는 Menu 컴포넌트에 프로퍼티로 설정된 애플리케이션의 데이터 상태에 따라 만들어진다. recipes 배열을 바꾸고 Menu 컴포넌트를 렌더링하면 리액트가 가능한 효율적으로 DOM을 갱신한다.

그림 5-2 맛있는 조리법 출력

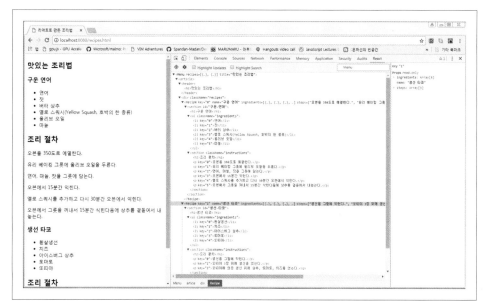

그림 5-3 리액트 개발자 도구에서 본 가상 DOM

5.4 리액트 프래그먼트

앞 절에서는 Menu 컴포넌트를 렌더링했다. 이 Menu 컴포넌트는 부모 컴포넌트로, 자식인 Recipe 컴포넌트를 렌더링한다. 리액트 프래그먼트fragment(조각이라는 뜻)를 사용해 두 형제 컴포넌트를 렌더링해주는 작은 예제를 잠시 살펴보자. 먼저 루트에 DOM을 렌더링해줄 Cat 이라는 새 컴포넌트를 만들자.

```
function Cat({ name }) {
  return <h1>고양이 이름은 {name} 입니다.</h1>;
}
ReactDOM.render(<Cat name="나비" />, document.getElementById("root"));
```

예상대로 이 코드는 h1을 렌더링한다. 하지만 Cat 컴포넌트 내부에서 h1과 같은 수준에 p 태그를 추가하면 어떤 일이 벌어질까?

```
function Cat({ name }) {
  return (
    <h1>고양이 이름은 {name} 입니다.</h1>
    <p>이 고양이는 멋져요.</p>
  );
}
```

즉시 콘솔에서 "Adjacent JSX elements must be wrapped in an enclosing tag"라는 메시지와 프래그먼트를 사용하라고 권장하는 메시지가 포함된 오류가 발생한다. 이 부분에서 프래그먼트를 쓸 수 있다! 리액트는 둘 이상의 인접한 형제 엘리먼트를 컴포넌트로 렌더링하지 않기 때문에, 이들을 div와 같은 태그로 둘러싸야만 한다. 이로 인해 불필요한 태그가 만들어지고, 아무 목적도 없이 다른 태그를 감싸는 태그가 생겨버린다. 리액트 프래그먼트를 사용하면 새로운 태그를 실제로 만들지 않아도 이런 래퍼의 동작을 흉내낼 수 있다.

인접한 h1과 p 태그를 React.Fragment 태그로 둘러싸는 것부터 시작하자.

```
function Cat({ name }) {
  return (
    <React.Fragment>
      <h1>고양이 이름은 {name} 입니다.</h1>
      <p>이 고양이는 멋져요.</p>
    </React.Fragment>
  );
}
```

프래그먼트 태그를 추가하면 경고가 사라진다. 프래그먼트를 단축한 태그를 써서 코드를 더 깔끔하게 만들 수도 있다.

```
function Cat({ name }) {
  return (
    <>
      <h1>고양이 이름은 {name} 입니다.</h1>
      <p>이 고양이는 멋져요.</p>
    </>
  );
}
```

결과 DOM을 살펴보면 트리에서 프래그먼트가 빠져 있음을 알 수 있다.

```
<div id="root">
  <h1>고양이 이름은 나비 입니다.</h1>
  <p>이 고양이는 멋져요.</p>
</div>
```

프래그먼트는 상대적으로 새로운 기능으로 DOM을 오염시키는 추가 래퍼 태그를 사용하지 않아도 되게 해준다.

5.5 웹팩 소개

리액트를 프로덕션에 사용하려고 한다면 고려해야 할 것이 많다. JSX와 ESNext의 변환을 어떻게 처리해야 할까? 프로젝트의 의존 관계를 어떻게 관리해야 할까? 이미지와 CSS를 어떻게 최적화할까?

이런 질문을 해결해주는 여러 도구가 있다. 브라우저리파이Browserify, 걸프Gulp, 그런트Grunt, 프리팩Prepack 등이 대표적이다. 큰 회사들이 많이 사용 중인 **웹팩**Webpack이 주도적인 도구 중 하나로 떠오르고 있다.

웹팩 생태계는 성숙됐으며, create-react-app, 개츠비Gatsby, 코드 샌드박스Code Sandbox와 같은 도구도 포함한다. 이런 도구를 사용할 경우 추상화된 수준에서 사용하기 때문에 코드를 컴파일하는 방법 등의 세부 정보에 대해 신경 쓸 필요가 없다. 이번 장의 나머지 부분에서는 우리에게 맞는 웹팩 빌드를 설정할 것이다. 요즘 같은 시대에는 자바스크립트/리액트 코드가 웹팩과 같은 모듈을 통해 컴파일된다는 점을 이해하는게 필수적이지만, 자바스크립트/리액트 코드가 웹팩과 같은 모듈을 통해 어떻게 컴파일되는지에 대한 지식은 그렇게까지 중요하지는 않다. 그래서 여러분이 이 부분을 건너뛴다고 해도 이해할 수 있다.

웹팩은 모듈 번들러module bundler로 알려져있다. 모듈 번들러는 여러 다른 파일들(자바스크립트, LESS, CSS, JSX, ESNext 등)을 받아서 한 파일로 묶어준다. 모듈을 하나로 묶어서 얻는 2가지 이익은 **모듈성**modularity과 **네트워크 성능**network performance이다.

모듈성은 여러분의 소스 코드를 작업하기 쉽게 여러 부분 또는 모듈로 나눠서 다룰 수 있게 해준다. 특히 팀 환경에서 모듈성이 중요하다.

의존 관계가 있는 여러 파일들을 묶은 번들을 브라우저가 한 번만 읽기 때문에 네트워크 성능이 좋아진다. 각 script 태그는 HTTP 요청을 만들어낸다. 그런 HTTP 요청마다 약간의 시간 지연이 발생한다. 모든 의존 관계를 한 파일에 넣으면 모든 파일을 단 한 번의 HTTP 요청으로 가져올 수 있으므로 추가 시간지연을 방지할 수 있다.

컴파일 외에 웹팩이 처리할 수 있는 일은 다음과 같다.

- **코드 분리**: 코드를 여러 덩어리로 나눠서 필요할 때 각각을 로딩할 수 있다. 때로 이를 롤업rollup이나 레이어layer라고 부른다. 코드를 분리는 여러 다른 페이지나 디바이스에서 필요한 자원을 따로 나눠서 더 효율적으로 처리하기 위함이다.
- **코드 축소**minification : 공백, 줄바꿈, 긴 변수 이름, 불필요한 코드 등을 없애서 파일 크기를 줄여준다.
- **특징 켜고 끄기**feature flagging : 코드의 기능을 테스트해야 하는 경우 코드를 각각의 환경에 맞춰 보내준다.
- **HMR**hot module replacement : 소스 코드가 바뀌는지 감지해서 변경된 모듈만 즉시 갱신해준다.

이번 장에서 만들었던 조리법 앱에는 몇 가지 제약이 있는데, 웹팩을 사용하면 그런 제약을 해소할 수 있다. 웹팩과 같은 도구를 사용해 클라이언트 자바스크립트를 정적으로 빌드하면 대규모 웹 애플리케이션을 여러 팀원들이 함께 개발할 수 있다. 웹팩 모듈 번들러를 사용하면 다음과 같은 장점을 가진다.

- **모듈성**: 모듈 패턴을 사용해 모듈을 외부에 익스포트하고 나중에 그 모듈을 필요한 곳에 임포트해서 쓸 수 있으면 애플리케이션 소스 코드를 더 관리하기 쉬운 규모로 나눌 수 있다. 각 팀이 서로 다른 파일에 작업을 진행하고 프로덕션으로 보내기 전에 전체를 한 파일로 묶으면서 정적으로 오류를 검사할 수 있으므로 여러 팀이 쉽게 협업할 수 있다.
- **조합**: 모듈을 사용하면 애플리케이션을 효율적으로 구축할 수 있는 작고 단순하며 재사용하기 쉬운 리액트 컴포넌트를 구축할 수 있다. 컴포넌트가 작으면 더 이해하거나 테스트하거나 재사용하기 쉽다. 또 컴포넌트가 작고 단순하다면 애플리케이션을 향상시키기 위해 그 컴포넌트 전체를 완전히 변경하기도 더 쉽다.
- **속도**: 모든 애플리케이션 모듈과 의존 관계를 하나의 클라이언트 번들로 묶으면 여러 파일을 HTTP로 요청함에 따라 발생할 수 있는 시간 지연이 없어져서 애플리케이션 로딩 속도가 빨라진다. 애플리케이션을 모두 한 파일에 패키징하면 클라이언트에서 단 한 번만 HTTP 요청을 보내면 된다. 번들 안에 들어가는 코드를 축소하면 로딩 시간을 더 줄일 수 있다.

- **일관성**: 웹팩이 JSX나 자바스크립트를 컴파일해주기 때문에 프로젝트에서 아직 표준화되지 않은 미래의 문법을 사용할 수 있다. 바벨은 다양한 ESNext 문법을 지원하므로 브라우저가 여러분이 작성한 코드를 지원하지 않을까 염려할 필요가 없다. 따라서 웹팩(그리고 바벨)을 사용하면 개발에 계속 최신 자바스크립트 문법을 활용할 수 있다.

5.5.1 프로젝트 설정하기

리액트 프로젝트를 처음 설정하는 법을 보여주기 위해, `recipes-app`이라는 새로운 폴더를 만들고 진행하자.

```
mkdir recipes-app
cd recipes-app
```

이 프로젝트에서는 다음과 같은 단계를 거친다.

1 프로젝트를 생성한다.

2 조리법 앱을 컴포넌트로 나눠서 서로 다른 파일에 넣는다.

3 바벨을 사용하는 웹팩 빌드를 설정한다.

> **NOTE_ create-react-app**
> 본문의 모든 설정이 미리 정리된 create-react-app이라는 도구가 있다. 하지만 이 책에서는 도구를 사용해 이 모든 설정 과정을 추상화하기 전에, 각 단계를 좀더 자세히 살펴볼 것이다.

1. 프로젝트 생성하기

다음으로는 npm을 사용해 프로젝트와 `package.json` 파일을 만든다. 이때 `-y` 플래그를 사용해 모든 디폴트 값을 사용한다. 그리고 `webpack`, `webpack-cli`, `react`, `react-dom` 패키지를 설치한다.

```
npm init -y
npm install react react-dom serve
```

npm 5를 사용한다면 --save 플래그를 지정하지 않아도 된다. 다음으로는 각 컴포넌트를 담기 위해 다음과 같은 폴더 구조를 만든다.

```
recipes-app (폴더)
  > node_modules (npm install 명령으로 자동 추가됨)
  > package.json (npm init 명령으로 자동 추가됨)
  > package-lock.json (npm init 명령으로 자동 추가됨)
  > index.html
  > /src (폴더)
    > index.js
    > /data (폴더)
      > recipes.json
    > /components (폴더)
      > Recipe.js
      > Instructions.js
      > Ingredients.js
```

NOTE_ 파일과 폴더 구조
리액트 프로젝트에서 파일과 폴더를 구성하는 방법이 딱 하나 정해져 있지는 않다. 여기서 보여준 방법은 여러 가지 방법 중 하나일 뿐이다.

2. 컴포넌트를 모듈로 나누기

현재 Recipe 컴포넌트는 상당히 많은 일을 한다. 조리법 제목을 표시하고, 재료들의 ul을 만들고, 조리 절차의 각 단계를 p 엘리먼트로 만들어서 표시한다. 이 컴포넌트를 Recipe.js 파일에 넣어야 한다. JSX를 사용하는 파일마다 맨 위에 react를 임포트하는 문장이 필요하다.

```
// ./src/components/Recipe.js

import React from "react";

export default function Recipe({ name, ingredients, steps }) {
  return (
    <section id="baked-salmon">
      <h1>{name}</h1>
      <ul className="ingredients">
        {ingredients.map((ingredient, i) => (
```

```
            <li key={i}>{ingredient.name}</li>
          ))}
        </ul>
        <section className="instructions">
          <h2>조리 절차</h2>
          {steps.map((step, i) => (
            <p key={i}>{step}</p>
          ))}
        </section>
      </section>
    );
  }
```

Recipe를 더 작고 담당하는 기능이 더 좁은 상태가 없는 여러 함수 컴포넌트로 분리한 다음에 그런 컴포넌트들을 합성하는 방식으로 처리하면 더 함수적인 접근 방식이 될 것이다. 먼저 조리 절차를 상태가 없는 함수 컴포넌트로 따로 분리하고 독립 파일에 모듈로 만들어서 어떤 절차든 표시할 수 있는 기능으로 분리하자.

Instructions.js라는 새 파일에 다음과 같이 컴포넌트를 넣자.

```
// ./src/components/Instructions.js

import React from "react";
export default function Instructions({ title, steps }) {
  return (
    <section className="instructions">
      <h2>{title}</h2>
      {steps.map((s, i) => (
        <p key={i}>{s}</p>
      ))}
    </section>
  );
}
```

Instructions이라는 새 컴포넌트를 만들었다. 이 컴포넌트는 절차의 제목과 각 단계를 인자로 받는다. 따라서 이 컴포넌트를 '조리법', '제빵법', '준비 절차', '조리 전 체크리스트' 등 단계를 표시하는 다양한 경우에 사용할 수 있다.

이제 재료를 살펴보자. Recipe 컴포넌트에서는 재료 이름만을 표시한다. 하지만 분량과 단위 정보도 재료 데이터에 존재한다. 이런 정보에 대한 Ingredient라는 컴포넌트를 만들자.

```
// ./src/components/Ingredient.js

import React from "react";

export default function Ingredient({ amount, measurement, name }) {
  return (
    <li>
      {amount} {measurement} {name}
    </li>
  );
}
```

각 재료가 양, 단위, 이름을 필드로 가진다고 가정했다. 이런 값들을 props 객체로부터 구조 분해로 얻어서 각각을 span 엘리먼트로 표시한다.

Ingredient 컴포넌트를 사용하면 재료 목록을 표시할 때 항상 사용할 수 있는 IngredientsList 컴포넌트를 쉽게 만들 수 있다

```
// ./src/components/IngredientsList.js

import React from "react";
import Ingredient from "./Ingredient";

export default function IngredientsList({ list }) {
  return (
    <ul className="ingredients">
      {list.map((ingredient, i) => (
        <Ingredient key={i} {...ingredient} />
      ))}
    </ul>
  );
}
```

이 파일에서는 먼저 각 재료를 표시할 때 사용하기 위해 Ingredient 컴포넌트를 임포트해야 한다. 이 컴포넌트에 전달되는 재료들은 list라는 프로퍼티에 들어 있는 배열이다. list 배열의 각 재료를 Ingredient 컴포넌트로 매핑한다. JSX 스프레드 연산자를 사용하면 배열의 원소에 들어 있는 모든 데이터를 props로 Ingredient에게 넘길 수 있다.

다음과 같이 스프레드 연산자를 사용하는 것은

```
<Ingredient {...ingredient} />
```

다음과 같다.

```
<Ingredient
  amount={ingredient.amount}
  measurement={ingredient.measurement}
  name={ingredient.name}
/>
```

따라서 재료에 다음과 같은 필드가 있다면

```
let ingredient = {
  amount: 1,
  measurement: '컵',
  name: '설탕'
}
```

다음과 같은 JSX 엘리먼트(컴포넌트)를 얻는다.

```
<Ingredient amount={1} measurement="컵" name="설탕" />
```

이제 재료와 조리 절차에 대한 컴포넌트를 만들었으므로 이런 컴포넌트를 합성해서 조리법을
만들 수 있다.

```
// ./src/components/Recipe.js

import React from "react";
import IngredientsList from "./IngredientsList";
import Instructions from "./Instructions";

function Recipe({ name, ingredients, steps }) {
  return (
    <section id={name.toLowerCase().replace(/ /g, "-")}>
      <h1>{name}</h1>
```

```
        <IngredientsList list={ingredients} />
        <Instructions title="조리 절차" steps={steps} />
      </section>
    );
  }


  export default Recipe;
```

먼저 사용하려는 두 컴포넌트 IngredientsList와 Instructions를 임포트해야 한다. 이제 이들을 사용해서 Recipe 컴포넌트를 만든다. 한 함수 안에서 전체 조리법을 복잡하게 생성하는 대신에 작은 컴포넌트를 합성해서 좀 더 선언적인 방법으로 만들 수 있다. 이 코드는 더 멋지고 간단할 뿐 아니라 이해하기도 쉽다. 이 코드를 보면 Recipe 컴포넌트가 조리법 이름을 표시하고 재료 목록을 표시한 다음에 조리 절차를 표시한다는 사실을 쉽게 알 수 있다. 이 코드는 재료 목록과 조리 절차를 표현하는 방법을 별도의 더 단순한 컴포넌트로 추상화해 표현한다.

모듈화한 접근 방법에서 보면 Menu 컴포넌트도 상당히 비슷하다. 중요한 차이점은 Menu를 별도의 파일로 분리하고 필요한 다른 모듈을 임포트한 다음에 Menu 컴포넌트 자신을 익스포트해야 한다는 점이다.

```
// ./src/components/Menu.js

import React from "react";
import Recipe from "./Recipe";

function Menu({ recipes }) {
  return (
    <article>
      <header>
        <h1>맛있는 조리법</h1>
      </header>
      <div className="recipes">
        {recipes.map((recipe, i) => (
          <Recipe key={i} {...recipe} />
        ))}
      </div>
    </article>
  );
}
export default Menu;
```

Menu 컴포넌트를 렌더링할 때도 여전히 ReactDOM을 사용해야 한다. 프로젝트의 주 파일은 여전히 index.js이다. 이 파일이 DOM에 컴포넌트를 렌더링한다.

이 파일을 만들자.

```
// ./src/index.js

import React from "react";
import { render } from "react-dom";
import Menu from "./components/Menu";
import data from "./data/recipes.json";

render(<Menu recipes={data} />, document.getElementById("root"));
```

맨 앞 네 문장은 이 앱이 작동하는데 필요한 모듈을 임포트한다. react와 react-dom을 script 태그에서 임포트하는 대신 여기서 그 둘을 임포트해서 웹팩이 번들에 그 두 라이브러리를 추가하도록 만든다. 또한 Menu 컴포넌트와 예제 데이터 배열을 임포트해야 한다. 예제 데이터 배열도 별도의 모듈로 분리했다. 그 안에는 '구운 연어'와 '생선 타코' 조리법이 들어 있다.

임포트한 변수들은 index.js 파일 안에서만 볼 수 있다. Menu 컴포넌트를 렌더링할 때 조리법 데이터 배열을 Menu의 프로퍼티로 전달한다.

데이터는 recipes.json 파일에서 가져온다. 이번 장 앞에서 사용했던 데이터와 같은 데이터를 사용하되, 제대로된 JSON 형식을 지켜서 작성한다.

```
// ./src/data/recipes.json

[
  {
    "name": "구운 연어",
    "ingredients": [
      { "name": "연어", "amount": 500, "measurement": "그램" },
      { "name": "잣", "amount": 1, "measurement": "컵" },
      { "name": "버터 상추", "amount": 2, "measurement": "컵" },
      { "name": "옐로 스쿼시(Yellow Squash, 호박의 한 종류)", "amount": 1,
"measurement": "개" },
      { "name": "올리브 오일", "amount": 0.5, "measurement": "컵" },
      { "name": "마늘", "amount": 3, "measurement": "쪽" }
    ],
```

```
    "steps": [
      "오븐을 350도로 예열한다.",
      "유리 베이킹 그릇에 올리브 오일을 두른다.",
      "연어, 마늘, 잣을 그릇에 담는다.",
      "오븐에서 15분간 익힌다.",
      "옐로 스쿼시를 추가하고 다시 30분간 오븐에서 익힌다.",
      "오븐에서 그릇을 꺼내서 15분간 식힌 다음에 상추를 곁들여서 내놓는다."
    ]
  },
  {
    "name": "생선 타코",
    "ingredients": [
      { "name": "흰살생선", "amount": 500, "measurement": "그램" },
      { "name": "치즈", "amount": 1, "measurement": "컵" },
      { "name": "아이스버그 상추", "amount": 2, "measurement": "컵" },
      { "name": "토마토", "amount": 2, "measurement": "개(큰것)"},
      { "name": "또띠야", "amount": 3, "measurement": "개" }
    ],
    "steps": [
      "생선을 그릴에 익힌다.",
      "또띠야 3장 위에 생선을 얹는다.",
      "또띠야에 얹은 생선 위에 상추, 토마토, 치즈를 얹는다."
    ]
  }
]
```

코드를 여러 모듈과 코드로 분리했으므로, 이제는 웹팩으로 빌드 프로세스를 만들어서 모든 구성요소를 한 파일에 넣게 만들 것이다. 여러분은 "잠깐. 방금 모든 요소를 여러 부분으로 나눴는데, 이제는 다시 전체를 한 부분으로 묶는 도구를 사용해야 한다고? 도대체 왜?"라는 의문이 떠오를 수도 있다. 프로젝트를 여러 파일로 나누면 여러 팀원들이 서로 겹치는 일 없이 각 요소를 따로 처리할 수 있기 때문에 일반적으로 큰 프로젝트를 더 잘 관리할 수 있게 해준다. 그리고 이렇게 파일을 분리해두면 각 파일을 더 쉽게 테스트할 수 있기도 하다.

3. 웹팩 빌드 만들기

웹팩으로 정적인 빌드 프로세스를 만들려면 몇몇 모듈을 설치해야 한다. npm을 사용해 필요한 모든 모듈을 설치할 수 있다.

```
npm install --save-dev webpack webpack-cli
```

이미 react와 react-dom을 설치했다는 사실에 유의하자.

모듈화한 조리법 앱이 작동하게 만들려면 소스 코드를 어떻게 한 번들 파일로 만들수 있는지 웹팩에게 알려줘야 한다. 웹팩 버전 4.0.0부터는 프로젝트를 번들하기 위해 설정 파일을 만들 필요가 없어졌다. 설정 파일이 없으면 웹팩이 코드를 패키징하기 위한 디폴트 방식을 사용한다. 하지만 설정 파일을 사용하면 설정을 원하는대로 커스텀화할 수 있다. 게다가 설정 파일이 있으면 웹팩의 마법을 감추는 대신 명시적으로 볼 수 있다. 디폴트 웹팩 설정 파일은 항상 `webpack.config.js`이다.

조리법 앱의 시작 파일은 `index.js`다. `index.js`는 React, ReactDOM, `Menu.js` 파일을 임포트한다. 브라우저에서 가장 먼저 실행해야 하는 부분이 바로 이 부분이다. 웹팩은 `import` 문을 발견할 때마다 파일시스템에서 해당 모듈을 찾아서 번들에 포함시켜준다. `index.js`는 `Menu.js`를 임포트하고 `Menu.js`는 `Recipe.js`를 임포트하며, `Recipe.js`는 `Instructions.js`와 `IngredientsList.js`를 임포트하고, `IngredientsList.js`는 `Ingredient.js`를 임포트한다. 웹팩은 이런 임포트 트리를 쫓아가면서 필요한 모듈을 모두 번들에 넣어준다. 이 모든 파일을 순회하면 의존 관계 그래프^{dependency graph}가 생긴다. 의존 관계는 컴포넌트 파일이나 리액트와 같은 라이브러리 파일, 이미지 등 앱에게 필요한 요소를 뜻한다. 그래프에서 각각의 파일을 원으로 표현한다면, 웹팩은 그래프를 만들기 위해 원과 원 사이에 선을 그어준다. 그리고 이렇게 만들어진 그래프 전체가 번들이다.

> **NOTE_ import 문**
> 조리법 앱은 **import** 문을 사용하지만 노드나 현재 사용 중인 대부분의 브라우저는 이를 지원하지 않는다. 그럼에도 불구하고 **import** 문이 작동할 수 있는 이유는 바벨이 **import**를 require('**모듈/경로**')로 변환하기 때문이다. require 함수는 일반적으로 커먼JS에서 모듈을 임포트할 때 사용하는 함수다.

웹팩이 번들을 빌드할 때, JSX를 순수 리액트 코드로 변환하라고 지정할 필요가 있다.

`webpack.config.js` 파일은 웹팩이 수행해야 하는 동작을 기술하는 자바스크립트 리터럴을 익스포트하는 모듈에 지나지 않는다. 이 설정 파일은 `index.js` 파일이 있는 프로젝트 루트 폴더에 저장되어야 한다.

```
// ./webpack.config.js

var path = require("path");

module.exports = {
  entry: "./src/index.js",
  output: {
    path: path.join(__dirname, "dist", "assets"),
    filename: "bundle.js",
  }
};
```

우선 웹팩에게 클라이언트의 시작 파일이 ./src/index.js라는 사실을 지정한다. 웹팩은 그 파일안에 있는 import 문부터 시작해서 모든 의존 관계 그래프를 자동으로 만든다. 다음으로 번들을 ./dist/bundle.js라는 자바스크립트 파일에 출력하라고 지정한다. 웹팩은 이 위치에 패키징한 자바스크립트 파일을 넣어준다.

다음으로 필요한 바벨 의존 관계를 설치하자. babel-loader와 @babel/core가 필요하다.

```
npm install babel-loader @babel/core --save-dev
```

이 다음에 웹팩에게 필요한 명령은 특정 모듈을 실행할 때 사용할 로더 목록이다. 설정 파일에서 module이라는 필드 안에 이런 정보를 추가한다.

```
module.exports = {
  entry: "./src/index.js",
  output: {
    path: path.join(__dirname, "dist", "assets"),
    filename: "bundle.js",
  }
  module: {
    rules: [{ test: /\.js$/, exclude: /node_modules/, loader: "babel-loader" }]
  }
};
```

rules 필드는 웹팩에 사용할 여러 유형의 로더를 포함해야 하기 때문에 배열이다. 이 예제에서는 babel-loader만 포함시켰다. 각 로더는 자바스크립트 객체다. test 필드는 각 모듈에서

로더가 작용해야 하는 파일 경로를 찾기 위한 정규식regular expression이다. 이 예제에서는 node_ modules 폴더에서 찾은 자바스크립트 파일이 아닌 모든 자바스크립트 파일에 대해 babel- loader를 실행한다.

이 시점에 바벨을 실행할 때 사용할 프리셋preset을 지정해야 한다. 프리셋을 지정하면 바벨에 게 어떤 식으로 파일을 변환할지 알려주게 된다. 다른 말로 하면, 이를 통해 "바벨, 이 프로젝트 에서 ESNext 구문을 보면 코드를 브라우저가 이해할 수 있는 구문으로 변환하고 계속 진행 해 줘"라고 요구 할 수 있다. 먼저 프리셋을 설치해야 한다.

```
npm install @babel/preset-env @babel/preset-react --save-dev
```

추가로 프로젝트 루트에 .babelrc 라는 파일을 만들자.

```
{
  "presets": ["@babel/preset-env", "@babel/preset-react"]
}
```

좋다. 지금까지 실제 리액트 앱을 닮은 프로젝트를 멋지게 만들어냈다. 더 진행해서 웹팩을 실 행하면서 이 설정이 제대로 작동하나 살펴보자.

웹팩은 정적으로 실행된다. 보통 앱을 서버에 배포하기 전에 번들을 만든다. npx라는 명령을 사용하면 명령줄에서 webpack을 실행할 수 있다.

```
npx webpack --mode development
```

웹팩은 성공해서 번들을 만들거나 실패해서 오류 메시지를 표시한다. 대부분의 오류는 임포트 참조가 잘못된 경우 발생한다. 웹팩 오류를 디버깅할 때는 import 문에 사용한 파일 이름과 파 일 경로를 자세히 살펴봐야 한다.

package.json 파일에 npm 스크립트를 추가해서 npm을 통해 웹팩을 간편하게 실행하는 지름 길을 만들 수도 있다.

```
"scripts": {
  "build": "webpack --mode production"
},
```

지름길 스크립트를 추가한 다음에는, 이 지름길을 사용해 번들을 생성하는 명령을 내릴 수 있다.

```
npm run build
```

5.5.2 번들 로딩하기

번들을 만들었다. 그렇다면 이제 뭘 할 수 있을까? 웹팩은 번들을 dist 폴더에 넣는다. 이 폴더에는 웹 서버에서 번들을 실행할 때 필요한 파일들이 들어 있다. dist 폴더에는 index.html 파일이 포함되야 한다. index.html 파일이 있어야 리액트 Menu 컴포넌트를 마운트시킬 대상 div 엘리먼트를 찾을 수 있다. index.html 파일에는 방금 만든 번들을 로딩하기 위한 script 태그도 들어 있다.

```html
// ./dist/index.html

<!DOCTYPE html>
<html>
<head>
<meta charset="utf-8">
<title>리액트 조리법 앱</title>
</head>
<body>
  <div id="root"></div>
  <script src="assets/bundle.js"></script>
</body>
</html>
```

이 페이지가 조리법 앱의 홈페이지이다. 이 페이지는 한 파일, bundle.js에 대한 HTTP 요청을 보냄으로써 필요한 모든 자원을 로딩한다. dist에 있는 파일들을 웹 서버에 배포하거나 노드나 루비 온 레일즈Ruby on Rails 같은 웹 서버 애플리케이션을 통해 파일을 HTTP 프로토콜로 서비스해야 한다.

5.5.3 소스 맵

코드를 한 번들 파일로 만들면 브라우저에서 앱을 디버깅할 때 약간 곤란해진다. 이런 문제를 **소스 맵**source map을 통해 해결할 수 있다. 소스 맵은 번들과 원 소스 파일을 연결해주는 파일이다. 웹팩에서는 `webpack.config.js` 파일에 몇 줄을 추가하면 이런 소스 매핑을 추가할 수 있다.

```
// 소스 맵이 포함된 webpack.config.js
module.exports = {
  ...
  devtool: '#source-map'  // 소스 맵을 추가하려면 이 옵션을 덧붙여라
};
```

`devtool` 프로퍼티를 `#source-map`으로 설정하면 웹팩이 소스 매핑을 사용하게 할 수 있다. 다시 웹팩을 실행하면 `assets` 폴더에 `bundle.js`와 `bundle.map`이라는 두 파일이 생긴다.

소스 맵은 디버깅시 원 소스 코드를 사용할 수 있게 해준다. 브라우저의 개발자 도구에 있는 소스Soruces 탭에서 `webpack://`이라고 쓰인 폴더를 찾을 수 있을 것이다. 그 폴더 안에는 번들에 들어 있는 모든 소스 파일이 보여야 한다(그림 5-4).

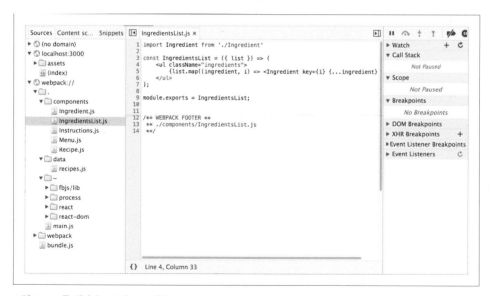

그림 5-4 크롬 개발자 도구의 소스 패널

브라우저 디버거의 단계별 실행step-through 기능을 활용해 이런 소스 파일을 디버깅할 수 있다. 소스 코드 옆의 행 번호를 클릭하면 중단점breakpoint을 설정할 수 있다. 브라우저를 새로고침 refresh하면 자바스크립트를 새로 실행하다가 아무 중단점이나 만나면 실행이 일시 중단된다. 영역Scope 패널에서 각 영역에 속한 변수를 살펴보거나 감시Watch 패널에 변수 이름을 입력해 값을 추적할 수 있다.

5.5.4 create-react-app

리액트 개발자 여러분이 사용할 수 있는 아주 멋진 도구로 create-react-app이 있다. 이 도구는 리액트 프로젝트를 생성하는 명령줄 도구다. create-react-app은 엠버 CLI 프로젝트 (https://ember-cli.com)의 영향을 받았으며 개발자들이 직접 웹팩, 바벨, ESLint 등 여러 도구의 설정을 손보지 않아도 빠르게 리액트 프로젝트를 시작할 수 있게 해준다.

create-react-app을 사용하려면 패키지를 글로벌 설치해야 한다.

```
npm install -g create-react-app
```

설치 후 create-react-app 명령과 앱을 생성할 폴더의 이름을 지정하면 앱을 만들 수 있다.

```
create-react-app my-project
```

NOTE_ npx
npx를 사용하면 글로벌 설치를 하지 않아도 create-react-app을 호출할 수 있다. 단지 npx create-react-app my-project를 실행하자.

이 명령은 리액트 프로젝트를 my-project 폴더에 만들면서 React, ReactDOM, react-scripts에 대한 의존 관계를 설정해준다. react-scripts는 페이스북이 만든 도구로, 여러 가지 놀라운 일을 할 수 있게 해준다. react-scripts는 바벨, ESLint, 웹팩 등을 설치해서 개발자가 직접 그런 도구를 설정할 필요가 없게 해준다. 생성된 프로젝트 폴더 안에는 App.js 파일이 들어 있는 src 폴더가 있다. App.js 파일에서 루트 컴포넌트를 수정하거나 다른 컴포넌트 파일을 임포트할 수 있다.

조금 전에 만든 `my-project` 폴더를 현재 폴더로 만든 후, `npm start`를 실행할 수 있다. `yarn`을 더 선호한다면 `yarn start`를 할 수도 있다. 이런 명령은 애플리케이션을 3000번 포트에서 실행한다.

`nmp test`나 `yarn test`를 통해 테스트를 실행할 수도 있다. 이렇게 하면 현재 프로젝트 안에 있는 모든 테스트 파일을 대화형 방식으로 실행한다.

`npm run build` 명령을 실행할 수도 있다. `yarn`의 경우에는 `yarn build`를 하자. 이 명령은 변환과 축소를 거친 프로덕션에 사용할 수 있는 번들을 만든다.

`create-react-app`은 초보자나 경험 많은 리액트 개발자 모두에게 훌륭한 도구다. 이 도구가 점점 발전해 나감에 따라 더 많은 기능이 추가될 것이다. 따라서 깃허브(`https://github.com/facebook/create-react-app`)를 살펴보면서 그런 변화를 지켜보라. 여러분이 직접 커스텀 웹팩 빌드를 설정하지 않고 리액트를 시작할 수 있는 다른 방법으로는 코드샌드박스 CodeSandbox가 있다. 코드샌드박스는 `https://codesandbox.io`에서 온라인으로 실행되는 IDE이다.

이번 장에서는 JSX에 대해 배우면서 리액트 기술을 한 단계 더 발전시켰다. 컴포넌트를 만들고, 컴포넌트를 여러 하위 컴포넌트로 나눠서 프로젝트 구조에 맞춰 넣었으며, 바벨과 웹팩에 대해 더 배웠다. 이제는 이 컴포넌트 지식을 더 높은 수준으로 발전시킬 준비가 됐다. 훅스 Hooks 에 대해 이야기할 때다.

CHAPTER 6

리액트 상태 관리

데이터는 리액트 컴포넌트가 살아 존재하게 하는 생명력과 같다. 5장에서 만든 조리법 사용자 인터페이스는 조리법 배열이 없으면 쓸모가 없다. 재료와 명확한 절차가 들어 있은 조리법은 조리법 앱이 쓸모 있게 해준다. 사용자 인터페이스는 콘텐츠 생산자가 콘텐츠를 만들어내기 위해 사용하는 도구다. 콘텐츠 생산자에게 최선의 도구를 만들어내기 위해서는 데이터를 효율적으로 조작하고 변경하는 방법을 알아야 한다.

5장에서는 **컴포넌트 트리**를 만들었다. 컴포넌트 트리는 프로퍼티를 통해 데이터가 흘러갈 수 있는 컴포넌트 계층 구조를 뜻한다. 프로퍼티는 전체 그림에서 절반에 불과하다. **상태**state가 나머지 절반이다. 리액트 애플리케이션의 상태는 데이터에 의해 조종되며 변경될 수 있다. 상태를 조리법 애플리케이션에 도입하면 세프가 새 조리법을 만들 수도 있고, 기존 조리법을 변경하거나 오래된 조리법을 제거할 수도 있다.

상태와 프로퍼티는 서로 관계가 있다. 리액트 애플리케이션을 사용할 때는 이 관계에 기반해 컴포넌트들을 부드럽게 합성해 서로 엮는다. 컴포넌트 트리의 상태가 바뀌면 프로퍼티도 바뀐다. 새로운 데이터는 컴포넌트 트리를 타고 흐르고, 콘텐츠에 새로 반영되도록 특정 말단이나 가지가 다시 렌더링된다.

이번 장에서는 상태를 도입함으로써 애플리케이션에 생명을 불어넣는다. 상태가 있는 컴포넌트를 만드는 방법을 배우고, 컴포넌트 트리의 아래 방향으로 상태를 전달하는 방법과 사용자 상호작용을 컴포넌트 트리의 위쪽으로 돌려보내는 방법을 살펴본다. 사용자로부터 폼 데이터를 얻는 기술도 배운다. 그리고 상태가 있는 콘텍스트 프로바이더stateful context provider를 통해 애플리케이션에서 관심사를 분리하는 방법에 대해 살펴본다.

6.1 별점 컴포넌트 만들기

5점 만점의 별점 시스템이 없었다면, 우리 모두는 여전히 끔찍한 음식을 먹거나 형편없는 영화를 보고 있을 것이다. 사용자가 웹사이트의 콘텐츠를 변경할 수 있게 할 계획을 세운다면, 콘텐츠가 얼마나 좋고 나쁜지 알아낼 방법이 필요하다. 이로 인해 여러분이 만든 여러 가지 컴포넌트 중에서도 StarRating 컴포넌트가 가장 중요한 리액트 컴포넌트다(그림 6-1).

그림 6-1 별점 컴포넌트

StarRating 컴포넌트를 통해 사용자는 콘텐츠에 별의 개수를 바탕으로 점수를 매길 수 있다. 좋지 않은 콘텐츠는 별을 하나만 받는다. 아주 권장할 만한 콘텐츠는 별을 다섯 개 받는다. 사용자는 별을 클릭해서 콘텐츠의 별점을 지정할 수 있다. 먼저 별이 필요하다. react-icons에서 별을 얻을 수 있다.

```
npm i react-icons
```

react-icons는 npm 라이브러리로, 리액트 컴포넌트 형태로 된 수백 가지 SVG 아이콘을 제공한다. react-icons 라이브러리를 설치하면 수백 가지 일반적인 SVG 아이콘이 포함된 몇몇 유명한 아이콘 라이브러리를 한꺼번에 설치하는 것과 같다. 폰트 오섬Font Awesome 컬렉션의 별 아이콘을 사용할 것이다.

```
import React from "react";
import { FaStar } from "react-icons/fa";

export default function StarRating() {
  return [
    <FaStar color="red" />,
    <FaStar color="red" />,
    <FaStar color="red" />,
    <FaStar color="grey" />,
    <FaStar color="grey" />
  ];
}
```

이 코드는 react-icons에서 임포트한 SVG 별을 다섯 개 렌더링하는 StarRating 컴포넌트를 만든다. 앞의 세 별은 빨간색으로 채워지고, 뒤의 두 별은 회색으로 채워진다. 별을 먼저 렌더링하는 이유는 앞으로 우리가 만들어나갈 컴포넌트에 대한 길잡이를 제공하기 위해서다. 선택된 별은 빨간색으로 칠해져야 하고, 선택되지 못한 별은 회색으로 표시되어야 한다. 선택된 프로퍼티에 따라 자동으로 별을 만들어내는 컴포넌트를 하나 만들자.

```
const Star = ({ selected = false }) => (
  <FaStar color={selected ? "red" : "grey"} />
);
```

Star 컴포넌트는 별 하나를 렌더링한다. 이때 selected 프로퍼티에 따라 적절한 색으로 별 안쪽을 채워넣는다. selected 프로퍼티가 컴포넌트에 전달되지 않으면 별이 선택되지 않았다고 가정하고, 디폴트로 회색으로 별 내부를 칠한다.

5점 별점 시스템은 아주 유명하다. 하지만 10점 별점 시스템이 훨씬 더 자세한 정보를 제공할 수 있다. 개발자가 자신의 앱에 별점 컴포넌트를 추가할 때 원하는 대로 별의 개수를 정할 수 있게 해야 한다. totalStars 프로퍼티를 StarRating 컴포넌트에 추가해서 전체 별 개수를 지정할 수 있게 한다.

```
const createArray = length => [...Array(length)];

export default function StarRating({ totalStars = 5 }) {
  return createArray(totalStars).map((n, i) => <Star key={i} />);
}
```

여기서는 2장에서 배운 **createArray** 함수를 사용한다. 생성하려는 배열의 원소 개수를 지정하기만 하면 원하는 개수의 원소가 들어 있는 배열을 얻을 수 있다. 이 함수를 **totalStars** 프로퍼티와 함께 사용하면 원하는 길이의 배열을 얻을 수 있다. 배열이 생기면 그 배열에 대해 **map**을 수행하면서 Star 컴포넌트를 렌더링한다. 디폴트로 **totalStars**는 5이다. 이 말은 이 컴포넌트가 기본적으로 5개의 회색 별을 렌더링한다는 뜻이다. [그림 6-2]를 보라.

그림 6-2 별이 5개 표시됨

6.2 useState 훅

이제 StarRating 컴포넌트를 클릭할 수 있게 만들어야 한다. 사용자는 컴포넌트를 클릭해서 **rating**을 바꿀 수 있다. **rating**은 변경이 될 수 있는 값이기 때문에, 리액트 상태에 이 값을 저장하고 변경해야 한다. 상태를 리액트 함수 컴포넌트에 넣을 때는 **훅스**Hooks라고 부르는 리액트 기능을 사용한다. 훅스에는 컴포넌트 트리와 별도로 재사용 가능한 코드 로직이 들어 있다. 훅스를 사용하면 우리가 만든 컴포넌트에 기능을 끼워 넣을 수 있다. 리액트는 몇 가지 훅을 기본 제공하므로, 즉시 이런 훅을 사용할 수 있다. 우리가 가장 먼저 다룰 훅은, 상태를 리액트 컴포넌트에 추가하고 싶을 때 사용할 수 있는 리액트 useState 훅이다. 이 훅은 실제로는 react 패키지에 들어 있다. 따라서 react 패키지를 임포트하기만 하면 된다.

```
import React, { useState } from "react";
import { FaStar } from "react-icons/fa";
```

사용자가 선택한 별의 개수는 별점을 표현한다. 사용자가 선택한 별점을 저장하는 **selectedStars**라는 상태 변수를 만들 것이다. useState 훅을 StarRating 컴포넌트에 직접 추가해서 이 변수를 만든다.

```
export default function StarRating({ totalStars = 5 }) {
  const [selectedStars] = useState(3);
  return (
    <>
      {createArray(totalStars).map((n, i) => (
        <Star key={i} selected={selectedStars > i} />
      ))}
      <p>
        {selectedStars} / {totalStars}
      </p>
    </>
  );
}
```

방금 컴포넌트와 상태를 서로 **엮었다**^{hooked}. useState 혹은 배열을 반환하는 호출 가능한 함수다. 이 배열의 첫 번째 값이 우리가 사용하려는 상태 변수다. 여기서는 이 변수가 selectedStars이고, 이 변수의 값은 StarRating에서 빨간색으로 칠해야 하는 별의 개수다. useState는 배열을 반환한다. 배열 구조 분해를 활용하면 쉽게 상태 변수에 이름을 붙일 수 있다. useState 함수에 전달하는 값은 상태 변수의 디폴트 값이다. 여기서는 selectedStars의 초깃값이 3으로 설정된다. [그림 6-3]을 보라.

그림 6-3 5개의 별 중 3개가 선택됨

사용자로부터 다른 점수를 얻기 위해서는 사용자가 아무 별이나 클릭할 수 있게 해야 한다. 이 말은 onClick 핸들러를 FaStar 컴포넌트에 추가해서 별을 클릭할 수 있게 만들어야 한다는 뜻이다.

```
const Star = ({ selected = false, onSelect = f => f }) => (
  <FaStar color={selected ? "red" : "grey"} onClick={onSelect} />
);
```

star를 변경해서 onSelect 라는 프로퍼티를 추가한다. 이 프로퍼티가 함수라는 점에 유의하
라. 사용자가 FaStar 컴포넌트를 클릭하면 이 함수를 호출할 것이다. 이 함수는 부모 컴포넌
트에게 별이 클릭됐음을 통지한다. 이 함수의 디폴트 값은 f => f이다. 이 함수는 인자로 받
은 값을 그대로 돌려주는 일 외에 아무 일도 않는 가짜 함수일 뿐이다. 하지만 onSelect 프로
퍼티의 값은 반드시 함수여야 하므로, onSelect에 함수를 지정하지 않고 FaStar 컴포넌트를
클릭하면 오류가 발생한다. 비록 f => f가 아무 일도 하지 않지만, 이 함수도 함수이기 때문에
아무 오류를 발생시키지 않고 호출될 수 있다. 따라서 이제는 상위 컴포넌트에서 Star를 만들
면서 onSelect 프로퍼티를 별도로 지정하지 않아도 아무 문제도 없다. 리액트는 가짜 함수를
호출하고 아무 일도 발생하지 않을 것이다.

이제 Star 컴포넌트를 클릭할 수 있으므로, 이 성질을 활용해 StarRating의 상태를 바꿔
보자.

```
export default function StarRating({ totalStars = 5 }) {
  const [selectedStars, setSelectedStars] = uscStatc(0);
  return (
    <>
      {createArray(totalStars).map((n, i) => (
        <Star
          key={i}
          selected={selectedStars > i}
          onSelect={() => setSelectedStars(i + 1)}
        />
      ))}
      <p>
        {selectedStars} / {totalStars}
      </p>
    </>
  );
}
```

StarRating 컴포넌트의 상태를 바꾸려면 selectedStars의 값을 바꾸는 함수가 필요하다. useState 훅이 반환하는 배열의 두 번째 원소는 상태 값을 변경할 때 쓸 수 있는 함수다. 이 경우도 배열을 구조 분해해서 함수에 원하는 이름을 붙일 수 있다. 이 함수가 selectedStars 의 값을 설정하기 때문에 함수 이름을 setSelectedStars라고 정했다.

훅스에서 기억할 가장 중요한 내용은 훅이 걸린 컴포넌트를 렌더러와 연동시킨다는 점이다. setSelectedStars 함수를 사용해 selectedStars의 값을 바꿀 때마다 StarRating 함 수 컴포넌트가 훅에 의해 다시 호출되면서 렌더링이 다시 이뤄진다. 이때 새로운 렌더링은 selectedStars의 새 값을 활용해 이뤄진다. 훅스가 그렇게 중요하고 유용한 기능이 될 수 있 는 이유가 바로 이것이다. 훅이 걸린 데이터가 변경되면 데이터에 대한 훅이 걸린 컴포넌트에 새 값을 전달하면서 컴포넌트를 다시 렌더링해준다.

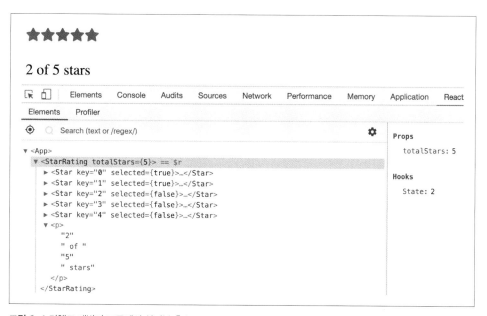

그림 6-4 리액트 개발자 도구에서 살펴본 훅스

사용자가 Star를 클릭할 때마다 StarRating 컴포넌트가 다시 렌더링된다. 사용자가 Star를 클릭하면 해당 Star의 onSelect 프로퍼티가 호출된다. onSelect 프로퍼티는 setSelectedStars 함수를 호출해서 방금 선택한 별의 개수를 전송한다. map 함수의 i 변수 를 사용해 개수를 쉽게 계산할 수 있다. map이 첫 번째 Star를 렌더링할 때 i의 값은 0이다. 따

라서 i에 1을 더해서 올바른 별의 개수를 얻을 수 있다. [그림 6-4]처럼 setSeletedStars가 호출되면 새로운 selectedStars 값을 사용해 StarRating 컴포넌트가 호출된다.

리액트 개발자 도구는 어떤 컴포넌트에 어떤 훅이 걸려있는지 보여준다. StarRating 컴포넌트를 브라우저에서 렌더링할 때는, 개발자 도구에서 해당 컴포넌트를 선택해 디버깅 정보를 살펴볼 수 있다. 오른쪽이 열에서 StarRating 컴포넌트에 State 훅이 있고 그 훅의 값이 2라는 사실을 알 수 있다. 앱과 상호작용하면 상태값이 변하고 그 별 개수에 상응하는 컴포넌트 트리가 다시 렌더링되는 모습을 볼 수 있다.

'구시대적' 리액트 상태 관리

리액트 v16.8.0 이전에는 컴포넌트에 상태를 추가하는 방법은 클래스 컴포넌트를 사용하는 것뿐이었다. 이로 인해 구문이 복잡해질 뿐 아니라 비슷한 기능을 여러 컴포넌트에 대해 재활용하기도 힘들었다. 훅스는 함수 컴포넌트 안에 상태 관리 기능을 추가함으로써 클래스 컴포넌트가 가지는 문제점을 해결하기 위해 설계됐다.

다음 코드는 클래스 컴포넌트다. 이 코드는 이 책의 1판에 나온 StarRating 컴포넌트 원본이다.

```javascript
import React, { Component } from "react";

export default class StarRating extends Component {
  constructor(props) {
    super(props);
    this.state = {
      starsSelected: 0
    };
    this.change = this.change.bind(this);
  }

  change(starsSelected) {
    this.setState({ starsSelected });
  }

  render() {
    const { totalStars } = this.props;
    const { starsSelected } = this.state;
    return (
      <div>
```

```
      {[...Array(totalStars)].map((n, i) => (
        <Star
          key={i}
          selected={i < starsSelected}
          onClick={() => this.change(i + 1)}
        />
      ))}
      <p>
        {starsSelected} / {totalStars}
      </p>
    </div>
  );
  }
}
```

이 클래스 컴포넌트는 앞에서 본 함수 컴포넌트와 똑같은 일을 하지만 명백히 훨씬 더 많은 코드가 필요하다. 게다가 this 키워드와 함수 바인딩으로 인해 코드를 읽을 때 혼란스럽기까지 하다.

요즘도 이런 코드가 여전히 제대로 작동하지만, 클래스 컴포넌트가 더 이상 필요 없기 때문에 이 책에서는 클래스 컴포넌트에 대해 다루지 않는다. 함수 컴포넌트와 훅스는 리액트의 미래이며, 우리는 과거를 돌아보지 않을 것이다. 미래에는 클래스 컴포넌트가 공식적으로 사용 금지되는 날이 올 것이고, 그날이 오면 리액트가 이 박스의 코드를 더 이상 지원하지 않을 것이다.

6.3 재사용성을 높이기 위한 리팩터링

이제 Star 컴포넌트를 프로덕션에 넣어도 된다. 사용자에게 평점을 받을 필요가 있는 여러 애플리케이션에서 이 컴포넌트를 활용할 수 있다. 하지만 이 컴포넌트를 npm에 올려서 세상 누구나 사용자로부터 평점을 받을 때 이 컴포넌트를 활용하게 하고 싶다면, 몇 가지 용례를 더 생각해봐야 한다.

첫째로, style 프로퍼티를 생각해보자. 이 프로퍼티를 사용하면 CSS 스타일을 엘리먼트에 추가할 수 있다. 나중에 개발자가, 심지어 여러분 자신일 수도 있다. 전체 컨테이너의 스타일을 변경해야 할 수도 있다. 이런 경우 다음과 비슷한 방법을 시도할 것이다.

```
export default function App() {
  return <StarRating style={{ backgroundColor: "lightblue" }} />;
}
```

모든 리액트 엘리먼트는 스타일 프로퍼티를 제공한다. 대부분의 컴포넌트도 스타일 프로퍼트를 제공한다. 따라서 전체 컴포넌트의 스타일을 변경하는게 타당해 보인다.

우리가 해야 할 일은 모든 스타일을 모아서 **StarRating** 컨테이너에게 전달하는 것뿐이다. 현재는 리액트 프래그먼트를 사용하기 때문에 **StarRating**에는 단일 컨테이너가 없다. 따라서 이 방식이 작동하려면 프래그먼트를 div 엘리먼트로 업그레이드하고, 이 div에게 스타일을 전달해야 한다.

```
export default function StarRating({ style = {}, totalStars = 5 }) {
  const [selectedStars, setSelectedStars] = useState(0);
  return (
    <div style={{ padding: "5px", ...style }}>
      {createArray(totalStars).map((n, i) => (
        <Star
          key={i}
          selected={selectedStars > i}
          onSelect={() => setSelectedStars(i + 1)}
        />
      ))}
      <p>
        {selectedStars} / {totalStars}
      </p>
    </div>
  );
}
```

앞의 코드에서는 프래그먼트를 div 엘리먼트로 바꾸고 이 div 엘리먼트에 대해 스타일을 적용했다. 디폴트로는 div에 5px의 padding을 적용하고, 스프레드 연산자를 사용해 style 객체의 나머지 프로퍼티를 div 스타일로 가져왔다.

추가로, 모든 별표 컴포넌트에 대해 다른 일반적인 프로퍼티를 구현하려고 아래와 같이 시도하는 개발자도 있을 것이다.

```
export default function App() {
  return (
    <StarRating
      style={{ backgroundColor: "lightblue" }}
      onDoubleClick={e => alert("double click")}
    />
  );
}
```

이 예제에서는 double-click 메서드를 전체 **StarRating** 컴포넌트에 대해 설정하려고 시도한다. 이런 필요가 있다고 느껴진다면 이 메서드를 다른 프로퍼티와 함께 컴포넌트 전체를 둘러싸는 div에게 전달할 수 있다.

```
export default function StarRating({ style = {}, totalStars = 5, ...props }) {
  const [selectedStars, setSelectedStars] = useState(0);
  return (
    <div style={{ padding: 5, ...style }} {...props}>
      ...
    </div>
  );
}
```

첫 단계는 사용자가 **StarRating**에 추가할 수 있는 모든 프로퍼티를 수집한다. 스프레드 연산자 ...props를 통해 이런 프로퍼티를 모은다. 다음으로 이 모든 프로퍼티를 {...props}를 사용해 div 엘리먼트에게 내려보낸다.

이렇게 할 때, 2가지 가정이 있다. 첫 번째는 사용자가 div 엘리먼트가 지원하는 프로퍼티만 추가할 것이라는 가정이다. 두 번째는 사용자가 컴포넌트에 악의적으로 나쁜 프로퍼티를 추가하지는 않는다는 가정이다.

하지만 여러분이 만든 모든 컴포넌트에 대해 이런 가정을 똑같이 적용할 수는 없다. 실제로 구체적인 필요에 따라 이런 수준의 지원을 컴포넌트에 추가하는 편이 더 낫다. 여기서 중요한 점은 여러분이 만든 컴포넌트의 사용자가 미래에 컴포넌트를 어떻게 사용할지 생각해보는 것이다.

6.4 컴포넌트 트리 안의 상태

모든 컴포넌트에 상태를 넣는 것은 좋은 생각이 아니다. 상태 데이터가 너무 많은 컴포넌트에 분산되면 버그를 추적하거나 애플리케이션의 기능을 변경하기가 어려워진다. 이런 일이 어려워지는 이유는 컴포넌트 트리에서 어느 부분에 상태가 존재하는지를 제대로 알기 어려워지기 때문이다. 애플리케이션의 상태나 어떤 특성의 상태를 한곳에서 관리할 수 있으면 상태를 이해하기가 더 쉬워진다. 상태를 한곳에서 관리하는 방법이 몇 가지 있다. 그중 우리가 처음 살펴볼 것은 상태를 컴포넌트 트리에 저장하고, 자식 컴포넌트들에게 프롭으로 전달하는 방법이다.

색의 목록을 관리하는 작은 애플리케이션을 만들자. 이 앱을 '색 관리자'라고 부른다. 이 앱은 사용자가 목록에 있는 색에 대해 별점과 제목을 부여할 수 있게 한다. 출발점으로 다음과 같은 간단한 데이터 집합이 있다.

```
{
  colors: [
    {
      "id": "0175d1f0-a8c6-41bf-8d02-df5734d829a4",
      "title": "해질녘 바다",
      "color": "#00c4e2",
      "rating": 5
    },
    {
      "id": "83c7ba2f-7392-4d7d-9e23-35adbe186046",
      "title": "잔디",
      "color": "#26ac56",
      "rating": 3
    },
    {
      "id": "a11e3995-b0bd-4d58-8c48-5e49ae7f7f23",
      "title": "밝은 빨강",
      "color": "#ff0000",
      "rating": 0
    }
  ]
}
```

color-data.json 파일에는 3가지 색으로 이뤄진 배열이 들어 있다. 각 색에는 id, title, color, rating이 있다. 먼저 이 데이터를 브라우저에 표시할 리액트 컴포넌트로 구성된 UI를 만들자. 그 후 사용자가 새로운 리스트에 색을 추가하거나 삭제하고, 색에 평점을 매길 수 있게 하자.

6.4.1 상태를 컴포넌트 트리의 아래로 내려보내기

이번 이터레이션interation에서는 상태를 색 관리자 앱의 루트인 App 컴포넌트에 저장한다. 그리고 색을 자식 컴포넌트로 내려보내서 렌더링한다. App 컴포넌트는 우리 앱에서 상태를 저장할 유일한 컴포넌트다. useState 훅을 사용해 App에 색 리스트를 추가한다.

```
import React, { useState } from "react";
import colorData from "./color-data.json";
import ColorList from "./ColorList.js";

export default function App() {
  const [colors] = useState(colorData);
  return <ColorList colors={colors} />;
}
```

App 컴포넌트는 트리의 최상위에 있다. useState를 이 컴포넌트에 추가하면 색의 상태 관리를 App과 연결한다. 이 예제에서 colorData는 앞에서 본 예제 색의 배열이다. App 컴포넌트는 colorData를 colors의 초기 상태로 사용한다. App으로부터 colors가 ColorList라는 컴포넌트에게 전달된다.

```
import React from "react";
import Color from "./Color";

export default function ColorList({ colors = [] }) {
  if(!colors.length) return <div>표시할 색이 없습니다.</div>;
  return (
    <div>
      {
        colors.map(color => <Color key={color.id} {...color} />)
      }
    </div>
```

```
    );
  }
```

ColorList는 프롭으로 App 컴포넌트에게서 색을 전달받는다. colors가 비어 있으면 컴포넌트는 사용자에게 메시지를 표시한다. colors에 색 배열이 있으면 이 배열에 대해 map을 수행해서 세부 정보를 Color로 만들면서 트리의 아래 방향으로 각 색 정보를 내려보낸다.

```
export default function Color({ title, color, rating }) {
  return (
    <section>
      <h1>{title}</h1>
      <div style={{ height: 50, backgroundColor: color }} />
      <StarRating selectedStars={rating} />
    </section>
  );
}
```

Color 컴포넌트는 title, color, rating이라는 세 프로퍼티를 받는다. 각 값은 <Color {...color} />를 통해 스프레드 연산자로 전달받는다. 이 식은 color 객체에 있는 각 필드를 color 객체의 각 키와 똑같은 키를 가지는 프로퍼티로 Color 컴포넌트에 전달한다. Color 컴포넌드는 이렇게 받은 값을 표시한다. title은 h1 엘리먼트 안에 표시하고, color 값은 div 엘리먼트의 backgroundColor로 표시하며, rating은 트리의 아래에 있는 StarRating 컴포넌트에게 전달한다. StarRating 컴포넌트는 이 rating 값을 선택된 별의 개수로 표시해준다.

```
export default function StarRating({ totalStars = 5, selectedStars = 0 }) {
  return (
    <>
      {createArray(totalStars).map((n, i) => (
        <Star
          key={i}
          selected={selectedStars > i}
        />
      ))}
      <p>
        {selectedStars} / {totalStars}
      </p>
    </>
```

```
    );
  }
```

앞 절에서 본 StarRating 컴포넌트를 약간 변경했다는 점에 유의하자. StarRating 컴포넌트를 순수 컴포넌트로 변경했다. 순수 컴포넌트는 상태가 없기 때문에 항상 같은 프롭에 대해 같은 사용자 인터페이스를 렌더링해주는 컴포넌트를 말한다. 색 별점 상태가 컴포넌트 트리의 루트에 있는 colors 배열에 저장되기 때문에 이 컴포넌트를 순수 컴포넌트로 만들었다. 이번 이터레이션의 목적이 상태를 한 장소에만 저장하고 트리상의 여러 컴포넌트에 분산하지 않는 것이라는 점을 기억하자.

> **NOTE_** StarRating 컴포넌트가 자체적으로 상태를 저장하면서 프롭을 통해 상태를 전달받을 수도 있다. 커뮤니티에서 널리 쓰일 수 있게 컴포넌트를 배포하려면 보통 이런 식의 동작이 필요하다. 이런 기법의 예를 다음 장에서 useEffect 훅을 다룰 때 살펴본다.

이제 상태를 App 컴포넌트에서 컴포넌트 트리의 아래로 내려보내서 결국 Star 컴포넌트가 각 색에 해당하는 rating 값에 맞춰 자신을 색칠하게 만들었다. 앞에서 본 color-data.json에 따라 이 앱을 렌더링해 브라우저에서 살펴보면 [그림 6-5] 같은 모습을 볼 수 있어야 한다.

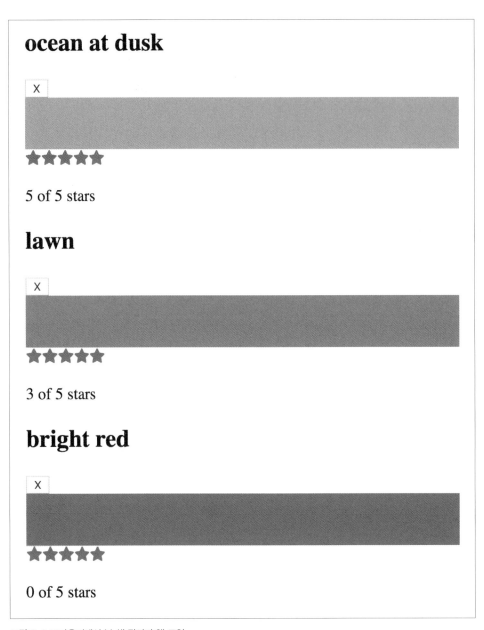

그림 6-5 브라우저에서 본 색 관리자 앱 모양

6.4.2 상호작용을 컴포넌트 트리 위쪽으로 전달하기

지금까지는 리액트 컴포넌트를 합성하고 데이터를 부모 컴포넌트에서 자식 컴포넌트에게 내려보내는 방식으로 컴포넌트 트리 아래쪽으로 내려보냄으로써 colors 배열을 렌더링했다. 리스트에서 색을 제거하거나 리스트에 들어 있는 색의 평점을 변경하면 어떤 일이 생길까? colors 는 트리의 루트에 들어 있다. 따라서 자식 컴포넌트에 대해 벌어진 상호작용을 수집해서 트리의 위로 올려보내서 상태가 저장된 루트 컴포넌트에 도착하게 해야 한다.

예를 들어 각 색의 이름(title) 옆에 상태로부터 해당 색을 제거하는 삭제(Remove) 버튼을 덧붙이고 싶다고 하자. Color 컴포넌트에 이런 버튼을 추가할 수 있다.

```
import { FaTrash } from "react-icons/fa";

export default function Color({ id, title, color, rating, onRemove = f => f }) {
  return (
    <section>
      <h1>{title}</h1>
      <button onClick={() => onRemove(id)}>
        <FaTrash />
      </button>
      <div style={{ height: 50, backgroundColor: color }} />
      <StarRating selectedStars={rating} />
    </section>
  );
}
```

여기서는 color 컴포넌트 안에 사용자가 색을 삭제할 수 있는 버튼을 추가했다. 먼저 쓰레기통 아이콘을 react-icons에서 임포트했다. 그리고 이 FaTrash 아이콘을 버튼으로 둘러쌌다. 이 버튼에 onClick 핸들러를 추가하면 onRemove 함수 프로퍼티를 호출할 수 있다. 이 함수 프로퍼티는 프로퍼티 리스트에 id 프로퍼티와 함께 추가된다. 사용자가 쓰레기통 아이콘으로 표시된 삭제 버튼을 클릭하면 removeColor를 호출하면서 이 함수에게 삭제할 색의 id를 전달할 것이다. 그래서 Color 컴포넌트의 프로퍼티로 id를 추가해야 한다.

이런 방식이 뛰어난 이유는 Color 컴포넌트를 순수 컴포넌트로 유지할 수 있기 때문이다. Color 컴포넌트에는 상태가 없기 때문에 앱의 여러 부분이나 다른 애플리케이션에서 자유롭게 재사용할 수 있다. Color 컴포넌트는 사용자가 삭제 버튼을 누를 때 벌어지는 일에 대해 신경쓰지 않는다. Color 컴포넌트가 신경쓰는 것은 이벤트가 발생했다는 사실과 사용자가 제거하고 싶어하는 색에 대한 정보를 부모 컴포넌트에게 전달하는 것뿐이다. 이렇게 이벤트와 정보를 전달하고 나면, 이 이벤트를 처리할 책임은 이제 부모 컴포넌트의 몫이 된다.

```
export default function ColorList({ colors = [], onRemoveColor = f => f }) {
  if (!colors.length) return <div>No Colors Listed. (Add a Color)</div>;

  return (
    </div>
      colors.map(color => (
        <Color key={color.id} {...color} onRemove={onRemoveColor} />
      )
    </div>
  );
}
```

Color 컴포넌트의 부모는 ColorList이다. 이 컴포넌트도 상태에 접근할 수 없다. color를 제거하는 대신, ColorList도 이벤트를 부모에게 전달한다. onRemoveColor 함수 프로퍼티를 추가해서 이런 일을 수행한다. Color 컴포넌트가 onRemove 프로퍼티를 호출하면 ColorList는 자신의 onRemoveColor 프로퍼티를 호출해서 색을 제거할 책임을 자신의 부모에게 넘긴다. 이때 여전히 색의 id를 onRemoveColor 함수에게 전달할 수 있다.

ColorList의 부모는 App이다. 이 컴포넌트는 상태와 엮여있는 컴포넌트다. 따라서 색의 id를 사용해 상태에서 색을 제거한다.

```
export default function App() {
  const [colors, setColors] = useState(colorData);
  return (
    <ColorList
      colors={colors}
      onRemoveColor={id => {
        const newColors = colors.filter(color => color.id !== id);
        setColors(newColors);
      }}
    />
  );
}
```

먼저 setColors에 대한 변수를 추가한다. useState가 반환하는 배열의 두 번째 인자가 상태를 변경할 때 쓸 수 있는 함수라는 점을 기억하자. ColorList가 onRemoveColor 이벤트를 발생시키면 이벤트의 인자로부터 색의 id를 얻어서 색 목록에 있는 색 중에 사용자가 제거하고 싶은 색을 filter로 걸러내는 데 사용한다. 그 후 상태를 변경한다. setColors 함수를 사용해 사용자가 선택한 색을 제외한 색으로 이뤄진 배열로 상태를 변경한다.

colors 배열의 상태를 바꾸면 App 컴포넌트가 새로운 색 목록에 맞춰 다시 렌더링된다. 이 새로운 색 목록은 ColorList 컴포넌트에게 전달되며, 그에 따라 ColorList 컴포넌트도 다시 렌더링된다. ColorList는 전달받은 색에 맞춰 Color 컴포넌트를 렌더링하고, 그에 따라 UI에는 색이 하나 줄어든 새로운 화면이 그려진다.

App 컴포넌트의 상태에 저장된 colors의 색 평점을 변경하려면, 방금 onRemoveColor에 대해 적용했던 방식을 그대로 onRate 이벤트에 대해 적용해야 한다. 먼저 클릭된 각 별로부터 새 평점을 수집해서 StarRating의 부모에게 전달한다.

```
export default function StarRating({
  totalStars = 5,
  selectedStars = 0,
  onRate = f => f
}) {
  return (
    <>
      {createArray(totalStars).map((n, i) => (
        <Star
          key={i}
          selected={selectedStars > i}
          onSelect={() => onRate(i + 1)}
        />
      ))}
    </>
  );
}
```

그 후 StarRating에 추가한 onRate 핸들러에서 평점을 얻을 수 있다. 이제 Color 컴포넌트의 부모에게 Color 컴포넌트가 프로퍼티로 받은 다른 onRate 핸들러를 사용해서 평점을 변경할 색의 id와 평점을 전달한다.

```
export default function Color({
  id,
  title,
  color,
  rating,
  onRemove = f => f,
  onRate = f => f
}) {
  return (
    <section>
      <h1>{title}</h1>
      <button onClick={() => onRemove(id)}>
        <FaTrash />
      </button>
      <div style={{ height: 50, backgroundColor: color }} />
      <StarRating
        selectedStars={rating}
        onRate={rating => onRate(id, rating)}
      />
    </section>
  );
}
```

ColorList 컴포넌트는 개별 Color 컴포넌트에서 발생한 onRate 이벤트를 처리해야만 한다. 이벤트를 받으면 onRateColor 함수 프로퍼티를 통해 부모에게 평점 변경 정보를 전달한다.

```
export default function ColorList({
  colors = [],
  onRemoveColor = f => f,
  onRateColor = f => f
}) {
  if (!colors.length) return <div>No Colors Listed. (Add a Color)</div>;
  return (
    <div className="color-list">
      {
        colors.map(color => (
          <Color
            key={color.id}
            {...color}
            onRemove={onRemoveColor}
            onRate={onRateColor}
          />
```

```
          )
        }
      </div>
    );
  }
```

마지막으로, 모든 컴포넌트를 거쳐 이벤트가 위로 올라가면 App에 도착한다. 여기서 상태와 새로운 평점을 저장할 수 있다.

```
export default function App() {
  const [colors, setColors] = useState(colorData);
  return (
    <ColorList
      colors={colors}
      onRateColor={(id, rating) => {
        const newColors = colors.map(color =>
          color.id === id ? { ...color, rating } : color
        );
        setColors(newColors);
      }}
      onRemoveColor={id => {
        const newColors = colors.filter(color => color.id !== id);
        setColors(newColors);
      }}
    />
  );
}
```

App 컴포넌트는 ColorList가 onRateColor 프로퍼티에 새로운 평점과 색의 id를 전달해야 색 평점을 변경한다. onRateColor를 통해 전달된 값을 기존 색에 매핑하면서 id 프로퍼티가 일치하는 색에 대해 새로운 평점을 할당한 배열을 구축한다. newColors를 setColors 함수에게 전달하면 colors 상태 값이 변경되고, 새로운 colors 배열 값을 가지고 App 컴포넌트가 호출된다.

colors 배열의 상태가 바뀌면 UI 트리가 새로운 데이터에 맞춰 렌더링된다. 새 평점은 빨간 별을 통해 사용자에게 보여진다. 프롭을 통해 데이터를 컴포넌트 트리로 내려보내는 것과 비슷하게, 사용자 상호작용은 함수 프로퍼티를 통해 데이터와 함께 트리 위로 전달된다.

6.5 폼 만들기

우리 대부분에게 웹 개발자가 된다는 사실은 폼^{form}을 통해 사용자로부터 수많은 정보를 수집한다는 뜻이다. 이런 일이 여러분이 하고 있는 일과 같다면 리액트를 사용해 수없이 많은 폼 컴포넌트를 만들게 될 것이다. DOM에서 사용할 수 있는 HTML 폼 엘리먼트 모두는 리액트 엘리먼트로도 제공된다. 이 말은 JSX로 폼을 렌더링하는 방법을 여러분이 이미 알고 있다는 뜻이다.

```
<form>
  <input type="text" placeholder="color title..." required />
  <input type="color" required />
  <button>ADD</button>
</form>
```

이 form 엘리먼트에는 2개의 input과 하나의 button이 자식으로 있다. 첫 번째 input 엘리먼트는 텍스트 입력으로 새 색의 title 값을 수집한다. 두 번째 input은 사용자가 컬러 휠^{color wheel}에서 색을 선택할 수 있는 HTML 색 입력이다. 우리는 기본 HTML 폼 검증^{form validation}을 사용할 것이기 때문에, 두 입력을 모두 required로 표시했다. 새로운 색을 추가할 때 ADD 버튼을 사용한다.

6.5.1 참조 사용하기

리액트에서 폼 컴포넌트를 만들어야 할 때는 몇 가지 패턴을 사용할 수 있다. 이런 패턴 중에는 참조^{ref}라는 리액트 기능을 사용해 직접 DOM에 접근하는 방법이 포함된다. 리액트에서 참조는 컴포넌트의 생명주기^{lifetime} 값을 저장하는 객체다. 참조와 관련한 여러 가지 용례기 있다. 이번 절에서는 참조를 사용해 DOM 노드에 직접 접근하는 방법을 살펴본다.

리액트는 참조를 제공할 때 쓸 수 있는 userRef 훅을 제공한다. AddColorForm 컴포넌트를 만들 때 이 훅을 사용할 것이다.

```
import React, { useRef } from "react";

export default function AddColorForm({ onNewColor = f => f }) {
```

```
  const txtTitle = useRef();
  const hexColor = useRef();

  const submit = e => { ... };

  return (...);
}
```

먼저 컴포넌트를 만들 때 useRef 훅을 사용해 2가지 참조를 만든다. txtTitle 참조는 색의 이름을 수집하기 위해 폼에 추가한 텍스트 입력에 대한 참조에 쓰인다. hexColor 참조는 HTML 색 입력의 16진 색 값에 접근하기 위한 참조에 쓰인다. ref 프로퍼티를 사용하면 이런 참조의 값을 직접 JSX에서 설정할 수 있다.

```
return (
  <form onSubmit={submit}>
    <input ref={txtTitle} type="text" placeholder="color title..." required />
    <input ref={hexColor} type="color" required />
    <button>ADD</button>
  </form>
);
```

여기서, JSX의 입력 엘리먼트에 ref 속성을 추가해서 txtTitle과 hexColor 참조의 값을 설정한다. 이렇게 하면 DOM 엘리먼트를 직접 참조하는 참조 객체에 대한 current 필드를 생성한다. 이 필드를 사용해 DOM 엘리먼트에 접근할 수 있고, DOM 엘리먼트에 접근할 수 있으므로 엘리먼트의 값을 얻을 수 있다. 사용자가 ADD 버튼을 클릭해 폼을 제출하면 submit 함수를 호출한다.

```
const submit = e => {
  e.preventDefault();
  const title = txtTitle.current.value;
  const color = hexColor.current.value;
  onNewColor(title, color);
  txtTitle.current.value = "";
  hexColor.current.value = "";
};
```

HTML 폼을 제출할 때 디폴트 동작은 현재 URL로 폼 엘리먼트에 저장된 값이 본문에 들어 있은 POST 요청을 보내는 것이다. 하지만 우리는 이런 디폴트 동작을 원하지 않는다. 그래서 submit 함수의 첫 번째 코드가 e.preventDefault()이다. 이 문장은 브라우저가 폼을 POST 요청으로 제출하지 못하도록 막는다.

다음으로는 참조를 통해 폼 엘리먼트들의 현재 값을 얻어온다. 이 값을 onNewColor 함수 프로퍼티를 통해 컴포넌트의 부모에게 전달한다. 새 색의 이름과 16진 색깔 값을 함수 인자로 전달한다. 마지막으로 두 입력의 value 속성 값을 재설정해서 데이터를 지우고 다른 색을 폼이 입력받을 수 있게 준비한다.

참조를 사용하면서 미묘하게 패러다임이 바뀌었다는 사실을 알아챘는가? 우리는 DOM 노드의 value 값을 직접 ""로 설정함으로써 DOM 노드의 속성을 변경했다. 이런 코드는 명령형 코드다. AddColorForm은 이제 DOM을 통해 폼 값을 저장하기 때문에 제어되지 않는 컴포넌트uncontrolled component가 된다. 때로는 제어되지 않는 컴포넌트를 도입해서 문제를 해결할 수 있는 경우가 있다. 예를 들어 리액트 밖에서 폼에 접근해 폼에 속한 입력 값을 처리하고 싶을 때가 있다. 하지만 제어가 되는 컴포넌트가 더 좋은 접근 방법이다.

6.5.2 제어가 되는 컴포넌트

제어가 되는 컴포넌트에서는 폼 값을 DOM이 아니라 리액트로 관리한다. 제어가 되는 컴포넌트를 쓸 때는 참조를 사용할 필요도 없고, 명령형 코드를 작성할 필요도 없다. 제어가 되는 컴포넌트를 사용하면 튼튼한 폼 검증 기능 등의 추가가 훨씬 더 쉬워진다. AddColorForm을 변경해서 폼의 상태를 제어하게 만들자.

```
import React, { useState } from "react";

export default function AddColorForm({ onNewColor = f => f }) {
  const [title, setTitle] = useState("");
  const [color, setColor] = useState("#000000");

  const submit = e => { ... };

  return ( ... );
}
```

먼저 참조를 사용하는 대신 title과 color의 값을 리액트 상태를 통해 저장한다. title과 color라는 변수를 만든다. 추가로 상태를 변경할 때 사용할 setTitle과 setColor 함수를 정의한다.

이제 컴포넌트가 title과 color의 값을 제어하므로 form의 input 엘리먼트 안에 있는 value 속성을 설정해서 이 두 값을 표시할 수 있다. input 엘리먼트의 value 속성을 설정하면 더 이상 폼 안에서는 이 값을 변경할 수 없다. 현 시점에 이 값을 변경할 수 있는 유일한 방법은 사용자가 input 엘리먼트에 문자를 입력할 때마다 상태 변수를 변경하는 것뿐이다. 우리가 다음 코드에서 하려는 일이 바로 이 일이다.

```
<form onSubmit={submit}>
  <input
    value={title}
    onChange={event => setTitle(event.target.value)}
    type="text"
    placeholder="color title..."
    required
  />
  <input
    value={color}
    onChange={event => setColor(event.target.value)}
    type="color"
    required
  />
  <button>ADD</button>
</form>
```

이 제어가 되는 컴포넌트는 이제 title과 color 폼 상태를 사용해 두 input 엘리먼트의 value를 설정한다. 두 엘리먼트에서 onChange 이벤트가 발생하면 event 인자를 보고 새로운 값을 알 수 있다. event.target에는 DOM 엘리먼트에 대한 참조가 들어 있다. 따라서 event.target.value를 통해 엘리먼트의 현재 value를 알 수 있다. title이 바뀌면 setTitle을 호출해 상태의 title 값을 바꾼다. 이 상태 값을 바꾸면 컴포넌트가 다시 렌더링되기 때문에 input 엘리먼트가 다시 새로운 title 값을 표시할 수 있다. 색을 변경하는 경우도 똑같은 방식으로 작동한다.

폼을 제출할 때는 onNewColor 함수 프로퍼티를 호출하면서 그냥 title과 color의 상태 값을 넘기면 된다. 새로운 색을 부모 컴포넌트에 전달한 다음에는 setTitle과 setColor 함수를 사용해 입력 값을 재설정할 수 있다.

```
const submit = e => {
  e.preventDefault();
  onNewColor(title, color);
  setTitle("");
  setColor("");
};
```

리액트가 폼의 상태를 모두 제어하기 때문에 이런 컴포넌트를 제어가 되는 컴포넌트라고 부른다. 여기서 제어가 되는 컴포넌트가 아주 여러 번 다시 렌더링된다는 점을 언급할만한 가치가 있다. 생각해보자. 사용자가 title 필드에 새로운 문자를 입력할 때마다 AddColorForm이 다시 렌더링된다. 컬러 피커에서 컬러 휠을 사용하면 컬러 휠을 드래그할 때마다 반복적으로 선택한 색이 바뀐다. 하지만 리액트는 이런 부하를 처리할 수 있도록 설계됐으니 괜찮다. 다만 우리 바람은 여러분이 제어가 되는 컴포넌트가 여러번 재 렌더링된다는 사실을 기억하고 이 컴포넌트 안에 오랜 시간이 걸리는 비용이 많이 드는 처리를 추가하지 말라는 것이다. 적어도 여러분이 리액트 컴포넌트를 최적화할 경우 방금 설명한 지식이 도움이 될 것이다.

6.5.3 커스텀 훅 만들기

input 엘리먼트가 많이 들어 있는 큰 폼을 만든다면 다음 코드를 복사해 붙여넣고 싶은 유혹을 받게 된다.

```
value={title}
onChange={event => setTitle(event.target.value)}
```

프로퍼티를 모든 폼 입력에 대해 빠르게 복사해 넣으면서 이름만 적절히 바꾸면 빠르게 컴포넌트를 완성할 수 있을 것 같아 보인다. 하지만 코드를 복사해 붙여넣는 경우 여러분은 머릿속에서 작은 경고음을 들을 수 있어야 한다. 코드를 복사해 붙여넣는다는 사실은 함수에서 추상화할 수 있는 중복이 발생했음을 보여준다.

제어가 되는 폼 컴포넌트를 만들 때 필요한 세부 사항을 커스텀 훅으로 묶을 수 있다. 제어가 되는 폼 입력을 만들 때 필요한 중복을 추상화해 없애 주는 우리만의 useInput 훅을 만들수 있다.

```
import { useState } from "react";

export const useInput = initialValue => {
  const [value, setValue] = useState(initialValue);
  return [
    { value, onChange: e => setValue(e.target.value) },
    () => setValue(initialValue)
  ];
};
```

이 훅은 커스텀 훅이다. 이 커스텀 훅은 그리 길지는 않다. 훅 안에서는 여전히 useState 훅을 사용해 상태 value를 만든다. 다음으로 배열을 반환한다. 배열의 첫 번째 원소는 앞에서 복사해 붙여넣고 싶었던 프로퍼티들이다. 즉, 상태에 있는 value와 상태의 value를 변경하는 onChange 함수 프로퍼티가 배열의 첫 번째 원소다. 배열의 두 번째 원소는 value의 값을 초깃값으로 재설정할 때 쓸 함수다. 이제 AddColorForm 안에서 이 훅을 쓸 수 있다.

```
import React from "react";
import { useInput } from "./hooks";

export default function AddColorForm({ onNewColor = f => f }) {
  const [titleProps, resetTitle] = useInput("");
  const [colorProps, resetColor] = useInput("#000000");

  const submit = event => { ... };

  return ( ... );
}
```

useState 훅은 useInput 훅 안에 캡슐화된다. 커스텀 훅이 반환하는 배열의 첫 번째 원소를 구조 분해해서 title과 color의 값을 얻는다. 배열의 두 번째 원소는 value 프로퍼티를 빈 문자열로 재설정할 때 쓸 함수다. 이제 titleProps와 colorProps를 각각에 해당하는 input 엘리먼트에 스프레드 연산으로 넣을 준비가 됐다.

```
  return (
    <form onSubmit={submit}>
      <input
        {...titleProps}
        type="text"
        placeholder="color title..."
        required
      />
      <input {...colorProps} type="color" required />
      <button>ADD</button>
    </form>
  );
```

커스텀 훅으로부터 프로퍼티를 스프레드해 넣는 편이 코드를 복사해 넣는 것보다 훨씬 재미있다. 여기서 title과 color 입력은 자신의 값과 onChange 이벤트에 대한 프로퍼티를 받는다는 점에 유의하자. 우리가 만든 훅을 사용하면 구현 세부 사항에 신경을 쓰지 않으면서 제어가되는 폼 입력을 만들 수 있다. 이제 우리가 변경해야 할 부분은 폼을 제출하는 부분뿐이다.

```
const submit = event => {
  event.preventDefault();
  onNewColor(titleProps.value, colorProps.value);
  resetTitle();
  resetColor();
};
```

submit 함수 안에서는 프로퍼티를 사용해 title과 color의 value를 얻어야 한다. 마지막으로 useInput 함수가 반환하는 커스텀 재설정 함수를 사용해 값을 재설정한다.

훅은 리액트 컴포넌트 내부에서 쓰기 위해 만들어진 것이다. 언젠가는 컴포넌트 안에서 커스텀 훅을 사용할 것이기 때문에 다른 훅 안에서 훅을 합성할 수도 있다. 이 훅 안에서 상태를 바꾸면 AddColorForm이 새로운 titleProps나 colorProps 값을 표시하도록 다시 렌더링된다.

6.5.4 색을 상태에 추가하기

제어가 되는 폼 컴포넌트나 제어가 되지 않는 폼 컴포넌트 모두 title과 color의 값을 onNewColor 함수를 통해 부모 컴포넌트에게 전달한다. 부모는 제어가 되는 폼 컴포넌트나 제어가 되지 않는 폼 컴포넌트 중 어떤 것을 사용했는지에 대해 관심이 없다. 단지 새 색의 값을 알고 싶을 뿐이다.

이제 제어가 되는 폼을 썼든 그렇지 않든 관계없이 AddColorForm을 App에 추가하자. onNewColor 프로퍼티가 호출되면 새 색을 상태에 저장한다.

```
import React, { useState } from "react";
import colorData from "./color-data.json";
import ColorList from "./ColorList.js";
import AddColorForm from "./AddColorForm";
import { v4 } from "uuid";

export default function App() {
  const [colors, setColors] = useState(colorData);
  return (
    <>
      <AddColorForm
        onNewColor={(title, color) => {
          const newColors = [
            ...colors,
            {
              id: v4(),
              rating: 0,
              title,
              color
            }
          ];
          setColors(newColors);
        }}
      />
      〈ColorList .../〉
    〈/〉
  );
}
```

새 색이 추가되면 onNewColor 프로퍼티가 호출된다. 새 color에 대한 title과 hexadecimal 값이 onNewColor 함수의 인자로 전달된다. 이 인자를 사용해 색의 배열을 새로 만든다. 먼저 상태에서 가져온 현재의 color에 스프레드를 적용해서 새로운 배열을 만든다. 그 후 title과 color 값을 사용해 새로운 color 객체를 만든다. 추가로 아직 별점을 설정하지 않았으므로 새 색의 rating을 0으로 설정한다. 그리고 uuid 패키지에 있는 v4 함수를 사용해 색의 새로운 유일한 id를 만든다. 새 색이 들어 있는 색 배열이 생기면, `setColors`를 호출해서 색 배열을 상태에 저장한다. 이제 새 배열이 UI를 갱신할 때 쓰인다. 그에 따라 새로운 색을 리스트의 맨 밑에서 볼 수 있다.

이렇게 변경함으로써 색 관리자 앱의 첫 번째 이터레이션이 끝났다. 사용자는 이제 새 색을 리스트에 추가하고, 리스트에서 색을 제거하고, 리스트에 있는 색에 대해 평점을 매길 수 있다.

6.6 리액트 콘텍스트

트리 루트의 한 위치에 상태를 저장하는 패턴은 리액트의 초기 버전이 더 성공할 수 있는 이유였다. 상태를 프롭을 통해 컴포넌트 트리의 위아래로 전달할 수 있다는 사실은 리액트 개발자들에게 필수 통과 의례 같은 것이다. 즉 모든 리액트 개발자는 어떻게 상태를 양방향으로 전달할 수 있는지 알아야만 한다. 하지만 리액트가 진화하고 컴포넌트 트리가 커짐에 따라, 상태를 한 군데 유지한다는 원칙을 따르는 것이 점점 비현실적이 되기 시작했다. 복잡한 애플리케이션에서 수많은 개발자가 상태를 한 위치에 유지하기는 어렵다. 상태를 십여 개의 노드를 거쳐 트리의 위나 아래로 전달하는 과정은 지겹고 버그가 발생하기도 쉽다.

우리가 다루는 대부분의 UI 엘리먼트는 복잡하다. 트리의 루트와 트리의 잎 사이 거리가 먼 경우가 자주 있다. 이로 인해 애플리케이션에 데이터를 넣는 부분이 그 데이터를 실제로 사용하는 부분과 아주 많은 계층이 떨어져 있는 경우가 생긴다. 수많은 컴포넌트가 단지 자신의 자식에게 전달하기 위해 프롭을 받아야 한다. 이로 인해 코드 크기가 증가하고 UI 규모 확장이 어려워진다.

상태 데이터를 그 데이터가 필요한 컴포넌트에 도달할 때까지 프롭 형태로 모든 중간 컴포넌트를 거쳐서 전달하는 과정은 샌프란시스코에서 워싱턴 DC로 기차를 타고 가는 것과 같다. 기차를 타면 중간의 모든 주를 거쳐야 하지만, 최종 목적지에 도착하기 전까지는 기차에서 내리지 않는다(그림 6-6).

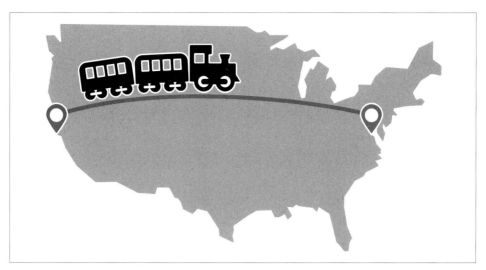

그림 6-6 샌프란시스코에서 워싱턴 DC로 가는 기차

샌프란시스코에서 워싱턴 DC로 날아가면 분명히 훨씬 더 효율적이다. 이런 방법을 택하면 중간의 모든 주를 통과할 필요가 없다. 그냥 각 주 위를 넘어서 바로 목적지로 갈 수 있다(그림 6-7).

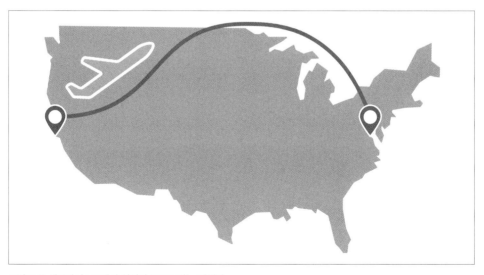

그림 6-7 샌프란시스코에서 워싱턴 DC로 가는 비행기

리액트에서 콘텍스트context는 데이터를 위한 제트기와 같다. 콘텍스트 프로바이더context provider를 만들어서 데이터를 리액트 콘텍스트에 넣을 수 있다. 콘텍스트 프로바이더는 컴포넌트 트리 전체나 트리 일부를 감싸는 리액트 컴포넌트다. 콘텍스트 프로바이더는 데이터가 비행기에 타는 출발지 공항이라 할 수 있다. 그리고 콘텍스트 프로바이더는 데이터 허브hub이기도 하다. 모든 비행기는 콘텍스트 프로바이더에서 출발해 다른 목적지로 간다. 각 목적지를 콘텍스트 소비자context consumer라고 한다. 콘텍스트 소비자는 콘텍스트에게서 데이터를 읽어들이는 리액트 컴포넌트다. 콘텍스트 소비자는 여러분의 데이터가 착륙해서 작업을 수행할 도착지 공항이다.

콘텍스트를 사용하면 데이터를 한 위치에 저장할 수 있지만, 데이터를 사용하지 않을 여러 컴포넌트를 거쳐서 최종 컴포넌트에 전달할 필요가 없어진다.

6.6.1 콘텍스트에 색 넣기

리액트에서 콘텍스트를 사용하려면 먼저 콘텍스트 프로바이더에게 데이터를 넣고, 프로바이더를 컴포넌트 트리에 추가해야 한다. 리액트에는 새로운 콘텍스트 객체를 만들 때 쓰는 createContext라는 함수가 있다. 만들어진 콘텍스트 객체에는 콘텍스트 Provider와 콘텍스트 Consumer라는 2가지 컴포넌트가 들어 있다.

color-data.json 파일에서 찾은 디폴트 색 정보를 콘텍스트에 넣자. 애플리케이션 진입점인 index.js 파일에 콘텍스트를 추가한다.

```
import React, { createContext } from "react";
import colors from "./color-data";
import { render } from "react-dom";
import App from "./App";

export const ColorContext = createContext();

render(
  <ColorContext.Provider value={{ colors }}>
    <App />
  </ColorContext.Provider>,
  document.getElementById("root")
);
```

createContext를 사용해 새로운 리액트 콘텍스트를 만들고 ColorContext라고 부르자. 이 색 콘텍스트에는 ColorContext.Provider와 ColorContext.Consumer라는 2가지 컴포넌트가 들어 있다. 색을 상태에 넣기 위해서는 프로바이더를 사용해야 한다. Provider의 value를 설정하면 콘텍스트에 데이터를 추가할 수 있다. 전체 App 컴포넌트를 프로바이더로 감쌌기 때문에 컴포넌트 트리 안의 모든 컴포넌트에서 colors 배열을 볼 수 있다. 여기서 ColorContext를 익스포트 해야 한다는 점에 유의하자. 익스포트를 해야 콘텍스트로부터 colors 데이터가 필요한 컴포넌트가 ColorContext.Consumer를 사용할 수 있다.

> **NOTE_** 콘텍스트 Provider가 꼭 전체 애플리케이션을 감쌀 필요는 없다. 콘텍스트 Provider로 컴포넌트 트리 중 일부분만 감싸도 좋을 뿐 아니라, 그렇게 하면 애플리케이션이 더 효율적으로 작동한다. **Provider**는 자신이 감싸는 컴포넌트의 자식들에게만 콘텍스트를 제공한다.
> 콘텍스트 프로바이더를 여러 사용해도 된다. 사실은 여러분도 모르는 새에 여러 가지 콘텍스트 프로바이더를 사용하고 있는 중일 수도 있다. 리액트와 함께 작동하도록 만들어진 여러 npm 패키지가 내부에서 콘텍스트 프로바이더를 사용한다.

이제 콘텍스트를 통해 colors를 제공하므로, App 컴포넌트는 더 이상 상태를 보관하고 자식에게 프롭으로 전달할 필요가 없다. 이렇게 해서 App 컴포넌트를 '고가 도로' 컴포넌트로 만들었다. Provider는 App 컴포넌트의 부모이며, 직접 colors를 얻어낼 수 있다. 따라서 App은 더 이상 colors에 관여할 필요가 없다. App 컴포넌트는 색을 처리할 일이 없기 때문에 이 구조는 훌륭한 구조다. 이렇게 함으로써 색을 처리하는 책임을 트리의 훨씬 아래쪽으로 내려보낼 수 있다.

App 컴포넌트 코드에서 많은 부분을 제거할 수 있다. 이제 App은 단지 AddColorForm과 ColorList를 렌더링하면 된다. 더 이상 데이터에 신경쓸 필요가 없다.

```
import React from "react";
import ColorList from "./ColorList.js";
import AddColorForm from "./AddColorForm";

export default function App() {
  return (
    <>
      <AddColorForm />
      <ColorList />
    </>
```

```
    );
  }
```

6.6.2 useContext를 통해 색 얻기

훅스를 추가하면 콘텍스트를 편하게 다룰 수 있다. useContext 훅을 사용해 콘텍스트에서 값을 얻을 수 있다. useContext는 콘텍스트 Consumer로부터 필요한 값을 얻는다. 이제 ColorList 컴포넌트는 프로퍼티에서 colors 배열을 얻을 필요가 없다. useContext 훅을 사용하면 직접 colors 배열에 접근할 수 있다.

```
import React, { useContext } from "react";
import { ColorContext } from "./";
import Color from "./Color";

export default function ColorList() {
  const { colors } = useContext(ColorContext);
  if (!colors.length) return <div>No Colors Listed. (Add a Color)</div>;
  return (
    <div className="color-list">
      {
        colors.map(color => <Color key={color.id} {...color} />)
      }
    </div>
  );
}
```

콘텍스트에서 colors를 가져오기 때문에, ColorList 컴포넌트를 변경해서 colors=[] 프로퍼티를 없앴다. 값을 가져오기 위해서는 콘텍스트 인스턴스를 useContext 훅에게 제공해야 한다. ColorContext를 만들고 컴포넌트 트리에 프로바이더를 추가했던 index.js 파일로부터 ColorContext 인스턴스를 임포트한다. ColorList는 이제 콘텍스트가 제공하는 데이터를 기반으로 사용자 인터페이스를 구성할 수 있다.

6.6.3 상태가 있는 콘텍스트 프로바이더

콘텍스트 프로바이더는 객체를 콘텍스트에 넣을 수 있다. 하지만 콘텍스트 프로바이더 자체로는 콘텍스트상에 들어 있는 값을 변경할 수 없다. 부모 컴포넌트의 도움을 받아야 값을 변경할 수 있다. 이때 사용하는 트릭은 콘텍스트 프로바이더를 렌더링하는 상태가 있는 컴포넌트를 만드는 것이다. 상태가 있는 컴포넌트의 상태가 변경되면 컴포넌트가 새로운 콘텍스트 데이터를 가지고 콘텍스트 프로바이더를 다시 렌더링한다. 콘텍스트 프로바이더의 자식도 새 데이터에 맞춰 다시 렌더링된다.

콘텍스트 프로바이더를 렌더링하는 상태가 있는 컴포넌트는 우리가 만드는 **커스텀 프로바이더** custom provider이다. 이 말은 프로바이더와 함께 App을 감싸야 할 때 이 컴포넌트를 사용해야 한다는 뜻이다. 새 파일에 ColorProvider를 만들자.

```
import React, { createContext, useState } from "react";
import colorData from "./color-data.json";

const ColorContext = createContext();

export default function ColorProvider ({ children }) {
  const [colors, setColors] = useState(colorData);
  return (
    <ColorContext.Provider value={{ colors, setColors }}>
      {children}
    </ColorContext.Provider>
  );
};
```

ColorProvider는 ColorContext.Provider를 렌더링하는 컴포넌트다. 이 컴포넌트 안에서는 useState 훅을 사용해 colors라는 상태 변수를 만든다. colors의 초기 데이터는 color-data.json에서 가져온다. 다음으로 ColorProvider는 상태에서 얻은 colors를 ColorContext.Provider의 value 프로퍼티를 통해 콘텍스트에 설정한다. ColorProvider 안에서 렌더링 되는 모든 자식 컴포넌트를 ColorContext.Provider가 감싸기 때문에, 모든 자식이 콘텍스트로부터 colors를 얻을 수 있다.

콘텍스트에 setColors 함수가 추가된다는 사실을 눈치챈 독자도 있을 것이다. 이 함수는 콘텍스트 소비자가 colors의 값을 바꿀 수 있게 해준다. setColors가 호출될 때마다 colors 배열이 변경된다. 이로 인해 ColorsProvider가 다시 렌더링되고 UI도 새 colors 배열의 값에 맞춰 갱신된다.

setColors를 콘텍스트에 추가하는 것이 가장 좋은 생각은 아닐 수 있다. 콘텍스트에 setColors를 추가하면 여러분이나 다른 개발자가 나중에 이 함수를 사용하면서 실수를 할 여지가 있다. colors 배열의 값을 바꿀 수 있는 방법은 사용자가 색을 추가하거나, 색을 제거하거나, 색에 평점을 메기는 경우 이 3가지뿐이다. 각각의 경우에 대한 함수를 콘텍스트에 추가하는 편이 더 낫다. 이렇게 하면 setColors 함수를 소비자에게 노출하지 않아도 된다. 단지 각 소비자가 변경하도록 허용된 값을 변경하는 함수만 노출하면 된다.

```
export default function ColorProvider ({ children }) {
  const [colors, setColors] = useState(colorData);

  const addColor = (title, color) =>
    setColors([
      ...colors,
      {
        id: v4(),
        rating: 0,
        title,
        color
      }
    ]);

  const rateColor = (id, rating) =>
    setColors(
      colors.map(color => (color.id === id ? { ...color, rating } : color))
    );

  const removeColor = id => setColors(colors.filter(color => color.id !== id));

  return (
    <ColorContext.Provider value={{ colors, addColor, removeColor, rateColor }}>
      {children}
    </ColorContext.Provider>
  );
};
```

이 코드가 더 나아보인다. 3가지 연산 각각에 대한 함수를 콘텍스트에 추가해서 콘텍스트 소비자에게 콘텍스트를 노출할 필요가 아예 없게 했다. 이제 트리에 있는 컴포넌트는 이런 연산을 소비하고 문서화가 잘 된 간단한 함수를 호출해서 색을 변경할 수 있다.

6.6.4 콘텍스트와 커스텀 훅

소스 코드를 더 멋지게 변경할 수 있는 방법이 한 가지 더 있다. 훅스를 도입하면 콘텍스트를 소비자 컴포넌트에게 노출시킬 필요가 전혀 없어진다. 이 책을 읽지 않은 팀원들에게는 콘텍스트가 혼란을 야기할 수 있다는 사실에 직면해야 한다. 콘텍스트를 커스텀 훅으로 감싸면 이런 문제를 더 쉽게 해결할 수 있다. ColorContext 인스턴스를 노출하는 대신, 콘텍스트에서 색을 반환해주는 useColors라는 훅을 만들 수 있다.

```
import React, { createContext, useState, useContext } from "react";
import colorData from "./color-data.json";
import { v4 } from "uuid";

const ColorContext = createContext();
export const useColors = () => useContext(ColorContext);
```

이런 간단한 변경이 앱의 아키텍처에 큰 영향을 끼친다. 상태에 들어 있는 색을 처리하고 렌더
링하는데 필요한 모든 기능을 한 자바스크립트 모듈로 감쌌다. 이 모듈이 작동할 수 있는 이유
는 콘텍스트를 useContext 훅을 통해 반환하기 때문이다. useContext 훅은 파일 안에서만
지역적으로 ColorContext에 접근할 수 있다. 이제 이 모듈의 이름을 color-hooks.js로 바
꾸고, 커뮤니티에서 사용할 수 있게 널리 배포해도 된다.

ColorProvider와 useColors 훅을 통해 색을 소비하는 일은 즐거운 일이다. 우리가 프로그
램을 하는 이유는 바로 이런 기쁨 때문이다. 이 훅을 현재의 색관리 앱에서 돌아갈 수 있게 해
보자. 먼저 App 컴포넌트를 ColorProvider로 감싸야 한다. index.js 파일에서 이런 일을 할
수 있다.

```
import React from "react";
import { ColorProvider } from "./color-hooks.js";
import { render } from "react-dom";
import App from "./App";

render(
  <ColorProvider>
    <App />
  </ColorProvider>,
  document.getElementById("root")
);
```

이제 App의 자식 컴포넌트는 useColors 훅으로부터 colors를 얻을 수 있다. ColorList 컴
포넌트는 화면에 색을 표시하기 위해 colors 배열에 접근해야 한다.

```
import React from "react";
import Color from "./Color";
import { useColors } from "./color-hooks";

export default function ColorList() {
  const { colors } = useColors();
  return ( ... );
}
```

이 컴포넌트에 있던 콘텍스트에 대한 참조를 완전히 없앴다. 이 컴포넌트에 필요한 모든 정보는 훅을 통해 공급된다. Color 컴포넌트는 훅을 사용해 색을 제거하고 색의 평점을 매기는 함수를 직접 얻을 수 있다.

```
import React from "react";
import StarRating from "./StarRating";
import { useColors } from "./color-hooks";

export default function Color({ id, title, color, rating }) {
  const { rateColor, removeColor } = useColors();
  return (
    <section>
      <h1>{title}</h1>
      <button onClick={() => removeColor(id)}>X</button>
      <div style={{ height: 50, backgroundColor: color }} />
      <StarRating
        selectedStars={rating}
        onRate={rating => rateColor(id, rating)}
      />
    </section>
  );
}
```

이제 Color 컴포넌트는 더 이상 함수 프롭을 통해 부모에게 이벤트를 전달하지 않아도 된다. Color 컴포넌트는 콘텍스트에서 rateColor와 removeColor 함수를 직접 얻을 수 있다. useColors 훅을 사용하면 이런 함수를 쉽게 얻을 수 있다. 이런 방법이 훨씬 더 재미있다. 하지만 아직 끝이 아니다. AddColorForm도 useColor 훅으로부터 이익을 얻을 수 있다.

```
import React from "react";
import { useInput } from "./hooks";
import { useColors } from "./color-hooks";

export default function AddColorForm() {
  const [titleProps, resetTitle] = useInput("");
  const [colorProps, resetColor] = useInput("#000000");
  const { addColor } = useColors();

  const submit = e => {
    e.preventDefault();
    addColor(titleProps.value, colorProps.value);
    resetTitle();
    resetColor();
  };

  return ( ... );
}
```

AddColorForm 컴포넌트는 addColor 함수를 통해 색을 직접 추가할 수 있다. 색이 추가되거나 색에 평점이 메겨지거나, 색이 제거되면 콘텍스트의 colors 값 상태가 바뀐다. 이렇게 상태가 바뀌면 ColorProvider의 자식들은 새 콘텍스트 데이터를 가지고 다시 렌더링된다. 이 모든 과정은 간단한 훅을 통해 벌어진다.

훅은 소프트웨어 개발자들이 계속 프런트엔드 프로그래밍을 즐길 수 있게 해주고 프런트엔드 프로그래밍에 대한 동기 부여를 해준다. 주된 이유는 훅이 관심사를 분리separation of concern해주는 놀라운 도구이기 때문이다. 이제 리액트 컴포넌트는 다른 리액트 컴포넌트를 렌더링하고 사용자 인터페이스를 최신 상태로 유지하는 일에만 신경을 쓰면 된다. 리액트 훅은 앱이 작동할 때 필요한 로직에 신경을 쓴다. UI와 훅스는 따로 개발될 수 있고, 분리헤 테스트될 수 있으며, 심지어는 따로 배치deploy될 수도 있다. 이 모두는 리액트에게 도움이 되는 소식이다.

지금까지는 훅스를 통해 할 수 있는 일의 변죽만 울렸다. 다음 장에서는 조금 더 깊게 들어간다.

CHAPTER 7

훅스로 컴포넌트 개선하기

렌더링은 리액트 애플리케이션의 심장 박동과도 같다. 무언가(프롭, 상태) 바뀌면 컴포넌트 트리가 다시 렌더링되고, 최신 데이터를 사용자 인터페이스에 반영한다. 지금까지는 useState가 컴포넌트를 재렌더링해야만 하는 순간을 기술하는 주된 수단이었다. 하지만 더 많은 일을 할 수 있다. 렌더링이 일어나야 하는 원인과 시점을 정하는 여러 가지 규칙을 정의하는 훅스가 더 존재한다. 렌더링 성능을 개선하는 훅스도 있다. 언제나 도움이 될 수 있는 훅스를 항상 찾을 수 있다.

앞 장에서 useState, useRef, useContext를 소개했다. 그리고 이런 훅스를 합성해서 커스텀 훅인 useInput과 useColors를 만들었다. 하지만 이보다 더 많은 훅이 있다. 리액트가 원래부터 제공하는 훅이 더 있다. 이번 장에서는 useEffect, useLayoutEffect, useReducer를 자세히 살펴본다. 이들 모두는 애플리케이션을 만들 때 중요한 역할을 한다. 그리고 useCallback과 useMemo를 살펴볼 것이다. 이들은 컴포넌트 성능을 최적화할 때 도움이 된다.

7.1 useEffect 소개

이제는 컴포넌트를 렌더링할 때 어떤 일이 벌어지는지 잘 알 것이다. 컴포넌트는 단순히 사용자 인터페이스를 렌더링하는 함수일 뿐이다. 렌더링은 앱이 처음 적재될 때 일어나고, 프롭이나 상태 값이 변경될 때도 일어난다. 하지만 렌더링이 끝난 다음에 무언가를 하고 싶으면 어떻게 할까? 이런 경우를 더 자세히 살펴보자.

Checkbox라는 간단한 컴포넌트를 생각해보자. useState와 checked의 값을 변경해주는 함수 setChecked를 사용해 checked 값을 설정한다. 사용자는 박스를 체크하거나 체크를 해제할 수 있다. 하지만 박스가 체크된 다음에 사용자에게 알림창을 띄워야 한다면 어떻게 해야 할까? 스레드를 블록해주는 alert를 사용해 이런 일을 해보자.

```
import React, { useState } from "react";

function Checkbox() {
  const [checked, setChecked] = useState(false);

  alert(`checked: ${checked.toString()}`);

  return (
    <>
      <input
        type="checkbox"
        value={checked}
        onChange={() => setChecked(checked => !checked)}
      />
      {checked ? "checked" : "not checked"}
    </>
  );
};
```

이 코드에서는 alert를 렌더러 직전에 삽입해서 렌더러를 블록한다. 사용자가 알림 창의 OK 버튼을 클릭하기 전에는 컴포넌트가 렌더링되지 않는다. alert이 블러킹 함수이기 때문에 OK를 누르기 전에는 체크박스의 다음 상태가 렌더링된 모습을 볼 수 없다.

하지만 이런 동작은 우리가 원하는 목표가 아니다. 따라서, alert을 return 다음에 위치시키면 어떨까?

```
function Checkbox {
  const [checked, setChecked] = useState(false);

  return (
    <>
```

```
      <input
        type="checkbox"
        value={checked}
        onChange={() => setChecked(checked => !checked)}
      />
      {checked ? "checked" : "not checked"}
    </>
  );

  alert(`checked: ${checked.toString()}`);
};
```

하지만 이런 생각을 무시하자. return문 뒤에 있는 코드는 결코 실행이 되지 못하므로 alert을 return 다음에 넣을 수는 없다. 우리가 바라는 대로 alert을 볼 수 있으려면 useEffect를 사용할 수 있다. useEffect 함수 안에 alert를 넣는다는 것은 이 함수를 렌더러가 렌더링을 한 직후에 부수 효과side effect로 실행한다는 뜻이다.

```
function Checkbox {
  const [checked, setChecked] = useState(false);

  useEffect(() => {
    alert(`checked: ${checked.toString()}`);
  });

  return (
    <>
      <input
        type="checkbox"
        value={checked}
        onChange={() => setChecked(checked => !checked)}
      />
      {checked ? "checked" : "not checked"}
    </>
  );
};
```

렌더러가 부수효과로 무언가를 수행하게 하고 싶을 때 useEffect를 사용한다. 부수효과를 함수가 반환하는 값에 속하지는 않는 어떤 것이라고 생각하자. 여기서 정의하는 함수는 Checkbox이다. Checkbox 함수는 UI를 렌더링한다. 하지만 컴포넌트가 렌더링 외에 다른 일을 하길 원한다. UI 렌더링 외에 컴포넌트가 수행해야 하는 일을 효과effect라고 부른다.

alert, console.log, 브라우저나 네이티브 API와의 상호작용은 렌더링에 속하지 않는다. 이들은 컴포넌트 함수의 반환값에 포함되지 않는다. 리액트 앱에서 렌더링은 이런 이벤트들에게도 영향을 끼친다. useEffect를 사용하면 렌더링이 끝나기를 기다렸다가 alert이나 console.log 등에 값을 제공할 수 있다.

```
useEffect(() => {
  console.log(checked ? "Yes, checked" : "No, not checked");
});
```

비슷하게 렌더링이 된 checked의 값을 검사해서 localStorage의 값을 설정할 수도 있다.

```
useEffect(() => {
  localStorage.setItem("checkbox-value", checked);
});
```

useEffect를 사용해 DOM에 추가된 특정 텍스트 입력에 초점을 맞출 수도 있다. 리액트는 출력을 렌더링한 다음에 useEffect를 호출해서 엘리먼트로 초점을 이동시킨다.

```
useEffect(() => {
  txtInputRef.current.focus();
});
```

렌더링이 이뤄지고 나면 txtInputRef에 값이 설정된다. 효과 안에서 이 값에 접근해 포커스를 적용할 수 있다. 렌더링이 이뤄질 때마다 useEffect는 렌더링된 프롭, 상태, 참조 등의 최종 값에 접근할 수 있나.

useEffect를 렌더링이 끝난 다음에 발생하는 함수라고 생각하자. 렌더가 시작되면 컴포넌트 안에서 현재 상태 값에 접근할 수 있고, 이 현재 값을 사용해 다른 일을 할 수 있다. 그 후 렌더링이 다시 시작되면 모든 일이 처음부터 다시 발생한다. 새 값이 전달되고, 새로 렌더링이 이뤄지고, 효과가 새로 적용된다.

7.1.1 의존 관계 배열

useEffect는 useState나 아직은 언급하지 않은 useReducer 등의 다른 상태가 있는 훅스와 함께 작동하도록 설계됐다. 나중에 useReducer에 대해 설명할 것이다. 리액트는 상태가 바뀌면 컴포넌트 트리를 다시 렌더링한다. 이미 배운 것처럼 useEffect는 이런 렌더링이 끝난 다음에 호출된다.

App 컴포넌트에 2가지 서로 다른 상태 변수가 있는 다음 코드를 생각해보자.

```jsx
import React, { useState, useEffect } from "react";
import "./App.css";

function App() {
  const [val, set] = useState("");
  const [phrase, setPhrase] = useState("example phrase");

  const createPhrase = () => {
    setPhrase(val);
    set("");
  };

  useEffect(() => {
    console.log(`typing "${val}"`);
  });

  useEffect(() => {
    console.log(`saved phrase: "${phrase}"`);
  });

  return (
    <>
      <label>Favorite phrase:</label>
      <input
        value={val}
        placeholder={phrase}
        onChange={e => set(e.target.value)}
      />
      <button onClick={createPhrase}>send</button>
    </>
  );
}
```

val은 입력 필드 값을 표현하는 상태 변수다. 입력 필드가 바뀔 때마다 val도 바뀐다. 사용자가 새 문자를 입력할 때마다 val이 바뀌기 때문에 컴포넌트가 다시 렌더링된다. 사용자가 Send 버튼을 클릭하면 텍스트 영역의 val이 저장되고, val이 ""로 재설정되며, 이에 따라 텍스트 필드가 빈 필드로 설정된다.

이 과정은 예상대로 작동하지만 useEffect 훅이 쓸데없이 많이 호출된다. 렌더링이 끝날 때마다 두 useEffect 훅이 모두 호출된다.

```
typing ""                      // 첫 번째 렌더링
saved phrase: "example phrase" // 첫 번째 렌더딩
typing "S"                     // 두 번째 렌더링
saved phrase: "example phrase" // 두 번째 렌더링
typing "Sh"                    // 세 번째 렌더링
saved phrase: "example phrase" // 세 번째 렌더링
typing "Shr"                   // 네 번째 렌더링
saved phrase: "example phrase" // 네 번째 렌더링
typing "Shre"                  // 다섯 번째 렌더링
saved phrase: "example phrase" // 다섯 번째 렌더링
typing "Shred"                 // 여섯 번째 렌더링
saved phrase: "example phrase" // 여섯 번째 렌더링
```

렌더링이 이뤄질 때마다 효과가 호출되는 것을 바라지는 않는다. useEffect 훅을 구체적인 데이터 변경과 연동시킬 필요가 있다. 이 문제를 해결하기 위해 의존 관계 배열을 사용한다. 의존 관계 배열은 이펙트가 호출되는 시점을 제어한다.

```
useEffect(() => {
  console.log(`typing "${val}"`);
}, [val]);

useEffect(() => {
  console.log(`saved phrase: "${phrase}"`);
}, [phrase]);
```

의존 관계 배열을 두 효과에 추가해서 호출 시점을 제어한다. 첫 번째 효과는 val 값이 바뀔 때만 호출된다. 두 번째 효과는 phrase 값이 변경될 때만 호출된다. 이제 앱을 실행하고 콘솔을 살펴보면 좀 더 효율적으로 갱신이 이뤄짐을 알 수 있다.

```
typing ""                        // 첫 번째 렌더링
saved phrase: "example phrase"   // 첫 번째 렌더링
typing "S"                       // 두 번째 렌더링
typing "Sh"                      // 세 번째 렌더링
typing "Shr"                     // 네 번째 렌더링
typing "Shre"                    // 다섯 번째 렌더링
typing "Shred"                   // 여섯 번째 렌더링
typing ""                        // 일곱 번째 렌더링
saved phrase: "Shred"            // 일곱 번째 렌더링
```

입력에 문자를 타이핑해서 val 값을 변경하면 첫 번째 효과만 발생한다. 버튼을 클릭하면 phrase가 저장되고 val은 ""로 재설정된다.

결국 의존 관계 배열은 배열일 뿐이다. 따라서 의존 관계 배열의 여러 값을 검사할 수 있다. val이 변경되거나 phrase가 변경될 때마다 어떤 효과를 실행하고 싶다고 하자.

```
useEffect(() => {
  console.log("either val or phrase has changed");
}, [val, phrase]);
```

어느 값이든 바뀌면 효과가 다시 호출된다. useEffect의 두 번째 인자로 빈 배열을 넘길 수도 있다. 빈 의존 관계 배열은 초기 렌더링 직후 이펙트가 단 한 번만 호출되게 한다.

```
useEffect(() => {
  console.log("only once after initial render");
}, []);
```

배열에 의존 관계가 없기 때문에 효과는 초기 렌더링 직후에만 호출된다. 의존 관계가 없다는 말은 변경에 반응하지 않는다는 뜻이므로 효과가 결코 다시 호출되지 않는다. 최초 렌더링시에만 호출되는 효과는 특히 초기화에 아주 유용하게 쓰일 수 있다.

```
useEffect(() => {
  welcomeChime.play();
}, []);
```

어떤 효과가 함수를 반환하면 컴포넌트가 트리에서 제거될 때 이 함수가 호출된다.

```
useEffect(() => {
  welcomeChime.play();
  return () => goodbyeChime.play();
}, []);
```

이 말은 useEffect를 (컴포넌트 생성과 제거에 따른) 설정과 정리에 사용할 수 있다는 뜻이다. 빈 배열은 최초 렌더링시 환영한다는 벨소리가 한 번만 플레이된다는 뜻이다. 그 후에는 컴포넌트가 트리에서 제거될 때 이별의 벨소리를 울리는 함수를 반환한다.

이런 패턴은 여러 상황에서 유용하다. 첫 번째 렌더링시 뉴스 피드를 구독할 수도 있다. 그 후 정리 함수에서 뉴스 피드 구독을 취소할 수 있다. 더 구체적으로 말하자면, 첫 번째 렌더링시 posts라는 상태 변수를 만들고 이 변수의 상태를 변경하는 setPosts라는 함수를 만들수 있다. 그 후 addPosts라는 함수를 만들어서 최신 뉴스를 얻어서 배열에 추가한다. 그 후 useEffect를 사용해 뉴스 피드를 구독하고, 벨을 울린다. 그리고 정리 함수를 반환한다. 이 함수는 이별의 벨소리를 울리고 뉴스 구독을 취소한다.

```
const [posts, setPosts] = useState([]);
const addPost = post => setPosts(allPosts => [post, ...allPosts]);

useEffcct(() => {
  newsFeed.subscribe(addPost);
  welcomeChime.play();
  return () => {
    newsFeed.unsubscribe(addPost);
    goodbyeChime.play();
  };
}, []);
```

이 코드의 useEffect에서는 아주 많은 일이 벌어진다. 뉴스 피드 이벤트와 벨소리 관련 이벤트에 대해 서로 다른 useEffect를 사용하기를 원할 수도 있다.

```
useEffect(() => {
  newsFeed.subscribe(addPost);
  return () => newsFeed.unsubscribe(addPost);
}, []);

useEffect(() => {
```

```
    welcomeChime.play();
    return () => goodbyeChime.play();
  }, []);
```

기능을 여러 useEffect로 나눠 담는 것은 보통 좋은 생각이다. 하지만 이 기능을 더 개선해보자. 여기서 만들려고 시도하는 것은 뉴스 피드를 구독하면서 뉴스를 구독할때와 뉴스 구독을 취소할 때, 그리고 새로운 뉴스가 도착할 때 서로 다른 소리를 내는 것이다. 큰 소리를 누구나 좋아한다. 그렇지 않은가? 이런 경우가 바로 커스텀 훅을 도입할 때다. 이런 훅을 useJazzyNews라고 불러야 할 것이다.

```
  const useJazzyNews = () => {
    const [posts, setPosts] = useState([]);
    const addPost = post => setPosts(allPosts => [post, ...allPosts]);

    useEffect(() => {
      newsFeed.subscribe(addPost);
      return () => newsFeed.unsubscribe(addPost);
    }, []);

    useEffect(() => {
      welcomeChime.play();
      return () => goodbyeChime.play();
    }, []);

    return posts;
  };
```

이 커스텀 훅에는 뉴스 피드를 처리하는 모든 기능이 들어 있다. 이 말은 이 기능을 다른 컴포넌트와 쉽게 공유할 수 있다는 뜻이다. NewsFeed라는 새 컴포넌트에서 이 커스텀 훅을 사용할 것이다.

```
  function NewsFeed({ url }) {
    const posts = useJazzyNews();

    return (
      <>
        <h1>{posts.length} articles</h1>
        {posts.map(post => (
```

```
        <Post key={post.id} {...post} />
      ))}
    </>
  );
}
```

7.1.2 의존 관계를 깊이 검사하기

지금까지 배열에 추가한 의존 관계는 문자열뿐이었다. 문자열, 수 등의 자바스크립트 기본 타입은 비교가능하다. 우리가 일반적으로 예상할 수 있는대로 어떤 문자열이 다른 문자열과 동등한지 비교할 수 있다.

```
if ("gnar" === "gnar") {
  console.log("gnarly!!");
}
```

하지만 객체, 배열, 함수 등을 비교하려고 하면 비교 방법이 달라진다. 예를 들어 두 배열을 비교해보자.

```
if ([1, 2, 3] !== [1, 2, 3]) {
  console.log("but they are the same");
}
```

길이나 원소가 모두 같지만 이 두 배열 [1, 2, 3]과 [1, 2, 3]은 같지 않다. 이유는 이 둘이 서로 같아보이지만 서로 다른 배열 인스턴스이기 때문이다. 이 배열의 값을 저장하는 변수를 만들고 비교하면 예상과 같은 결과를 얻을 수 있다.

```
const array = [1, 2, 3];
if (array === array) {
  console.log("because it's the exact same instance");
}
```

자바스크립트에서 배열, 객체, 함수는 서로 같은 인스턴스일 때만 서로 같다. 그렇다면 이 사실이 useEffect 의존 관계 배열과 어떤 관계가 있을까? 이를 보여주기 위해서는 원하는대로 강제로 렌더링할 수 있는 컴포넌트가 필요하다. 키보드가 눌릴 때마다 컴포넌트를 다시 렌더링하는 훅을 만들자.

```
const useAnyKeyToRender = () => {
  const [, forceRender] = useState();

  useEffect(() => {
    window.addEventListener("keydown", forceRender);
    return () => window.removeEventListener("keydown", forceRender);
  }, []);
};
```

강제로 렌더링을 하기 위해 우리가 해야 할 최소한의 일은 상태 변경 함수를 호출하는 것이다. 상태 값이 무엇인지는 관심의 대상이 아니다. 단지 상태 함수(여기서는 forceRender)만 필요하다(배열 구조 분해시 맨 뒤에 콤마를 추가한 이유가 바로 이것이다. 2장을 기억하는가?) 컴포넌트가 최초로 렌더링될 때 keydown 이벤트를 리슨한다. 키가 눌리면 forceRender를 호출해서 컴포넌트를 강제로 렌더링한다. 이전에 한 것처럼 정리 함수를 반환하는데, 이 함수는 keydown 이벤트를 리슨하는 일을 중단한다. 이 훅을 컴포넌트에 추가함으로써 단지 키를 누르기만 하면 컴포넌트를 다시 렌더링할 수 있다.

커스텀 훅을 만들고 나면 App 컴포넌트에서 이 훅을 사용할 수 있다(그리고 원하는 모든 훅을 쓸 수 있다. 훅스는 멋지다).

```
function App() {
  useAnyKeyToRender();

  useEffect(() => {
    console.log("fresh render");
  });

  return <h1>Open the console</h1>;
}
```

키를 누를 때마다 App 컴포넌트가 렌더링된다. useEffect는 App이 렌더링될 때마다 "fresh render"를 콘솔에 출력해서 이 사실을 보여준다. App 컴포넌트의 useEffect를 변경해서 word 값을 참조하게 하자. 따라서 word가 변경되면 App 컴포넌트를 다시 렌더링할 것이다.

```
const word = "gnar";
useEffect(() => {
  console.log("fresh render");
}, [word]);
```

모든 keydown 이벤트에 대해 useEffect를 호출하는 대신, 첫 번째 렌더링 다음이나 word 값
이 바뀔 때마다 이 함수가 호출된다. 하지만 word 값이 바뀌지 않기 때문에 첫 번째 렌더링 이
후의 재렌더링은 일어나지 않는다. 의존 관계에 기본 타입이나 수 타입의 값을 넣으면 예상대
로 작동한다. 즉, 효과가 단 한 번만 호출된다.

한 단어 대신 단어로 이뤄진 배열을 사용하면 어떤 일이 벌어질까?

```
const words = ["sick", "powder", "day"];
useEffect(() => {
  console.log("fresh render");
}, [words]);
```

words라는 변수는 배열을 가리킨다. 렌더링이 이뤄질 때마다 새로운 배열이 선언되기 때문에,
자바스크립트는 words가 변경됐다고 가정하고, 그에 따라 "fresh render" 효과가 매번 호
출된다. 배열이 매번 새로 생성된 인스턴스이기 때문에, 이 인스턴스는 매번 새로운 렌더링을
발생시키는 변경을 등록하게 된다.

words를 App 영역의 밖에 정의하면 이 문제가 해결된다.

```
const words = ["sick", "powder", "day"];

function App() {
  useAnyKeyToRender();
  useEffect(() => {
    console.log("fresh render");
  }, [words]);

  return <h1>component</h1>;
}
```

이 경우 의존 관계 배열은 함수 밖에 선언된 words라는 한 인스턴스를 가리킨다. words가 항상 최초 렌더링될 때와 똑같은 인스턴스를 가리키기 때문에 최초 한번을 제외하면 "fresh render" 효과가 호출되지 않는다. 이 예제에서는 이런 방법도 좋은 해법이지만 항상 함수 영역 밖에 변수를 정의하는 이런 해법이 가능하지는(또는 추천할만하지는) 않다. 때로는 의존 관계 배열에 전달할 값으로 함수 영역 안의 변수가 필요할 수도 있다. 예를 들어 children과 같은 리액트 프로퍼티를 위해 words 배열을 만들어야 할 수도 있다.

```
function WordCount({ children = "" }) {
  useAnyKeyToRender();

  const words = children.split(" ");

  useEffect(() => {
    console.log("fresh render");
  }, [words]);

  return (
    <>
      <p>{children}</p>
      <p>
        <strong>{words.length} - words</strong>
      </p>
    </>
  );
}

function App() {
  return <WordCount>You are not going to believe this but...</WordCount>;
}
```

App 컴포넌트에는 WordCount 컴포넌트의 자식인 단어를 몇 가지 들어 있다. WordCount 컴포넌트는 children을 프로퍼티로 받는다. 그 후 컴포넌트의 words를 우리가 .split을 호출해 만든 단어의 배열과 같게 설정한다. words가 변경될 때만 컴포넌트를 다시 렌더링하고 싶다. 하지만 키를 누르자마자 콘솔에 두려운 "fresh render"라는 단어가 표시됨을 알 수 있다.

이런 두려움을 평안함으로 바꿔보자. 리액트 팀은 이런 추가적인 렌더링을 피할 수 있는 방법을 제공한다. 리액트 팀은 우리가 두려움에 말라가게 내버려두지 않는다. 이 문제의 해법은, 여러분도 예상하는 것처럼, 다른 훅이다. useMemo가 바로 이런 훅이다.

useMemo는 메모화된memoized 값을 계산하는 함수를 호출한다. 컴퓨터 과학에서 일반적으로 메모화는 성능을 향상시키기 위한 기법이다. 메모화된 함수는 함수 호출 결과를 저장하고 캐시한다. 그 후 함수에 같은 입력이 들어오면 캐시된 값을 반환한다. 리액트에서 useMemo를 사용하면 캐시된 값과 계산한 값을 비교해서 실제 값이 변경됐는지 검사해준다.

useMemo는 우리가 useMemo에 전달한 함수를 사용해 메모화할 값을 계산함으로써 작동한다. useMemo는 의존 관계가 바뀐 경우에만 이 값을 재계산한다. 먼저 useMemo 훅을 임포트하자.

```
import React, { useEffect, useMemo } from "react";
```

그 후 words를 설정할 함수를 사용하자.

```
const words = useMemo(() => {
  const words = children.split(" ");
  return words;
}, []);

useEffect(() => {
  console.log("fresh render");
}, [words]);
```

useMemo는 자신에게 전달된 함수를 호출해서 받은 반환값을 가지고 words를 설정한다. useEffect와 마찬가지로 useMemo도 의존 관계 배열에 의존한다.

```
const words = useMemo(() => children.split(" "));
```

useMemo에 의존 관계 배열을 전달하지 않으면 렌더링이 일어날 때마다 값을 재계산한다. 의존 관계 배열은 콜백 함수가 호출되야 하는 때를 결정한다. 이 예제에서 useMemo 함수에 전달되는 두 번째 인자는 의존 관계 배열이며, children 값을 포함해야 한다.

```
function WordCount({ children = "" }) {
  useAnyKeyToRender();

  const words = useMemo(() => children.split(" "), [children]);

  useEffect(() => {
```

```
    console.log("fresh render");
  }, [words]);

  return (...);
}
```

words 배열은 children 프로퍼티에 의존한다. children이 바뀌면 그에 맞춰 words의 값도 재계산해야 한다. 이 코드에서 useMemo는 컴포넌트가 최초로 렌더링 될 때와 children 프로퍼티가 바뀔 때 words를 다시 계산한다.

useMemo 혹은 리액트 애플리케이션을 만들 때 이해해야할 훌륭한 함수다.

useCallback도 useMemo와 비슷하게 사용할 수 있다. 하지만 useCallback은 값 대신 함수를 메모화한다. 예를 살펴보자.

```
const fn = () => {
  console.log("hello");
  console.log("world");
};

useEffect(() => {
  console.log("fresh render");
  fn();
}, [fn]);
```

fn은 "Hello"를 로그에 찍고 "World"를 다시 찍는 함수다. 이 함수는 useEffect의 의존 관계에 포함된다. 하지만 words와 마찬가지로 자바스크립트는 렌더링이 새로 될 때마다 이 함수가 서로 다른 함수라고 가정한다. 그에 따라 렌더링이 이뤄질 때마다 효과를 실행한다. 이로 인해 키가 눌릴 때마다 "fresh render"가 표시된다. 이런 상황은 이상적이지 않다.

먼저 useCallback으로 함수를 감싸자.

```
const fn = useCallback(() => {
  console.log("hello");
  console.log("world");
}, []);

useEffect(() => {
```

```
    console.log("fresh render");
    fn();
  }, [fn]);
```

useCallback은 fn의 함수 값을 메모화한다. useMemo나 useEffect와 마찬가지로 useCallback도 두 번째 인자로 의존 관계 배열을 받는다. 여기서는 의존 관계 배열이 비어 있기 때문에 메모화된 콜백을 단 한 번만 만든다.

이제 useMemo와 useCallback의 차이를 이해했으므로 useJazzyNews 훅을 개선해보자. 새로운 포스트가 들어올 때마다 newPostChime.play()를 호출할 것이다. 이 훅에서 posts는 배열이다. 따라서 useMemo를 사용해 배열의 값을 메모화해야 한다.

```
const useJazzyNews = () => {
  const [_posts, setPosts] = useState([]);
  const addPost = post => setPosts(allPosts => [post, ...allPosts]);
  const posts = useMemo(() => _posts, [_posts]);

  useEffect(() => {
    newPostChime.play();
  }, [posts]);

  useEffect(() => {
    newsFeed.subscribe(addPost);
    return () => newsFeed.unsubscribe(addPost);
  }, []);

  useEffect(() => {
    welcomeChime.play();
    return () => goodbyeChime.play();
  }, []);

  return posts;
};
```

이제 새 포스트가 도착할 때마다 useJazzyNews 훅이 벨을 울린다. 훅을 약간 변경해도 이런 일이 가능하다. 먼저 const [posts, setPosts]를 const [_posts, setPosts]으로 바꿨다. _posts가 바뀔 때마다 posts의 값을 새로 계산한다.

다음으로, post 배열이 바뀔 때마다 차임벨을 울리는 효과를 추가했다. 새로운 포스트가 도착했는지 알아내기 위해 뉴스 피드를 리슨하고 있다. 새로운 포스트가 추가되면 훅이 다시 호출되며 _posts에는 새 포스트가 반영된다. 이제 _posts가 변경됐으므로 posts의 새 값이 메모화된다. 이제 차임벨 효과가 posts에 의존하기 때문에 차임벨이 울린다. 벨은 posts가 바뀐 경우에만 울리며, posts 리스트는 새로운 포스트가 추가된 경우에만 변경된다.

이번 장 뒷부분에서 리액트 컴포넌트의 성능과 렌더링을 테스트할 수 있는 브라우저 확장인 리액터 프로파일러에 대해 설명한다. 거기서 useMemo와 useCallback에 대해 더 자세히 살펴볼 것이다.

7.1.3 useLayoutEffect를 사용해야 하는 경우

useEffect의 효과가 발생하기 전에 항상 렌더링이 이뤄진다는 사실을 이해했다. 렌더링이 먼저 일어나고 렌더링된 모든 값에 접근할 수 있는 상태에서 효과가 순서대로 발생한다. 리액트 문서를 살펴보면 useLayoutEffect라는 다른 유형의 효과 훅을 볼 수 있다.

useLayoutEffect는 렌더링 사이클의 특정 순간에 호출된다. 이벤트가 발생하는 순서는 다음과 같다.

1 렌더링

2 useLayoutEffect가 호출됨

3 브라우저의 화면 그리기: 이 시점에 컴포넌트에 해당하는 엘리먼트가 실제로 DOM에 추가됨

4 useEffect가 호출됨

몇 가지 간단한 콘솔 메시지를 추가하면 이런 이벤트를 관찰할 수 있다.

```
import React, { useEffect, useLayoutEffect } from "react";

function App() {
  useEffect(() => console.log("useEffect"));
  useLayoutEffect(() => console.log("useLayoutEffect"));
  return <div>ready</div>;
}
```

App 컴포넌트에서는 useEffect가 첫 번째 훅이고, 그 후 useLayoutEffect이 발생한다. 하지만 로그를 보면 useLayoutEffect가 useEffect보다 먼저 발생했음을 알 수 있다.

useLayoutEffect는 렌더링 다음에 호출되지만 브라우저가 변경 내역을 화면에 그리기 전에 호출된다. 대부분의 경우 useEffect로 원하는 작업을 수행하기에 충분하겠지만, 여러분이 사용하는 효과가 브라우저의 화면 그리기(UI엘리먼트의 모양을 화면에 표시함)에 필수적인 경우에는 useLayoutEffect를 사용하고 싶을 것이다. 예를 들어, 창의 크기가 바뀐 경우 엘리먼트의 너비와 높이를 얻고 싶을 수 있다.

```
function useWindowSize {
  const [width, setWidth] = useState(0);
  const [height, setHeight] = useState(0);

  const resize = () => {
    setWidth(window.innerWidth);
    setHeight(window.innerHeight);
  };

  useLayoutEffect(() => {
    window.addEventListener("resize", resize);
    resize();
    return () => window.removeEventListener("resize", resize);
  }, []);

  return [width, height];
};
```

창의 width와 height는 브라우저가 화면을 그리기 전에 여러분의 컴포넌트에 필요한 정보다. useLayoutEffect를 사용해서 화면을 그리기 전에 창의 width와 height를 계산한다. useLayoutEffect를 사용할 때를 보여주는 다른 예제로는 마우스 위치를 추적하는 경우를 들 수 있다.

```
function useMousePosition {
  const [x, setX] = useState(0);
  const [y, setY] = useState(0);

  const setPosition = ({ x, y }) => {
```

```
    setX(x);
    setY(y);
  };

  useLayoutEffect(() => {
    window.addEventListener("mousemove", setPosition);
    return () => window.removeEventListener("mousemove", setPosition);
  }, []);

  return [x, y];
};
```

화면을 그릴 때 마우스의 x와 y 위치를 사용할 가능성이 커진다. useLayoutEffect는 화면을 그리기 전에 이런 위치를 정확하게 계산할 때 도움이 된다.

7.1.4 훅스의 규칙

훅스를 사용할 때는 버그나 예기치 못한 동작을 방지하기 위해 염두에 둬야 하는 몇 가지 규칙이 있다.

훅스는 컴포넌트의 영역 안에서만 작동한다

리액트 컴포넌트 내부에서만 훅스를 호출해야 한다. 그리고 커스텀 훅을 추가할 수도 있지만, 이런 커스텀 훅도 결국에는 컴포넌트에 추가되어야 한다. 훅스는 일반 자바스크립트가 아니라 리액트 패턴이다. 하지만 다른 라이브러리에서도 훅을 모델링하고 훅과 협력하는 경우가 생기기 시작했다.

기능을 여러 훅으로 나누면 좋다

앞에서 본 JazzyNews 컴포넌트의 경우 구독과 관련한 모든 기능을 한 효과에, 사운드와 관련한 모든 기능을 다른 효과에 넣었다. 이렇게 하니까 바로 코드가 읽기 쉬워졌는데, 효과를 분리하면 그 외에 다른 이점도 있다. 훅스가 순서대로 호출되기 때문에 각 훅을 작게 유지하면 좋다. 일단 호출되고 나면 리액트는 훅의 값을 배열에 저장하고 추적할 수 있게 해준다. 다음 컴포넌트를 살펴보자.

```
function Counter() {
  const [count, setCount] = useState(0);
  const [checked, toggle] = useState(false);

  useEffect(() => {
    ...
  }, [checked]);

  useEffect(() => {
    ...
  }, []);

  useEffect(() => {
    ...
  }, [count]);

  return ( ... );
}
```

렌더링이 일어날 때마다 훅 호출 순서는 같다.

```
[count, checked, DependencyArray, DependencyArray, DependencyArray]
```

최상위 수준에서만 훅을 호출해야 한다

리액트 함수의 최상위 수준에서만 훅을 사용해야 한다. 조건문이나 루프, 내포된 함수 안에서
훅을 사용해서는 안 된다. 카운터를 조정해보자.

```
function Counter() {
  const [count, setCount] = useState(0);

  if (count > 5) {
    const [checked, toggle] = useState(false);
  }

  useEffect(() => {
    ...
  });
```

```
   if (count > 5) {
     useEffect(() => {
       ...
     });
   }

   useEffect(() => {
     ...
   });

   return ( ... );
 }
```

useState를 if문 안에서 사용하면 count 값이 5보다 클 때만 훅이 호출되야 한다는 뜻
이다. 이로 인해 배열의 값이 사라져 버린다. 어떤 때는 배열 값이 [count, checked,
DependencyAr

ray, 0, DependencyArray] 인데, 다른 때는 배열 값이 [count, DependencyArray, 1]
가 된다. 리액트에서는 이 배열 안에 있는 효과의 위치가 중요하지, 효과가 어떻게 저장되었는
가가 중요하지 않다.

잠깐. 그렇다면 리액트 애플리케이션에서 더 이상 조건에 따른 로직을 사용할 수 없다는 말인
가? 물론 그렇지 않다! 단지 이런 조건을 다른 방식으로 조직해야 한다. 훅 안에 if문이나 루프
나 다른 조건을 내포시킬 수 있다.

```
function Counter() {
  const [count, setCount] = useState(0);
  const [checked, toggle] =
    useState(
      count => (count < 5)
        ? undefined
        : !c,
        (count < 5) ? undefined
    );

  useEffect(() => {
    ...
  });

  useEffect(() => {
```

```
    if (count < 5) return;
    ...
  });

  useEffect(() => {
    ...
  });

  return ( ... );
}
```

여기서 checked의 값은 count가 5보다 큰지에 따라 결정된다. count가 5보다 작으면 checked 는 undefined이다. 이 조건을 훅 안에 내포시키면 훅은 최상위에 계속 유지되지만 결과는 앞 의 예제와 비슷하다. 두 번째 효과도 마찬가지 규칙을 활용한다. count가 5보다 작으면 return 문이 효과 실행을 막는다. 이로 인해 훅 값으로 이뤄진 배열은 변하지 않고 [countValue, checkedValue, DependencyArray, DependencyArray, DependencyArray]으로 남는다.

조건 로직과 마찬가지로 비동기적인 동작도 훅 안에 넣을 필요가 있다. useEffect는 첫 번째 인자로 프라미스가 아니라 함수를 받는다. 따라서 useEffect(async () => {})와 같이 첫 번째 인자에 async 함수를 넣을 수 없다. 하지만 다음 코드와 같이 내포된 함수 안에서 async 함수를 만들 수는 있다.

```
useEffect(() => {
  const fn = async () => {
    await SomePromise();
  };
  fn();
});
```

async/await를 처리하기 위해 변수 fn을 만들고 반환 값으로 이 함수를 호출한다. 이 함수에 이름을 붙일 수도 있고, 익명 함수로 async 효과를 만들 수도 있다.

```
useEffect(() => {
  (async () => {
    await SomePromise();
  })();
});
```

여러분이 이런 규칙을 따르면 리액트 훅스를 사용할 때 일반적으로 빠질 수 있는 함정을 피할 수 있다. create-react-app을 사용한다면 eslint-plugin-react-hooks라는 ESLint 플러그인을 사용하면 이런 칙을 위반했을 때 힌트가 되는 경고를 볼 수 있다.

7.1.5 useReducer로 코드 개선하기

Checkbox 컴포넌트를 생각해보자. 이 컴포넌트는 간단한 상태를 포함하는 컴포넌트의 완벽한 예다. 박스는 체크된 상태이거나 체크가 되지 않은 상태다. checked가 상태 값이며, setChecked는 상태를 변경하는 함수다. 컴포넌트가 최초로 렌더링될 때 checked의 상태는 false이다.

```
function Checkbox() {
  const [checked, setChecked] = useState(false);

  return (
    <>
      <input
        type="checkbox"
        value={checked}
        onChange={() => setChecked(checked => !checked)}
      />
      {checked ? "checked" : "not checked"}
    </>
  );
}
```

이 코드는 잘 작동하지만, 한군데 위험해 보이는 곳이 있다.

```
onChange={() => setChecked(checked => !checked)}
```

자세히 살펴보라. 처음엔 문제없어 보이겠지만, 여기서 문제를 만들고 있지는 않을까? 여기서는 checked의 현재 값을 가지고 반대 값인 !checked를 반환하는 함수를 보낸다. 이 코드는 필요보다 너무 복잡하다. 개발자가 잘못된 정보를 보내는 경우가 자주 있고, 이로 인해 코드 전체가 깨질 수 있다. 이런 식으로 checked를 처리하는 대신 toggle과 같은 함수를 제공하면 어떨까?

위의 익명 함수와 같은 일을 하는 **toggle**이라는 이름의 함수를 추가하자. **toggle**은 setChecked를 호출하면서 현재의 checked의 값을 반환한다.

```
function Checkbox() {
  const [checked, setChecked] = useState(false);

  function toggle() {
    setChecked(checked => !checked);
  }

  return (
    <>
      <input type="checkbox" value={checked} onChange={toggle} />
      {checked ? "checked" : "not checked"}
    </>
  );
}
```

이 코드가 더 낫다. onChange는 예측 가능한 값인 **toggle**로 설정된다. 우리는 이 함수가 어디서 언제 쓰이든 같은 일을 하리라는 사실을 알고 있다. 한 단계 더 나아가 checkbox 컴포넌트를 사용할 때마다 좀 더 예측가능한 결과를 내놓게 할 수도 있다. **toggle** 함수 안에서 setChecked에 전달한 함수를 기억하는가?

```
setChecked(checked => !checked);
```

이 함수 checked => !checked를 이제는 리듀서reducer라는 다른 이름으로 부를 것이다. 리듀서 함수의 가장 간단히 정의하면 현재 상태를 받아서 새 상태를 반환하는 함수라 할 수 있다. checked가 false면 이 함수는 반대 값인 true를 반환해야 한다. 이런 동작을 onChange 이벤트에 하드코딩하는 대신, 이 로직을 리듀서 함수로 추상화해서 항상 같은 결과를 내놓게 한다. 이제 컴포넌트에 useState를 사용하는 대신 useReducer를 사용하자.

```
function Checkbox() {
  const [checked, toggle] = useReducer(checked => !checked, false);

  return (
    <>
      <input type="checkbox" value={checked} onChange={toggle} />
```

```
      {checked ? "checked" : "not checked"}
    </>
  );
}
```

여기서 useReducer는 리듀서 함수와 초기 상태 false를 받는다. 그 후 onChange 함수를 리듀서가 반환하는 두 번째 값인 toggle로 설정한다. 이 함수는 리듀서 함수를 호출해준다.

이전에 정의한 리듀서인 checked => !checked가 리듀서의 가장 좋은 예다. 함수에 같은 입력이 주어지면 같은 출력이 나와야 한다. 이런 개념은 자바스크립트의 Array.reduce에 녹아 있다. 이 reduce는 근본적으로 리듀서와 같은 일을 한다. 즉, 함수(모든 값을 단일 값으로 축약해주는 함수)와 초깃값을 받고 한 값을 반환한다.

Array.reduce는 리듀서 함수와 초깃값을 받는다. 아래 코드에서는 numbers 배열의 각 값에 대해 최종적인 값이 남을 때까지 리듀서가 호출된다.

```
const numbers = [28, 34, 67, 68];
numbers.reduce((number, nextNumber) => number + nextNumber, 0); // 197
```

Array.reduce에 전달된 리듀서는 인자를 2개 받는다. 원하면 리듀서 함수에 여러 인자를 전달할 수도 있다.

```
function Numbers() {
  const [number, setNumber] = useReducer(
      (number, newNumber) => number + newNumber,
        0
    );

  return <h1 onClick={() => setNumber(30)}>{number}</h1>;
}
```

h1을 클릭할 때마다 전체 합계에 30이 추가될 것이다.

7.1.6 useReducer로 복잡한 상태 처리하기

useReducer를 사용하면 상태가 더 복잡해질 때 상태 갱신을 더 예측가능하게 처리하는데 도움이 된다. 다음과 같은 사용자 데이터가 들어 있는 객체를 생각해보자.

```
const firstUser = {
  id: "0391-3233-3201",
  firstName: "Bill",
  lastName: "Wilson",
  city: "Missoula",
  state: "Montana",
  email: "bwilson@mtnwilsons.com",
  admin: false
};
```

firstUser를 초기 상태로 설정한 User라는 컴포넌트가 있다. 이 컴포넌트는 적절한 데이터를 표시해준다.

```
function User() {
  const [user, setUser] = useState(firstUser);

  return (
    <div>
      <h1>
        {user.firstName} {user.lastName} - {user.admin ? "Admin" : "User"}
      </h1>
      <p>Email: {user.email}</p>
      <p>
        Location: {user.city}, {user.state}
      </p>
      <button>Make Admin</button>
    </div>
  );
}
```

상태를 관리할 때 일반적으로 저지르는 실수로 상태를 덮어쓰는 경우가 있다.

```
<button
  onClick={() => {
    setUser({ admin: true });
```

```
    }}
  >
    Make Admin
  </button>
```

이렇게 하면 firstUser의 상태를 덮어써서 방금 setUser 함수에 전달한 {admin:true}로 변경한다. 현재 값을 사용자와 분리하고, admin 값을 덮어쓰면 이런 일을 방지할 수 있다.

```
  <button
    onClick={() => {
      setUser({ ...user, admin: true });
    }}
  >
    Make Admin
  </button>
```

이렇게 하면 초기 상태를 받아서 새로운 키/값 쌍인 {admin: true}를 넣는다. 코드의 모든 onClick에 대해 코드를 이런 식으로 바꿔야 한다. 이 과정에서 실수를 저지르기 쉽다(예를 들어 다음날 돌아와서 작업하면서는 onClick을 이렇게 작성해야 한다는 사실을 잊어버릴 수 있다). 리듀서를 쓰면 초기 상태와 새 정보를 쉽게 한데 모을 수 있다.

```
function User() {
  const [user, setUser] = useReducer(
    (user, newDetails) => ({ ...user, ...newDetails }),
    firstUser
  );
  ...
}
```

이제 새 상태 값 newDetails를 리듀서에게 보내면 프로퍼티가 객체에 추가되거나 기존 프로퍼티가 갱신된다.

```
  <button
    onClick={() => {
      setUser({ admin: true });
    }}
  >
```

```
  Make Admin
</button>
```

상태가 여러 하위 값으로 구성되거나 다음 상태가 이전 상태에 의존적일 때 이런 패턴이 유용하다. 모든 팀원에게 스프레드를 가르치면 하루만 스프레드를 써먹겠지만, 모든 팀원에게 useReducer를 가르치면 평생 스프레드를 써먹을 수 있다.

레거시 setState와 useReducer

리액트 이전 버전에서는 setState라는 함수를 사용해 상태를 갱신했다. 생성자 안에서 객체를 사용해초기 상태를 설정했다.

```
class User extends React.Component {
  constructor(props) {
    super(props);
    this.state = {
      id: "0391-3233-3201",
      firstName: "Bill",
      lastName: "Wilson",
      city: "Missoula",
      state: "Montana",
      email: "bwilson@mtnwilsons.com",
      admin: false
    };
  }
}

<button onSubmit={() =>
    {this.setState({admin: true });}}
  Make Admin
</button>
```

이 코드는 예전에 setState로 상태 값을 병합하는 방식을 보여준다. useReducer도 마찬가지다.

```
const [state, setState] = useReducer(
        (state, newState) =>
                ({...state, ...newState}),
```

```
        initialState);

  <button onSubmit={() =>
        {setState({admin: true });}}
    Make Admin
  </button>
```

이 패턴을 좋아한다면 `legacy-set-state` npm 모듈을 쓰거나 `useReducer`를 사용하자.

방금 보여준 몇 가지 예제는 간단한 리듀서 응용이었다. 다음 장에서 앱 상태 관리를 단순화하기 위해 사용하는 리듀서 디자인 패턴을 더 깊이 살펴보자.

7.1.7 컴포넌트 성능 개선

리액트 애플리케이션에서는 컴포넌트가 일반적으로 아주 많이 렌더링된다. 불필요한 렌더링을 피하고 렌더링이 전파되는 데 걸리는 시간을 줄이는 등의 활동이 성능 개선에 포함된다. 리액트는 불필요한 렌더링을 방지할 때 도움이 되는 `memo`, `useMemo`, `useCallback` 등의 도구를 제공한다. 이번 장 앞부분에서 `useMemo`와 `useCallback`에 대해 살펴봤다. 하지만 이번 절에서는 이런 훅을 사용해 웹사이트의 성능을 더 좋게 만드는 방법을 좀 더 자세히 살펴본다.

순수한 컴포넌트를 만들 때 `memo` 함수가 쓰인다. 3장에서 설명한 것처럼 인자가 같으면 순수 함수는 항상 같은 결과를 내놓는다. 순수 컴포넌트도 같은 방식으로 작동한다. 리액트에서 순수 컴포넌트는 같은 프로퍼티에 대해 항상 같은 출력으로 렌더링되는 컴포넌트를 말한다.

`Cat`이라는 컴포넌트를 만들자.

```
const Cat = ({ name }) => {
  console.log(`rendering ${name}`);
  return <p>{name}</p>;
};
```

Cat은 순수 컴포넌트다.[15] 출력은 항상 name 프로퍼티를 표시하는 <p> 엘리먼트다. 프로퍼티로 제공되는 이름이 같으면 출력도 항상 같다.

```
function App() {
  const [cats, setCats] = useState(["Biscuit", "Jungle", "Outlaw"]);

  return (
    <>
      {cats.map((name, i) => (
        <Cat key={i} name={name} />
      ))}
      <button onClick={() => setCats([...cats, prompt("Name a cat")])}>
        Add a Cat
      </button>
    </>
  );
}
```

이 앱은 Cat 컴포넌트를 사용한다. 최초 렌더링 이후 콘솔은 다음과 같은 값을 출력한다.

```
rendering Biscuit
rendering Jungle
rendering Outlaw
```

"Add a Cat" 버튼을 클릭하면 모든 Cat 컴포넌트를 다시 렌더링한다는 메시지가 콘솔에 표시된다.

```
rendering Biscuit
rendering Jungle
rendering Outlaw
rendering Ripple
```

----

15 옮긴이_ 엄밀히 말해 순수 함수는 로그나 화면 출력, 파일 기록 등의 부수효과를 만들어내서는 안된다. 본문의 Cat도 로그를 남기기 때문에 엄밀한 의미에서 순수 컴포넌트는 아니다. 다만, 여기 있는 log는 Cat이 어떻게 실행됐는지를 보이기 위한 교육 목적으로 추가된 것이고, 실전에서 log는 개발 단계에서만 사용하거나 아예 사용하지 않을 것이라는 정도로 순수성을 타협할 수 있을 것이다.

고양이를 추가할 때마다 모든 **Cat** 컴포넌트가 다시 렌더링된다. 하지만 **Cat** 컴포넌트는 순수 컴포넌트다. 프롭이 같으면 출력에서 바뀌는 부분이 없다. 따라서 다른 고양이를 추가해도 기존 고양이가 다시 렌더링되면 안된다. 프로퍼티가 바뀌지 않았는데 순수 컴포넌트를 다시 렌더링하고 싶지는 않다. 이럴 때 **memo** 함수를 사용하면 프로퍼티가 변경될 때만 다시 렌더링되는 컴포넌트를 만들 수 있다. 먼저 **React** 라이브러리에서 **memo**를 임포트하고 현재의 **Cat** 컴포넌트를 **memo**로 감싸자.

```
import React, { useState, memo } from "react";

const Cat = ({ name }) => {
  console.log(`rendering ${name}`);
  return <p>{name}</p>;
};

const PureCat = memo(Cat);
```

여기서는 **PureCat**이라는 새 컴포넌트를 만들었다. **PureCat**은 프로퍼티가 변경됐을 때만 **Cat**을 다시 렌더링하게 해준다. 그리고 **App** 컴포넌트 안에서 **Cat**을 **PureCat** 컴포넌트로 바꿀 수 있다.

```
cats.map((name, i) => <PureCat key={i} name={name} />);
```

이제 새로운 "Pancake"처럼 새 고양이 이름을 추가하면 콘솔에서 추가된 **PureCat** 컴포넌트만 렌더링된다는 사실을 알 수 있다.

```
rendering Pancake
```

다른 고양이 이름이 표시되지 않았으므로 다른 **Cat** 컴포넌트를 렌더링하지 않았음을 알 수 있다. **name** 프로퍼티의 경우 이런 방식이 잘 작동한다. 하지만 **Cat** 컴포넌트에 함수 프로퍼티를 도입하면 어떨까?

```
const Cat = memo(({ name, meow = f => f }) => {
  console.log(`rendering ${name}`);
  return <p onClick={() => meow(name)}>{name}</p>;
});
```

이 프로퍼티를 사용하면 고양이를 클릭할 때마다 콘솔에 meow를 표시할 수 있다.

```
<PureCat key={i} name={name} meow={name => console.log(`${name} has meowed`)} />
```

이렇게 코드를 바꾸고 나면 PureCat이 예상과 다르게 작동한다. name 프로퍼티가 동일한데도 Cat이 매번 다시 렌더링된다. 이유는 meow 프로퍼티 때문이다. 불행히도 meow 프로퍼티를 함수로 정의할 때마다 새로운 함수가 생긴다. 리액트 입장에서는 meow 프로퍼티가 변경됐기 때문에 컴포넌트를 다시 렌더링해야 한다.

memo 함수는 컴포넌트를 다시 렌더링해야 하는 규칙을 좀 더 구체적으로 지정할 수 있게 해준다.

```
const RenderCatOnce = memo(Cat, () => true);
const AlwaysRenderCat = memo(Cat, () => false);
```

memo 함수에 전달되는 두 번째 인자는 술어[predicate]이다. 술어는 항상 true나 false를 반환하는 함수다. 이 함수는 고양이를 렌더링할지 여부를 결정한다. 이 술어 함수가 false를 반환하면 Cat이 다시 렌더링된다. 이 함수가 true를 반환하면 Cat이 다시 렌더링되지 않는다. 이 함수가 어떤 값을 반환하더라도 Cat은 최소한 한번은 렌더링된다. 그래서 RenderCatOnce는 단 한 번만 렌더링되고 결코 다시 렌더링되지 않는다. 보통 술어함수는 실제 값을 검사해 true/false를 반환한다.

```
const PureCat = memo(
  Cat,
  (prevProps, nextProps) => prevProps.name === nextProps.name
);
```

이 두 번째 인자를 사용해 프로퍼티를 비교해서 Cat을 다시 렌더링해야만 하는지 결정할 수 있다. 술어는 이전 프로퍼티와 다음 프로퍼티를 인자로 받는다. 이 두 객체의 name 프로퍼티를 비교할 수 있다. name이 바뀌면 컴포넌트를 다시 렌더링한다. name이 같으면 리액트가 meow 프로퍼티가 변경됐는지 여부를 어떻게 판단하는지와 관계없이 컴포넌트가 다시 렌더링되지 않는다.

7.1.8 shouldComponentUpdate와 PureComponent

방금 설명한 개념은 리액트에서 새로운 개념이 아니다. memo 함수는 리액트에서 흔히 발생하는 문제를 해결하는 새로운 해법이다. 이전 버전의 리액트에서는 shouldComponentUpdate라는 메서드가 있었다. 컴포넌트 안에 이런 메서드가 있으면 리액트가 컴포넌트를 갱신해야 하는 경우를 파악하기 위해 이 메서드를 사용한다. shouldComponentUpdate는 컴포넌트를 다시 렌더링하기 위해 어떤 프롭이나 상태가 바뀌어야 하는지 묘사한다. shouldComponentUpdate가 리액트 라이브러리의 일부로 포함된 후, 많은 사람들이 이 기능을 유용하게 써먹었다. 이 기능은 아주 유용했기 때문에, 리액트 팀은 컴포넌트를 클래스로 만드는 다른 방법을 추가하기로 결정했다. 클래스 컴포넌트는 다음과 같다.

```
class Cat extends React.Component {
  render() {
    return (
      {name} is a good cat!
    );
  }
}
```

PureComponent는 다음과 같다.

```
class Cat extends React.PureComponent {
  render() {
    return (
      {name} is a good cat!
    );
  }
}
```

PureComponent는 React.memo와 같은 일을 한다. 하지만 PureComponent는 클래스 컴포넌트에만 사용할 수 있다. 반면 React.memo는 함수 컴포넌트에서만 사용할 수 있다.

useCallback과 useMemo를 사용해 함수나 객체를 메모화할 수 있다. useCallback을 Cat 컴포넌트에 써보자.

```
const PureCat = memo(Cat);

function App() {
  const meow = useCallback(name => console.log(`${name} has meowed`, []);
  return <PureCat name="Biscuit" meow={meow} />;
}
```

이 경우 memo(Cat)에 프로퍼티를 검사하는 술어를 넘기지 않는다. 대신 useCallback을 사용해 meow 함수가 바뀌지 않았다는 사실을 보장한다. 여러분의 컴포넌트 트리에서 재 렌더링이 너무 많이 발생할 때 이런 함수를 사용하면 도움이 된다.

7.1.9 언제 리팩터링할까?

일반적으로 마지막으로 논의한 훅인 useMemo, useCallback, memo가 과용되는 경향이 있다. 리액트는 빨리 작동하도록 설계됐다. 리액트 설계는 컴포넌트가 많이 렌더링되도록 되어 있다. 여러분이 리액트를 사용하기로 한 것이 바로 성능 최적화의 시작이다. 리액트는 빠르다. 성능 최적화를 위한 다른 리팩터링은 개발 단계의 마지막에 이뤄져야만 한다.

리팩터링에는 장단점이 있다. useCallback과 useMemo가 좋은 생각인 것 같아서 아무 데서나 사용하면 오히려 성능이 떨어진다. 코드를 더 추가해야 하고 개발자의 공수도 들어간다. 성능을 위해 코드를 리팩터링할 때는 목표를 설정하는 게 중요하다. 아마 화면 멈춤freezing이나 깜빡임flickering을 없애려는 목표가 있을 수 있다. 어쩌면 앱의 속도를 이상하게 느리게 만드는 비용이 많이 드는 함수가 있을 수도 있다.

리액트 프로파일러를 사용해 각 컴포넌트의 성능을 측정할 수 있다. 프로파일러는 여러분이 이미 설치했을 법한(크롬이나 파이어폭스) 리액트 개발자 도구에 들어 있다.

리팩터링을 하기 전에는 항상 앱이 잘 작동하는지 확인하고 코드 기반이 만족스러운 상태인지

점검하자. 과도하게 리팩터링하거나 앱이 제대로 작동하기 전에 리팩터링하면 찾아내기 힘든 이상한 버그가 생길 수도 있고, 코드가 제대로 작동하지 않으면 최적화를 위해 시간을 들일 만한 가치가 없을 수도 있다.

6, 7장에서는 리액트에 들어 있는 여러 훅을 살펴봤다. 각 훅을 어떤 경우에 써야 하는지 봤고, 다른 훅을 합성해 커스텀 훅을 만드는 법도 살펴봤다. 다음 장에서는 지금까지 배운 여러 기본 기술을 바탕으로 추가 라이브러리와 더 고급 패턴을 쌓아 올릴 것이다.

CHAPTER 8

데이터 포함시키기

데이터는 애플리케이션의 혈액과 같다. 데이터는 물과 같이 흐르고 컴포넌트에 값을 채워 넣어준다. 우리가 합성한 사용자 인터페이스 컴포넌트는 데이터를 흘려보내는 혈관이다. 우리는 새로운 데이터를 수집하고, 생성하고, 인터넷으로 보낸다. 애플리케이션의 값은 컴포넌트 자체는 아니다. 애플리케이션의 값은 컴포넌트를 따라 흐르는 데이터이다.

데이터에 대해 이야기하면 물이나 음식에 대해 이야기할 때와 비슷한 느낌을 받을 수 있다. 클라우드는 데이터를 보내고 받을 수 있는 무한한 근원이다. 클라우드는 인터넷이다. 클라우드는 제타바이트 단위의 데이터를 저장하고 조작하는 네트워크이자, 서비스이며, 시스템이며, 데이터베이스이다. 클라우드는 근원에서 나온 최신의 신선한 데이터를 통해 클라이언트의 목을 축여준다. 우리는 이 데이터를 로컬 시스템에서 다루고, 저장하기도 한다. 하지만, 지역적인 데이터가 데이터의 근원과 어긋나기 시작하면 신선함을 읽고 신선하지 않은stale 데이터가 된다.

개발자로서 우리가 데이터를 다룰 때 직면할 수 있는 여러 가지 도전이 있다. 우리는 애플리케이션에 클라우드에서 얻은 신선한 데이터를 계속 채워줘야 한다. 이번 장에서는 데이터의 근원으로부터 데이터를 적재하고 다루는 여러 가지 기법을 살펴본다.

8.1 데이터 요청하기

영화 〈스타워즈^{Star Wars}〉에서 C-3PO는 프로토콜 드로이드다. C-3PO는 의사소통에 특화된 안드로이드며, 6백만 가지 언어를 말할 수 있다. 물론 C-3PO도 인터넷에서 데이터를 보내고 받을 때 가장 유명한 방법인 HTTP 요청을 보낼 줄 안다.

HTTP는 인터넷 의사소통의 근간을 이룬다. 브라우저에서 `http://www.google.com`의 페이지를 적재할 때마다 구글에 검색 폼을 보내라고 요청하는 것이다. 우리에게 필요한 파일은 HTTP를 통해 브라우저로 전송된다. '고양이 사진'을 검색하기 위해 구글과 상호작용할 때는 구글에게 고양이 사진을 찾아달라고 묻는다. 구글은 데이터와 이미지를 가지고 응답하며 이 응답은 HTTP를 통해 우리 브라우저에 전달된다.

자바스크립트에서 HTTP 요청을 수행하는 가장 유명한 방법은 `fetch`이다. 깃허브^{GitHub}에 moonhighway에 대한 정보를 요청하고 싶다면 `fetch` 요청을 보낼 수 있다.

```
fetch(`https://api.github.com/users/moonhighway`)
  .then(response => response.json())
  .then(console.log)
  .catch(console.error);
```

`fetch` 함수는 프라미스를 반환한다. 이 코드는 `https://api.github.com/users/moonhighway` URL에 대한 비동기 요청을 보낸다. 요청이 인터넷으로 전달되고 응답 정보가 돌아오기까지는 시간이 걸린다. 응답이 도착하면 `.then(callback)`을 통해 `callback` 콜백에 정보가 전달된다. 깃허브 API는 JSON 데이터로 응답한다. 하지만 이 데이터는 HTTP 응답의 본문에 들어간다. 따라서 `response.json()`을 호출해서 데이터를 얻고 JSON으로 파싱한다. 일단 데이터를 얻고 나면 데이터를 콘솔에 찍는다. 중간에 잘못된 일이 생기면 `console.error` 메서드를 통해서 오류를 전달한다.

깃허브는 이 요청에 JSON 객체로 응답한다.

```
{
  "login": "MoonHighway",
  "id": 5952087,
  "node_id": "MDEyOk9yZ2FuaXphdGlvbjU5NTIwODc=",
  "avatar_url": "https://avatars0.githubusercontent.com/u/5952087?v=4",
```

```
    "bio": "Web Development classroom training materials.",
    ...
  }
```

깃허브는 사용자 어카운트의 기본 정보를 API를 통해 제공한다. `https://api.github.com/users/<어카운트이름>` 처럼 여러분의 깃허브 어카운트를 사용해 한번 테스트해보라.

프라미스를 다루는 다른 방법으로 async/await를 사용하는 방법이 있다. fetch는 프라미스를 반환하기 때문에 async 함수 안에서 fetch 요청을 await 할 수 있다.

```
async function requestGithubUser(githubLogin) {
  try {
    const response = await fetch(
      `https://api.github.com/users/${githubLogin}`
    );
    const userData = await response.json();
    console.log(userData);
  } catch (error) {
    console.error(error);
  }
}
```

앞에서 fetch 요청과 .then 함수를 사용한 코드와 이 코드는 같은 결과를 달성한다. 프라미스를 await하면 프라미스가 완료될 때까지 코드의 다음 줄은 실행되지 않는다. 이런 형태는 코드상에서 프라미스를 멋지게 다룰 수 있는 방법을 제공한다. 이번 장의 나머지 부분에서는 두 방법을 같이 사용한다.

8.1.1 요청으로 데이터 보내기

요청하면서 데이터를 함께 보내야 하는 경우가 많이 있다. 예를 들어, 어카운트를 만들려면 사용자 정보를 수집해야 하고, 어카운트 정보를 갱신하려면 새로운 사용자 정보를 얻어야 한다.

보통 데이터를 생성할 때는 POST 요청을, 데이터를 변경할 때는 PUT 요청을 사용한다. fetch 함수의 두 번째 인자는 HTTP 요청을 만들 때 fetch가 사용할 옵션이 담겨 있는 객체다.

```
fetch("/create/user", {
  method: "POST",
  body: JSON.stringify({ username, password, bio })
});
```

이 fetch는 POST 메서드를 사용해 새 사용자를 만든다. username, password, bio는 요청의 body에 문자열 콘텐츠로 들어간다.

8.1.2 fetch로 파일 업로드하기

파일을 업로드하려면 multipart-formdata라는 다른 HTTP 요청을 보내야 한다. 이런 유형의 요청은 서버에게 요청 본문에 하나 이상의 파일이 들어가 있다고 알려준다. 이 요청을 자바스크립트에서 만들려면 FormData 객체를 요청 본문에 넘겨야 한다.

```
const formData = new FormData();
formData.append("username", "moontahoe");
formData.append("fullname", "Alex Banks");
forData.append("avatar", imgFile);

fetch("/create/user", {
  method: "POST",
  body: formData
});
```

이번에는 사용자를 만들면서 username, fullname, avatar 이미지를 formData 객체로 전달한다. 여기서는 각 값을 하드코딩했지만 실제로는 폼을 통해 쉽게 이런 값을 얻을 수 있다.

8.1.3 권한 요청

요청을 하기 위해 권한을 얻어야 하는 경우가 있다. 보통 민감한 정보나 개인정보를 얻어야 하는 경우에 권한부여authorization가 필요하다. 추가로 서버에 POST, PUT, DELETE 요청을 보내야 하는 경우에는 거의 대부분 권한을 얻을 필요가 있다.

보통 사용자는 자신을 식별하도록 서비스가 부여한 유일한 토큰을 요청마다 덧붙여서 자기 신원을 나타낸다. 이런 토큰은 일반적으로 **Authorization** 헤더에 추가된다. 깃허브에서 요청과 함께 개인 토큰을 보내면 여러분의 개인 정보를 볼 수 있다.

```
fetch(`https://api.github.com/users/${login}`, {
  method: "GET",
  headers: {
    Authorization: `Bearer ${token}`
  }
});
```

보통 사용자가 서비스에게 사용자명과 암호를 제시해서 토큰을 얻을 수 있다. 깃허브나 페이스북 같은 제 3자로부터 OAuth와 같은 열린 표준을 사용해 토큰을 얻을 수도 있다.

깃허브는 개인적인 사용자 토큰을 만들 수 있게 허용한다. 깃허브에 로그인해서 **Settings>Developer Settings>Personal Access Tokens**를 선택하자. 거기서 구체적인 읽기/쓰기 규칙이 지정된 토큰을 생성할 수 있고, 이를 사용해 깃허브 API에서 개인 정보를 얻을 수 있다. 개인 접근 토큰Personal Access Token을 생성하고 **fetch** 요청에 이 토큰을 함께 보내면 깃허브는 여러분의 어카운트에서 외부에 공개되지 않은 개인 정보를 추가로 제공한다.

리액트 컴포넌트에서 외부 데이터를 가져오려면 useState와 useEffect 훅을 함께 사용해야 한다. useState 훅을 사용해 fetch의 응답을 상태에 저장하고 useEffect 훅을 사용해 fetch 요청을 만든다. 예를 들어 깃허브 사용자 정보를 컴포넌트에 표시하고 싶으면 다음과 같은 코드를 작성할 수 있다.

```
import React, { useState, useEffect } from "react";

function GitHubUser({ login }) {
  const [data, setData] = useState();

  useEffect(() => {
    if (!login) return;
      fetch(`https://api.github.com/users/${login}`)
        .then(response => response.json())
        .then(setData)
        .catch(console.error);
  }, [login]);
  if (data)
    return <pre>{JSON.stringify(data, null, 2)}</pre>;
```

```
    return null;
  }

export default function App() {
  return <GitHubUser login="moonhighway" />;
}
```

이 코드에서 App은 GitHubUser 컴포넌트를 렌더링하고 moonhighway에 대한 JSON 정보를 표시한다. 최초로 렌더링될 때 GitHubUser는 useState 훅으로 data라는 상태 변수를 준비한다. 처음에는 data가 null이기 때문에 컴포넌트가 null을 반환한다. 리액트에서 컴포넌트가 null을 반환하면 아무 것도 렌더링하지 말라는 뜻이다. 이 경우 null이 발생해도 오류가 생기지 않고, 그냥 검은 화면을 보게 된다.

컴포넌트가 렌더링된 다음에 useEffect 훅이 호출된다. 여기서 fetch 요청을 수행한다. 응답을 받으면 데이터를 파싱해서 JSON으로 만든다. 이제 이 JSON 객체를 setData 함수에 넘기면 컴포넌트가 다시 렌더링되며, 이번에는 data에 값이 들어 있는 상태로 렌더링된다. 이 useEffect 훅은 login의 값이 변경되기 전에는 호출되지 않는다. login이 바뀌면 다른 사용자에 대한 정보를 깃허브에 요청해 얻을 필요가 있다.

data가 있는 경우에는 data를 JSON 문자열 형태로 pre 엘리먼트에 렌더링한다. JSON.stringify 메서드는 인자를 셋 받는다. 첫 번째는 문자열로 변환할 JSON 데이터이고, 두 번째는 JSON 객체의 프로퍼티를 변경할 때 사용할 변경 함수(파라미터 이름은 replacer)이며, 세 번째 인자는 데이터를 형식화할 때 사용할 공백의 개수다. 여기서는 아무 프로퍼티도 바꾸지 않을 것이므로 변경 함수에 null을 지정한다. 세 번째의 2는 JSON을 문자열로 형식화할 때 사용할 공백의 개수다. 이 말은 공백을 2칸 단위로 들여쓰기 하겠다는 뜻이다. pre 엘리먼트를 사용하면 공백을 그대로 빈칸으로 표시해주므로 마지막으로 렌더링되는 JSON을 쉽게 읽을 수 있다.

8.1.4 데이터를 로컬 스토리지에 저장하기

웹 스토리지 API를 사용하면 브라우저에 데이터를 저장할 수 있다. 이때 window.localStorage나 window.sessionStorage 객체를 사용해 데이터를 저장한다. sessionStorage API는 데이터를 사용자 세션에만 저장한다. 탭을 닫거나 브라우저를 재시작하면 sessionStorage에 있는 데이터는 사라진다. 반대로 localStorage는 여러분이 제거하기 전까지 데이터를 무기한 보관한다.

JSON 데이터를 브라우저 스토리지에 저장할 때는 문자열 형태로 해야 한다. 이 말은 객체를 브라우저 스토리지에 저장하려면 JSON 문자열로 변환하고 브라우저 스토리지에서 읽어올 때는 JSON 문자열을 파싱해야 한다는 뜻이다. JSON 데이터를 브라우저에 저장하고 읽어 오는 작업을 처리하는 함수를 다음과 같이 작성할 수 있다.

```
const loadJSON = key =>
  key && JSON.parse(localStorage.getItem(key));

const saveJSON = (key, data) =>
  localStorage.setItem(key, JSON.stringify(data));
```

loadJSON 함수는 localStorage에서 key를 사용해 원소를 가져온다. 이때 데이터를 적재하기 위해 localStorage.getItem 함수가 쓰인다. 원소가 있다면 JSON으로 파싱한 다음에 반환한다. 원소가 없다면 loadJSON 함수는 null을 반환한다.

saveJSON 함수는 데이터를 유일한 key 식별자를 사용해 localStorage에 저장한다. localStorage.setItem 함수를 사용해 데이터를 브라우저에 저장한다. 데이터를 저장하기 전에 데이터를 JSON 문자열로 변환할 필요가 있다.

웹 스토리지로부터 데이터를 적재하거나 웹 스토리지에 데이터를 저장하거나, 데이터를 문자열로 만들거나 JSON 문자열을 파싱하는 모든 작업은 동기적 작업이다. loadJSON과 saveJSON도 동기적이다. 따라서 조심해야 한다. 이런 함수를 너무 자주 호출하거나 너무 큰 데이터를 사용해 이런 함수를 호출하면 성능 문제가 생길 수 있다. 일반적으로 이런 함수에서는 성능 유지를 위해 데이터의 크기를 제한하는 편이 낫다.

깃허브 요청에서 받은 사용자 데이터를 저장할 수도 있다. 다음에 같은 사용자에 대한 정보가 필요하면 깃허브에 요청을 보내는 대신 localStorage에 저장된 데이터를 사용할 수 있다. GitHubUser 컴포넌트에 다음과 같은 코드를 추가할 수 있다.

```
const [data, setData] = useState(loadJSON(`user:${login}`));
useEffect(() => {
  if (!data) return;
```

```
      if (data.login === login) return;
      const { name, avatar_url, location } = data;
      saveJSON(`user:${login}`, {
        name,
        login,
        avatar_url,
        location
      });
  }, [data]);
```

loadJSON 함수는 동기적이므로 useState를 호출해서 데이터 초깃값을 설정할 때 이 함수를 쓸 수 있다. user:moonhighway라는 키로 브라우저에 저장된 사용자 데이터가 있으면 이 데이터를 사용해 data의 초깃값을 설정한다. 브라우저에 저장된 데이터가 없으면, data는 null로 초기화된다.

깃허브에서 데이터를 가져와서 data가 변경됐다면, saveJSON을 호출해서 우리에게 필요한 name, login, avatar_url, location 정보만 저장할 수 있다. 사용자 객체에서 필요하지 않은 부분은 저장하지 않아도 된다. 그리고 !data로 검사해서 객체가 비어 있는 경우 data를 저장하지 않는다. 또한, 현재 로그인과 data.login 정보가 서로 같다면 해당 사용자의 정보를 이미 저장했다는 뜻이므로, 데이터를 저장하는 단계를 건너뛸 수 있다.

다음은 localStorage를 사용해 데이터를 브라우저에 저장하는 GitHubUser 컴포넌트의 전체 코드다.

```
import React, { useState, useEffect } from "react";

const loadJSON = key =>
  key && JSON.parse(localStorage.getItem(key));
const saveJSON = (key, data) =>
  localStorage.setItem(key, JSON.stringify(data));

function GitHubUser({ login }) {
  const [data, setData] = useState(
    loadJSON(`user:${login}`)
  );

  useEffect(() => {
    if (!data) return;
    if (data.login === login) return;
```

```
    const { name, avatar_url, location } = data;
    saveJSON(`user:${login}`, {
      name,
      login,
      avatar_url,
      location
    });
  }, [data]);

  useEffect(() => {
    if (!login) return;
    if (data && data.login === login) return;
    fetch(`https://api.github.com/users/${login}`)
      .then(response => response.json())
      .then(setData)
      .catch(console.error);
  }, [login]);

  if (data)
    return <pre>{JSON.stringify(data, null, 2)}</pre>;

  return null;
}
```

GitHubUser 컴포넌트는 이제 useEffect 훅을 2개 사용한다. 첫 번째 훅은 데이터를 브라우저에 저장하는 훅이다. data의 값이 바뀔 때마다 이 훅이 호출된다. 두 번째 훅은 깃허브에 사용자 데이터를 요청하는 훅이다. 사용자에 대한 정보가 로컬 스토리지에 저장되지 않으면 fetch 요청을 보내지 않는다. 두 번째 useEffect 훅의 두 번째 if문인 if (data && data.login === login) return;에 의해 이런 조건이 처리된다. data가 있고 data의 login이 login 프로퍼티와 일치하면 깃허브에 요청을 또 보낼 필요가 없다. 단지 로컬 스토리지에 저장된 데이터를 사용하며 된다.

이 애플리케이션을 처음 실행하고, login을 moonhighway로 설정하면 다음 객체가 페이지에 렌더링된다.

```
{
  "login": "MoonHighway",
  "id": 5952087,
  "node_id": "MDEyOk9yZ2FuaXphdGlvbjU5NTIwODc=",
```

```
    "avatar_url": "https://avatars0.githubusercontent.com/u/5952087?v=4",
    "gravatar_id": "",
    "url": "https://api.github.com/users/MoonHighway",
    "html_url": "https://github.com/MoonHighway",
    ...
}
```

이 값은 깃허브가 응답한 값이다. 객체에 사용자에 대해 불필요하게 많은 정보가 들어 있기 때문이 이를 구분할 수 있다. 이 페이지를 처음 실행하면 이렇게 길이가 긴 응답을 화면에서 볼 수 있다. 하지만 페이지를 다시 실행하면 응답이 훨씬 짧아진다.

```
{
    "name": "Moon Highway",
    "login": "moonhighway",
    "avatar_url": "https://avatars0.githubusercontent.com/u/5952087?v=4",
    "location": "Tahoe City, CA"
}
```

이번에는 moonhighway에 대해 로컬 스토리지에 저장한 데이터가 브라우저에 렌더링된다. 4가지 데이터 필드만 필요해서 4가지 필드만 저장했다. 로컬 스토리지를 지울 때까지 이와 비슷한 오프라인 결과를 볼 수 있다.

```
localStorage.clear();
```

sessionStorage와 localStorage는 웹 개발자에게 필수적인 무기다. 이들을 사용해 오프라인일 때도 로컬에 저장된 데이터를 활용할 수 있고, 네트워크 요청을 줄임으로써 애플리케이션의 성능을 향상시킬 수 있다. 하지만 언제 이런 기능을 사용할지 알아둬야 한다. 오프라인 스토리지를 구현하면 애플리케이션의 복잡도가 증가하며, 개발이 어려울 수도 있다. 게다가, 데이터를 캐시하기 위해 웹 스토리지를 사용할 필요는 없다. 성능 향상만 바라는 경우에는 그냥 HTTP가 캐시를 처리하게 하면 된다. 헤더에 Cache-Control: max-age=<EXP_DATE>를 추가하면 브라우저가 알아서 콘텐츠를 캐시해준다. EXP_DATE는 캐시된 데이터가 만료되는 날짜와 시간을 뜻한다.

8.1.5 프라미스 상태 처리하기

HTTP 요청과 프라미스에는 3가지 상태가 있다. 진행 중pending, 성공(처리완료), 실패(거부)가 그 3가지 상태다. 요청을 보내고 응답을 기다리고 있다면 이 요청은 진행 중이다. 이런 요청은 항상 성공이나 실패 중 하나로만 진행될 수 있다. 응답이 성공했다면, 이 말은 서버에 성공적으로 연결했고 데이터를 받았다는 뜻이다. 프라미스 세계에서 성공적인 응답은 프라미스가 해소resolved됐다는 뜻이다. 이 과정에서 무언가 잘못되면 HTTP 요청이 실패했다고 말하거나 프라미스가 거부rejected됐다고 말한다. HTTP나 프라미스 중 어느 쪽이든 이럴 때는 어떤 일이 벌어졌는지를 알려주는 error를 받는다.

HTTP 요청을 보낼 때는 정말로 이 3가지 경우를 모두 처리해야 한다. 깃허브 사용자 컴포넌트를 수정해서 성공적인 요청 외의 경우를 렌더링하게 하자. 요청이 진행 중이면 "loading..."이라는 메시지를 표시하고, 뭔가 잘못된 경우에는 error의 세부 정보를 표시하자.

```
function GitHubUser({ login }) {
  const [data, setData] = useState();
  const [error, setError] = useState();
  const [loading, setLoading] = useState(false);

  useEffect(() => {
    if (!login) return;
    setLoading(true);
    fetch(`https://api.github.com/users/${login}`)
      .then(data => data.json())
      .then(setData)
      .then(() => setLoading(false))
      .catch(setError);
  }, [login]);

  if (loading) return <h1>loading...</h1>;
  if (error)
    return <pre>{JSON.stringify(error, null, 2)}</pre>;
  if (!data) return null;

  return (
    <div className="githubUser">
      <img
        src={data.avatar_url}
```

```
      alt={data.login}
      style={{ width: 200 }}
    />
    <div>
      <h1>{data.login}</h1>
      {data.name && <p>{data.name}</p>}
      {data.location && <p>{data.location}</p>}
    </div>
  </div>
);
}
```

요청이 성공하면 moonhighway의 사용자 정보가 [그림 8-1]처럼 화면에 렌더링된다.

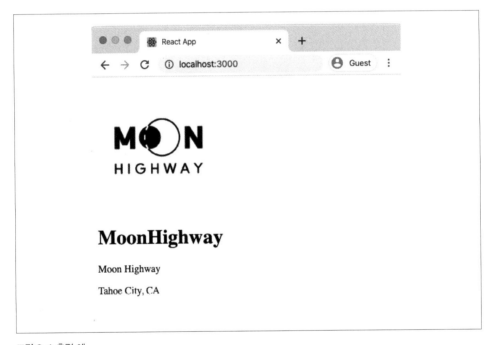

그림 8-1 출력 예

무언가 잘못되면 단순히 error 객체를 JSON 문자열로 출력한다. 프로덕션에서는 이 오류 정보를 사용해 더 많은 일을 수행해야 할 것이다. 어쩌면 오류를 추적하거나, 로그를 남기거나, 다른 요청을 보내야 한다. 개발 과정에서는 개발자에게 즉각적인 피드백을 제공하기 위해 오류 상세 정보를 출력해도 좋다.

마지막으로 요청이 진행 중이면 "loading..."이라는 메시지를 h1으로 표시한다.

때로는 HTTP 요청이 오류 정보와 함께 성공할 수도 있다. 요청은 성공했지만—즉 성공적으로 서버에 접속해서 데이터를 받아왔지만—응답 본문에는 오류가 담길 수 있다. 서버에 따라서는 추가 오류를 성공적인 응답[16]에 돌려주는 경우도 있다.

3가지 상태를 모두 처리하려면 코드가 약간 커진다. 하지만 모든 요청에서 이런 처리를 꼭 해야 한다. 요청은 시간이 오래 걸릴 수 있고, 잘못될 수 있는 경우도 많다. 모든 요청이 (그리고 모든 프라미스가) 3가지 상태를 지니므로 모든 HTTP 요청을 재사용가능한 훅이나 컴포넌트로 처리하거나 리액트 기능인 서스펜스suspense로 처리할 수도 있다. 각각의 접근 방법에 대해 살펴볼 것이다. 하지만 먼저 렌더 프롭이라는 개념을 소개해야 한다.

8.2 렌더 프롭

렌더 프롭render props은 말 그대로 렌더링되는 프로퍼티를 뜻한다. 이 말은 컴포넌트나 렌더링할 컴포넌트를 반환할 함수 컴포넌트인데 프로퍼티로 전달되는 컴포넌트를 가리킨다. 이런 컴포넌트는 특정 조건을 만족할 때 렌더링될 수 있다. 함수 렌더 프롭의 경우 함수이기 때문에 (프로퍼티를 포함하는) 컴포넌트가 렌더링될 때 데이터를 함수에 인자로 넘겨서 반환되는 컴포넌트를 렌더링에 사용할 수 있다.

렌더 프롭은 비동기 컴포넌트의 재사용성을 극대화하고 싶을 때 유용하다. 이 패턴을 사용하면 애플리케이션 개발에 필요한 지루한 준비 코드나 복잡한 작동 방식을 추상화해주는 컴포넌트를 만들 수 있다.

리스트를 표시하는 작업을 생각해보자.

```
import React from "react";

const tahoe_peaks = [
  { name: "Freel Peak", elevation: 10891 },
  { name: "Monument Peak", elevation: 10067 },
```

---

16 옮긴이_ 서버의 웹 API 정의에 따라서는 서버가 정상 작동하면 항상 HTTP 응답 코드로 200 OK를 돌려주되, 요청 파라미터의 오류나 서버 로직상 발생한 오류에 대한 자세한 정보를 응답 본문의 JSON에 실어서 보낼 수도 있다.

```
    { name: "Pyramid Peak", elevation: 9983 },
    { name: "Mt. Tallac", elevation: 9735 }
];

export default function App() {
  return (
    <ul>
      {tahoe_peaks.map((peak, i) => (
        <li key={i}>
          {peak.name} - {peak.elevation.toLocaleString()}ft
        </li>
      ))}
    </ul>
  );
}
```

이 예제에서 Tahoe 산의 4가지 봉우리 정보를 번호가 없는 리스트로 렌더링한다. 이 코드는 합리적이지만 각 원소를 렌더링하기 위해 배열에 대해 **map**을 수행함으로써 코드가 약간 복잡해졌다. 게다가 배열 원소에 대한 매핑은 아주 일반적인 작업이기도 하다. 따라서 이런 패턴을 반복해 쓸 가능성이 커진다. 어쩌면 번호가 없는 리스트를 렌더링할 때마다 사용할 수 있는 **List** 컴포넌트를 만들 수 있을 것이다.

자바스크립트에서 배열은 값을 포함하거나 비어 있을 수 있다. 배열이 비어 있다면 사용자에게 메시지를 표시해야 한다. 하지만 이 메시지는 구현에 따라 달라야 한다. 걱정하지 말라. 리스트가 비어 있을 때 렌더링해야 하는 컴포넌트를 **List** 컴포넌트에게 전달할 수 있다.

```
function List({ data = [], renderEmpty }) {
  if (!data.length) return renderEmpty;
  return <p>{data.length} items</p>;
}

export default function App() {
  return <List renderEmpty={<p>This list is empty</p>} />;
}
```

List 컴포넌트는 data와 renderEmpty라는 두 프로퍼티를 받는다. 첫 번째 인자인 **data**는 매핑할 아이템으로 이뤄진 배열이다. 이 **data**의 디폴트 값은 빈 배열이다. 두 번째 인자인 **renderEmpty**는 리스트가 비어 있을 경우 표시할 컴포넌트다. 따라서 **data.length**가 0이면

List 컴포넌트는 renderEmpty 프로퍼티로 받은 컴포넌트를 반환함으로써 이 컴포넌트를 렌더링해준다.

이 코드에서 사용자는 "This list is empty."라는 메시지를 보게 된다.

특정 조건을 만족할 때 렌더링되는 컴포넌트가 들어 있으므로 renderEmpty는 렌더 프롭이다. 이 예제의 경우 조건은 data에 원소가 없는 경우나 data 프로퍼티가 제공되지 않은 경우다.

이 컴포넌트에 실제 data 배열을 보낼 수 있다.

```
export default function App() {
  return (
    <List
      data={tahoe_peaks}
      renderEmpty={<p>This list is empty</p>}
    />
  );
}
```

이렇게 하면 "4 items"처럼 전달된 배열의 원소 개수가 표시된다.

이 List 컴포넌트에게 배열의 원소를 어떻게 렌더링해야 할지 알려줄 수도 있다. 예를 들어 renderItem이라는 프로퍼티를 List에 추가할 수 있다.

```
export default function App() {
  return (
    <List
      data={tahoe_peaks}
      renderEmpty={<p>This list is empty</p>}
      renderItem={item => (
        <>
          {item.name} - {item.elevation.toLocaleString()}ft
        </>
      )}
    />
  );
}
```

이 경우 렌더 프롭인 renderItem은 함수이다. 실제 데이터(원소 차체)가 이 함수의 인자로 전달되서, Tahoe 산의 각 봉우리를 렌더링할 때 이 함수가 반환하는 컴포넌트를 사용한다. 여기서는 원소의 name과 elevation을 표시하기 위해 리액트 프래그먼트를 렌더링한다. 배열이 tahoe_peaks라면 renderItem 프로퍼티가 배열에 있는 봉우리마다 한 번씩 총 네 번 호출되리라 예상할 수 있다.

이런 접근 방법을 택하면 배열에 대해 매핑하는 과정을 추상화할 수 있다. 이제 List 컴포넌트는 배열 매핑을 처리한다. 우리가 해야할 일은 List 컴포넌트에게 어떤 데이터를 렌더링할지 알려주는 것뿐이다.

```
function List({ data = [], renderItem, renderEmpty }) {
  return !data.length ? (
    renderEmpty
  ) : (
    <ul>
      {data.map((item, i) => (
        <li key={i}>{renderItem(item)}</li>
      ))}
    </ul>
  );
}
```

data 배열이 비어 있지 않으면 List 컴포넌트는 순서가 없는 <ul> 리스트를 렌더링한다. 컴포넌트는 .map 메서드를 통해 배열의 각 원소를 <ul> 리스트의 원소인 <li>로 매핑한다. List 컴포넌트는 각 리스트 원소에 유일한 키를 부여한다. 각 <li> 엘리먼트에서 renderItem 프로퍼티가 호출되는데, 이 함수 프로퍼티에게 원소가 인자로 전달된다. 결과적으로 <ul>은 Tahoe 산의 봉우리의 이름과 높이를 표시하게 된다.

좋은 점은 <ul>을 렌더링하고 싶을 때 재사용할 수 있는 List 컴포넌트가 있다는 점이다. 나쁜점은 이 컴포넌트가 너무 뼈대만 있다는 점이다. 이런 작업을 하고 싶을 때 사용할 수 있는 더 나은 컴포넌트가 있다.

8.3 가상화된 리스트

리스트를 렌더링하기 위해 재사용 가능한 컴포넌트를 만드는 일이 우리가 해야 할 일이라면 고려해야 할 용례와 구현해야 할 해법이 아주 많다. 고려할 가장 중요한 내용은 리스트가 아주 크면 어떤 일이 벌어지는가이다. 프로덕션에서는 사용하는 데이터의 크기가 무한으로 느껴질 때가 꽤 있다. 구글 검색은 결과를 페이지 단위로 끝도 없이 내놓는다. 에어비앤비에서 Tahoe 산 근처에 머물 수 있는 곳을 찾아보면 끝없이 긴 주택과 아파트 목록을 얻을 수 있다. 프로덕션 애플리케이션은 렌더링해야 할 데이터가 아주 많은 경우가 자주 있다. 이런 경우, 전체 데이터를 한꺼번에 렌더링할 수는 없다.

브라우저가 렌더링할 수 있는 양에도 제한이 있다. 렌더링하려면 시간과 프로세싱 파워와 메모리가 필요하며 이 3가지 요소는 모두 언젠가는 한계에 도달하게 되어 있다. 재사용 가능한 리스트 컴포넌트를 만들려면 이 모든 요소를 고려해야 한다. data 배열이 아주 큰 경우 이를 어떻게 처리할 수 있을까?

머물 곳을 검색한 결과가 수천 건이라 하더라도 이 모든 결과를 동시에 볼 수는 없을 것이다. 모든 이미지와 장소 이름과 숙박비를 볼 수 있는 화면이 충분하지 않다. 아마 한 번에 5가지 결과 정도를 볼 수 있을 것이다. 스크롤을 하면 더 많은 결과를 볼 수 있지만 수천 가지 결과를 다 보려면 상당히 많이 아래로 스크롤을 해야 한다. 스크롤이 되는 레이어에 천여 가지 결과를 렌더링하려면 휴대전화에 큰 부담을 지워야 한다.

1000가지 결과를 한꺼번에 렌더링하는 대신 11가지만 렌더링하면 어떨까? 사용자는 한 화면에서 결과를 다섯 개 밖에 볼 수 없다는 점을 기억하자. 사용자가 볼 수 있는 내용은 5가지 결과뿐이므로, 화면 위와 아래 위치에서 3가지씩 총 6가지 결과를 오프스크린off-screen으로 더 렌더링해둔다. 눈에 보이는 창 위아래의 원소를 렌더링해두면 양방향으로 스크롤이 가능하다. [그림 8-2]를 보라.

그림 8-2 오프스크린 콘텐츠를 사용한 렌더링

사용자가 스크롤 하면 이미 보여준 결과를 마운트 해제^{unmount}하고 오프스크린에는 결과를 몇 개 더 렌더링해서 사용자가 스크롤을 할 때 표시할 수 있게 준비해 둔다. 이런 식으로 하면 스크롤이 일어날 때마다 매번 11가지 원소만 렌더링하면 되고, 배열의 나머지 원소들은 렌더링을 기다리게 된다. 이런 기법을 윈도잉^{windowing}이나 가상화^{virtualization}라고 부른다. 이 방법을 사용하면 브라우저에서 오류를 발생시키는 일이 없이 아주 크거나 무한한 데이터를 표시할 수 있다.

가상화된 리스트 컴포넌트를 만들려면 고려해야 할 내용이 많이 있다. 감사하게도 밑바닥부터 모든 기능을 새로 만들 필요가 없다. 브라우저를 위한 이런 기능 중 유명한 것으로는 reactwindow와 react-virtualized가 있다. 가상화된 리스트는 아주 중요하기 때문에 리액트 네이티브에도 FlatList라는 가상화된 리스트가 포함되어 있다. 대부분의 개발자는 직접 가상화된 리스트를 구현하지는 않는다. 하지만 가상화된 리스트를 사용하는 방법은 알아둬야 한다.

가상화된 리스트를 구현하기 위해서는 아주 많은 데이터가 필요하다. 여기서는 가짜 데이터를 사용하자.

```
npm i faker
```

faker를 설치하면 가짜 데이터로 이뤄진 큰 배열을 만들 수 있다. 본 예제에서는 가짜 사용자를 이용할 것이다. 5천 명의 가짜 사용자를 임의로 만들자.

```
import faker from "faker";

const bigList = [...Array(5000)].map(() => ({
  name: faker.name.findName(),
  email: faker.internet.email(),
  avatar: faker.internet.avatar()
}));
```

5천개의 빈 값으로 이뤄진 배열의 모든 원소를 map을 사용해 가짜 사용자 정보가 담긴 값으로 매핑함으로써 bigList 변수를 만든다. faker가 제공하는 함수를 사용해 가짜 사용자의 name, email, avatar를 임의로 생성한다.

앞 절에서 만든 List 컴포넌트를 사용하면 동시에 5천 명의 사용자 정보를 렌더링한다.

```
export default function App() {
  const renderItem = item => (
    <div style={{ display: "flex" }}>
      <img src={item.avatar} alt={item.name} width={50} />
      <p>
        {item.name} - {item.email}
      </p>
    </div>
  );

  return <List data={bigList} renderItem={renderItem} />;
}
```

이 코드는 사용자마다 div 엘리먼트를 생성한다. div 안에서는 avatar에 들어 있는 사용자 사진을 보여주는 img 엘리먼트와 사용자 name과 email에 들어 있는 이름과 이메일 값을 보여 주는 p 엘리먼트가 들어 있다. [그림 8-3]을 보라.

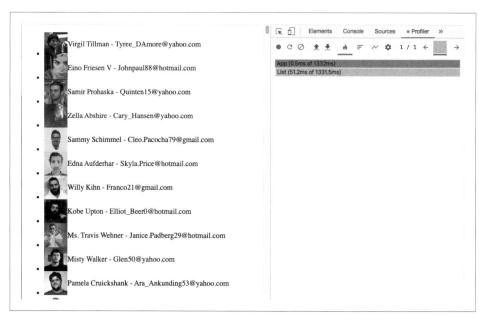

그림 8-3 5천 명의 가짜 사용자 정보를 한꺼번에 렌더링하는 경우의 성능

리액트와 최근의 브라우저를 함께 사용하면 이런 놀라운 결과를 얻을 수 있다. 5천 명이나 되는 사용자를 한꺼번에 렌더링할 수 있을 가능성이 꽤 커진다. 하지만 렌더링하는데 시간이 약간 걸리기는 한다. 이 예제에서는 정확히 52밀리초가 걸렸다. 리스트에 들어 있는 사용자 수가 늘어나면 시간도 늘어나기 때문에 언젠가는 더 이상 용납할 수 없는 지점tipping point에 도달하게 된다.

같은 가짜 사용자 리스트를 react-window를 통해 렌더링해보자.

```
npm i react-window
```

react-window는 가상화된 리스트를 렌더링 할 때 사용할 수 있는 몇 가지 컴포넌트를 제공하는 라이브러리다. 이 예제는 react-window에 들어 있는 FixSizeList 컴포넌트를 사용한다.

```
import React from "react";
import { FixedSizeList } from "react-window";
import faker from "faker";

const bigList = [...Array(5000)].map(() => ({
  name: faker.name.findName(),
  email: faker.internet.email(),
  avatar: faker.internet.avatar()
}));

export default function App() {
  const renderRow = ({ index, style }) => (
    <div style={{ ...style, ...{ display: "flex" } }}>
      <img
        src={bigList[index].avatar}
        alt={bigList[index].name}
        width={50}
      />
      <p>
        {bigList[index].name} - {bigList[index].email}
      </p>
    </div>
  );

  return (
    <FixedSizeList
      height={window.innerHeight}
      width={window.innerWidth - 20}
      itemCount={bigList.length}
      itemSize={50}
    >
      {renderRow}
    </FixedSizeList>
  );
}
```

FixedSizeList는 List 컴포넌트와 약간 다르다. FixedSizeList는 리스트에 들어 있는 원소의 전체 개수를 요구하며, 리스트의 각 열의 크기가 몇 픽셀인지를 지정하는 itemSize프로퍼티도 요구한다. 문법에서 큰 차이점으로는 렌더 프롭을 FixedSizeList의 children 프로퍼티로 전달한다는 점이다. 이런 렌더 프롭 패턴도 꽤 자주 사용된다.

이제 `FixSizeList` 컴포넌트를 사용해 5천 명의 가짜 사용자를 렌더링하면 어떤 결과가 나오나 살펴보자(그림 8-4).

이번에는 모든 사용자를 한꺼번에 렌더링하지 않는다. 사용자가 볼 수 있거나 스크롤하면 바로 표시될 원소만 렌더링한다. 최초 렌더링에 단 2.6초가 걸린다는 사실을 확인하자.

스크롤을 하면 더 많은 사용자가 드러난다. `FixedSizeList`는 열심히 추가 사용자를 오프스크린에서 렌더링하면서 이미 화면 밖으로 스크롤되어 나가버린 사용자를 제거한다. 이 컴포넌트는 자동으로 양방향 스크롤을 지원한다. 이 컴포넌트는 꽤 자주 원소를 렌더링하지만 렌더링 속도가 빠르다. 이 렌더링 속도는 배열에 들어 있는 사용자 수에 크게 영향을 받지 않는다. `FixedSizeList`는 배열 크기가 커져도 이를 처리할 수 있다.

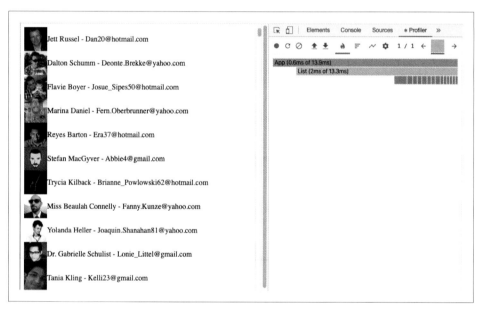

그림 8-4 이 화면을 렌더링하는데 2.6밀리초가 걸렸다

8.3.1 fetch 훅 만들기

요청은 진행 중이거나 성공, 실패 상태라는 점을 알고 있다. 커스텀 훅을 만들면 fetch 요청을 보낼 때 필요한 로직을 재사용할 수 있다. 이 훅을 useFetch라고 부르자. 애플리케이션에 속한 여러 컴포넌트가 fetch 요청을 보낼 필요가 있을 때마다 이 훅을 사용할 수 있다.

```
import React, { useState, useEffect } from "react";

export function useFetch(uri) {
  const [data, setData] = useState();
  const [error, setError] = useState();
  const [loading, setLoading] = useState(true);

  useEffect(() => {
    if (!uri) return;
    fetch(uri)
      .then(data => data.json())
      .then(setData)
      .then(() => setLoading(false))
      .catch(setError);
  }, [uri]);

  return {
    loading,
    data,
    error
  };
}
```

useState와 useEffect 훅을 합성해 이 커스텀 훅을 만들었다. fetch 요청의 3가지 상태인 진행 중, 성공, 실패가 이 훅에 나타난다. 요청이 진행 중이면 혹은 loading에 대해 true를 반환한다. 요청이 성공하면 data를 읽을 수 있다. 이 훅에서 얻은 data를 컴포넌트에 전달할 수 있다. 뭔가 잘못된 부분이 있으면 오류를 반환한다.

이 3가지 상태는 모두 useEffect 훅 내부에서 관리된다. 사용자가 uri를 변경할 때마다 이 훅이 호출된다. uri가 없으면 fetch 요청이 만들어지지 않는다. uri가 있으면 fetch 요청이 시작된다. 요청이 성공하면 결과 JSON을 setData 함수로 전달해서 data 상태 값을 바꾼다. 그리고 요청이 성공했으므로(더는 진행 중이 아니기 때문에) loading 상태 값을 false로 바꾼다. 마지막으로 어딘가 잘못된 경우에는 오류를 잡아서 setError로 전달한다. setError는 error 상태 값을 변경한다.

이제 이 훅을 사용해 컴포넌트 안에서 fetch 요청을 해보자. 이 훅은 loading, data, error 값이 바뀔 때마다 GitHubUser 컴포넌트가 새로운 상태 값을 가지고 다시 렌더링되게 해준다.

```
function GitHubUser({ login }) {
  const { loading, data, error } = useFetch(
    `https://api.github.com/users/${login}`
  );

  if (loading) return <h1>loading...</h1>;
  if (error)
    return <pre>{JSON.stringify(error, null, 2)}</pre>;

  return (
    <div className="githubUser">
      <img
        src={data.avatar_url}
        alt={data.login}
        style={{ width: 200 }}
      />
      <div>
        <h1>{data.login}</h1>
        {data.name && <p>{data.name}</p>}
        {data.location && <p>{data.location}</p>}
      </div>
    </div>
  );
}
```

이제 이 컴포넌트에는 더 적은 로직이 포함된다. 하지만 여전히 3가지 상태를 모두 처리해주고 있다. 사용자로부터 검색 문자열을 수집하는 SearchForm 컴포넌트가 있다고 가정한다면, 앱의 주 컴포넌트인 App 컴포넌트에 다음과 같이 GitHubUser를 추가할 수 있다.

```
import React, { useState } from "react";
import GitHubUser from "./GitHubUser";
import SearchForm from "./SearchForm";

export default function App() {
```

```
  const [login, setLogin] = useState("moontahoe");

  return (
    <>
      <SearchForm value={login} onSearch={setLogin} />
      <GitHubUser login={login} />
    </>
  );
}
```

주 App 컴포넌트는 깃허브의 사용자 정보 중 사용자명^{username}을 상태에 담는다. 이 값을 변경하는 유일한 방법은 검색 폼에 새로운 사용자 이름을 입력하는 것뿐이다. login의 값이 바뀌면 https://api.github.com/users/${login}을 통해 이 login에 의존하는 useFetch에 전달되는 값도 바뀐다. 이로 인해 훅의 uri가 바뀌고 새 사용자 로그인 정보가 포함된 요청이 fetch된다. 우리는 커스텀 훅을 만들고 이 훅을 깃허브 사용자 세부 정보를 얻어와 표시하는 작은 애플리케이션에서 성공적으로 사용했다. 이제는 이 애플리케이션을 다시 개선하면서 이 훅을 계속 살펴볼 것이다.

8.3.2 fetch 컴포넌트 만들기

일반적으로 훅을 사용하면 여러 컴포넌트에서 같은 기능을 재사용할 수 있다. 컴포넌트를 렌더링할 때 완전히 똑같은 패턴을 반복하는 경우가 있다. 예를 들어 애플리케이션 전체에서 fetch 요청이 진행 중일 때 표시되는 적재 중 스피너$^{loading\ spinner}$가 모두 같을 수도 있다. 한 애플리케이션 내에 있는 모든 fetch 요청에서 오류를 처리하는 방식도 일관성이 있을 것이다.

애플리케이션의 여러 컴포넌트에 똑같은 코드를 반복하는 대신에, 로딩 스피너를 표시하고 도메인에 따라 적절히 오류를 일관성 있게 처리하는 컴포넌트를 만들 수 있다. 이런 Fetch 컴포넌트를 만들어 보자.

```
function Fetch({
  uri,
  renderSuccess,
  loadingFallback = <p>loading...</p>,
  renderError = error => (
    <pre>{JSON.stringify(error, null, 2)}</pre>
```

```
    )
  }) {
    const { loading, data, error } = useFetch(uri);
    if (loading) return loadingFallback;
    if (error) return renderError(error);
    if (data) return renderSuccess({ data });
  }
```

커스텀 훅 useFetch는 추상화를 한 겹만 제공한다. 즉, useFetch는 fetch 요청을 보내는 메커니즘을 추상화해준다. Fetch 컴포넌트는 또 한겹 추상화를 제공한다. 이 컴포넌트는 렌더링을 하는 메커니즘을 추상화해준다. 요청이 진행 중이면 Fetch가 선택적인 loadingFallback 프로퍼티에 지정된 렌더 프롭을 렌더링해준다. 요청이 성공하면 renderSuccess 렌더 프롭에 전달된 내용을 렌더링해준다. 오류가 있으면 선택적인 renderError 렌더 프롭을 렌더링한다. loadingFallback과 renderError 프롭은 선택적인 커스텀화를 제공한다. 하지만 이 두 값을 제공하지 않을 경우 디폴트 값을 사용한다.

Fetch 컴포넌트가 우리 공구함에 들어가 있으면, GitHubUser 컴포넌트의 로직은 아주 간단해진다.

```
import React from "react";
import Fetch from "./Fetch";

export default function GitHubUser({ login }) {
  return (
    <Fetch
      uri={`https://api.github.com/users/${login}`}
      renderSuccess={UserDetails}
    />
  );
}

function UserDetails({ data }) {
  return (
    <div className="githubUser">
      <img
        src={data.avatar_url}
        alt={data.login}
        style={{ width: 200 }}
      />
```

```
      <div>
        <h1>{data.login}</h1>
        {data.name && <p>{data.name}</p>}
        {data.location && <p>{data.location}</p>}
      </div>
    </div>
  );
}
```

GitHubUser 컴포넌트는 깃허브에서 살펴볼 사용자명을 login으로 받는다. 이 login을 사용
해 fetch 컴포넌트에게 전달할 uri 프로퍼티를 만든다. Fetch 컴포넌트의 fetch가 성공하면
UserDetails 컴포넌트가 렌더링되고, 요청이 진행 중이면 디폴트인 "loading..." 메시지가
표시된다. 오류가 발생하면 오류 정보가 자동으로 표시된다.

이런 프롭의 값을 직접 지정할 수도 있다. 다음은 이 유연한 Fetch 컴포넌트를 사용하는 다른
방법을 보여준다.

```
<Fetch
  uri={`https://api.github.com/users/${login}`}
  loadingFallback={<LoadingSpinner />}
  renderError={error => {
    // 오류 처리
    return <p>Something went wrong... {error.message}</p>;
  }}
  renderSuccess={({ data }) => (
    <>
      <h1>Todo: Render UI for data</h1>
      <pre>{JSON.stringify(data, null, 2)}</pre>
    </>
  )}
/>
```

이번에 Fetch 컴포넌트는 우리가 지정한 커스텀 스피너를 표시한다. 오류가 발생하면 세부 정
보를 보여주지 않고 감춘다. 요청이 성공하면 데이터를 다른 컴포넌트에 전달해 렌더링하는 대
신, TODO 메시지와 함께 그냥 표시한다.

조심하자. 혹이나 컴포넌트로 추상화 계층이 추가되면 코드의 복잡도도 증가한다. 사실 복잡도를 가능한 감소시키는 것이 프로그래머가 해야 할 일이다. 여기서는 재사용가능한 로직을 컴포넌트와 혹으로 추상화해 없앰으로써 복잡도를 감소시킨다.[17]

8.3.3 여러 요청 처리하기

인터넷에 데이터를 요청하기 시작하면 이제는 멈출 수가 없다. 그리고 애플리케이션에 데이터를 채워넣기 위해 여러 HTTP 요청을 보내야 하는 경우도 자주 생긴다. 예를 들어 지금은 깃허브에 사용자 어카운트 정보를 물어보고 있지만, 사용자의 저장소 정보를 가져올 필요도 있을 것이다. 이 별도의 HTTP 요청을 보내면 두 데이터를 함께 얻을 수 있다.

깃허브 사용자들은 보통 여러 저장소를 가진다. 따라서 사용자의 저장소 정보도 객체의 배열로 전달된다. useIterator라는 특별한 혹을 만들어서 객체의 배열을 이터레이션할 수 있게 하자.

```
export const useIterator = (
  items = [],
  initialIndex = 0
) => {
  const [i, setIndex] = useState(initialIndex);

  const prev = () => {
    if (i === 0) return setIndex(items.length - 1);
      setIndex(i - 1);
    };

  const next = () => {
    if (i === items.length - 1) return setIndex(0);
    setIndex(i + 1);
  };

  return [items[i], prev, next];
};
```

---

17 옮긴이_ 좀 더 일반적으로, 추상화를 도입하면 추상화를 만드는데 드는 복잡도나 비용이 들지만(본문 예제에서는 Fetch 혹이나 Fetch 컴포넌트를 작성하는 비용), 추상화를 사용하면서 세부를 감춤으로써 얻는 단순화나 비용 감소가(본문 예제에서는 App에서 Fetch를 사용하면서 더 쉽고 간결하고 짧게 페치 요청과 응답 처리를 기술할 수 있다는 점) 더 큰 이익으로 돌아온다. 게다가 같은 작업을 여러번 하는 경우 재사용을 통해 추상화의 이익이 더 커진다.

이 훅을 사용하면 어떤 배열의 원소든 원형으로(맨 뒤로 가면 앞으로 돌아옴) 이터레이션이 가능하다. 이 훅은 배열 내부 원소를 돌려주기 때문에 배열 구조 분해를 사용해 배열 원소들에게 의미있는 이름을 부여할 수도 있다.

```
const [letter, previous, next] = useIterator([
  "a",
  "b",
  "c"
]);
```

이 경우 맨 앞의 letter는 "a"이다. 사용자가 next를 호출하면 컴포넌트가 다시 렌더링되고 이번에는 letter 값이 "b"가 된다. 이 훅은 배열 인덱스가 배열 밖으로 나가지 못하게 배열을 원형으로 이터레이션하기 때문에, next를 두 번 더 호출하면 letter가 다시 "a"가 된다.

useIterator 훅은 원소로 이뤄진 items 배열과 초기 인덱스를 인자로 받는다. 이 이터레이터 훅의 핵심 값은 인덱스인 i이다. useState 훅을 통해 이 값을 만든다. useIterator훅은 현재 원소인 item[i]를 돌려주고, 배열을 이터레이션하는 함수로 prev와 next를 돌려준다. prev 와 next는 setIndex를 사용해 인덱스 값을 1 감소시키거나 증가시킨다. useIterator 훅은 이런 동작에 의해 바뀐 index를 사용해 컴포넌트가 다시 렌더링되게 한다.

8.3.4 값 메모화하기

useIterator 훅은 꽤 멋지다. 하지만 item의 값을 메모화하고 prev와 next 함수의 값도 메모화하면 더 성능을 높일 수 있다.

```
import React, { useCallback, useMemo } from "react";

export const useIterator = (
  items = [],
  initialValue = 0
) => {
  const [i, setIndex] = useState(initialValue);
  const prev = useCallback(() => {
    if (i === 0) return setIndex(items.length - 1);
    setIndex(i - 1);
```

```
  }, [i]);

  const next = useCallback(() => {
    if (i === items.length - 1) return setIndex(0);
    setIndex(i + 1);
  }, [i]);

  const item = useMemo(() => items[i], [i]);

  return [item || items[0], prev, next];
};
```

여기서는 useCallback 훅을 사용해 prev와 next를 만들었다. 이렇게 하면 i의 값이 바뀌기 전까지 prev의 값이 i와 같게 보장한다. 마찬가지로 i의 값이 바뀌기 전까지는 item이 가리키는 객체가 항상 똑같이 유지된다.

이런 값을 메모화해도 그리 큰 성능 향상을 얻지 못하거나, 성능 향상을 얻더라도 코드가 더 복잡해지는 것을 정당화 할 수 있을 만큼 성능이 향상되지는 않는다. 하지만 소비자가 useIterator 컴포넌트를 사용하면 메모화한 값이 항상 같은 객체와 함수를 가리킨다. 고객이 이런 값을 서로 비교하거나 자신의 의존 관계 배열 안에 이런 값을 넣을 때는 메모화한 값이 항상 같으면 일 처리가 더 편해진다.

이제 저장소 메뉴 컴포넌트를 만들자. 앞에서와 비슷하게 Previous 버튼을 클릭하면 이전 저장소의 이름을 보여준다. RepoMenu는 이런 기능을 제공하기 위해 만들어야 하는 컴포넌트의 이름이다.

< learning-react >

Next 버튼을 클릭하면 다음 저장소의 이름을 볼 수 있다. 비슷하게 Previous 버튼을 클릭하면 이전 저장소의 이름을 볼 수 있다. 우리가 만들 RepoMenu 컴포넌트가 이런 기능을 제공한다.

```
import React from "react";
import { useIterator } from "../hooks";

export function RepoMenu({
```

```
    repositories,
    onSelect = f => f
  }) {
    const [{ name }, previous, next] = useIterator(
      repositories
    );

    useEffect(() => {
      if (!name) return;
      onSelect(name);
    }, [name]);

    return (
      <div style={{ display: "flex" }}>
        <button onClick={previous}>&lt;</button>
        <p>{name}</p>
        <button onClick={next}>&gt;</button>
      </div>
    );
  }
```

RepoMenu는 저장소 리스트를 repositories 로 받는다. 그 후 현재 저장소 객체의 name과 useIterator의 previous와 next를 구조 분해로 얻는다. < 는 '보다 작다'를 뜻하는 엔티티이며, "<" 기호가 표시된다. >도 마찬가지로 "보다 크다"를 뜻하는 ">"를 표시한다. 이들은 이전, 이후를 표현하며 사용자가 둘 중 하나를 클릭하면 컴포넌트가 새로운 저장소 이름을 가지고 다시 렌더링된다. name이 변경되면 사용자가 다른 저장소를 선택한 것이므로 onSelect 함수를 호출하면서 새 저장소의 이름을 name 인자로 넘긴다.

배열 구조 분해를 사용하면 필요한 원소 이름을 쉽게 얻을 수 있다는 점을 기억하자. 혹 안에서는 두 함수의 이름을 prev와 next로 정했지만, 혹을 사용하는 앞의 코드에서는 previous와 next로 이름을 바꿨다.

이제 UserRepositories 컴포넌트를 만들 수 있다. 이 컴포넌트는 깃허브 사용자 저장소 목록을 먼저 요청하고, 결과를 받으면 RepoMenu 컴포넌트에 저장소 목록을 전달해야 한다.

```
import React from "react";
import Fetch from "./Fetch";
import RepoMenu from "./RepoMenu";
```

```
export default function UserRepositories({
  login,
  selectedRepo,
  onSelect = f => f
}) {
  return (
    <Fetch
      uri={`https://api.github.com/users/${login}/repos`}
      renderSuccess={({ data }) => (
        <RepoMenu
          repositories={data}
          selectedRepo={selectedRepo}
          onSelect={onSelect}
        />
      )}
    />
  );
}
```

UserRepositories 컴포넌트는 저장소 목록을 요청하기 위해 login을 사용해야 한다. login
을 사용해 URI를 만들고 Fetch 컴포넌트에게 넘긴다. fetch가 성공하면 Fetch 컴포넌트가
돌려준 저장소 목록을 RepoMenu에 data로 전달한다. 사용자가 다른 저장소를 선택하면 이 새
저장소의 이름과 부모 객체를 넘긴다.

```
function UserDetails({ data }) {
  return (
    <div className="githubUser">
      <img src={data.avatar_url} alt={data.login} style={{ width: 200 }} />
      <div>
        <h1>{data.login}</h1>
        {data.name && <p>{data.name}</p>}
        {data.location && <p>{data.location}</p>}
      </div>
      <UserRepositories
        login={data.login}
        onSelect={repoName => console.log(`${repoName} selected`)}
      />
    </div>
  );
```

이제 새 컴포넌트를 UseDetails 컴포넌트에 추가할 필요가 있다. 이제 UseDetails 컴포넌트가 렌더링되면 사용자 저장소 목록도 렌더링된다. login 값이 eveporcello라면 앞에서 본 컴포넌트가 렌더링해주는 출력은 [그림 8-5]와 비슷하다.

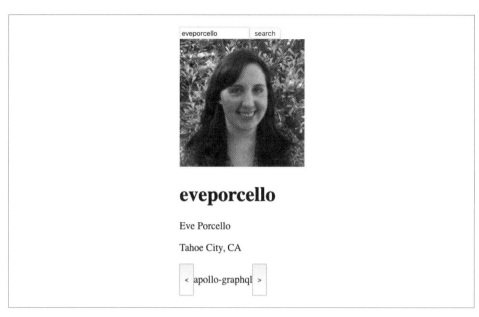

그림 8-5 저장소 출력

이브의 어카운트 정보와 저장소 목록을 함께 얻기 위해서 2가지 HTTP 요청을 별도로 보내야한다. 리액트 개발자로서 우리 삶의 상당 부분은 이와 같은 일로 가득차 있다. 즉, 정보를 얻기 위해 여러 요청을 보내고 돌려받은 모든 정보를 조합해 멋진 사용자 인터페이스로 만드는게 리액트 개발자의 일이다. 정보를 얻기 위해 요청을 2개 보내는 것은 시작일 뿐이다. 다음 절에서는 깃허브에 더 많은 요청을 보내서 선택한 저장소의 README.md 파일을 보여주는 작업을 한다.

8.3.5 폭포수 요청

지난 절에서 우리는 2가지 HTTP 요청을 보냈다. 첫 번째는 사용자 어카운트 정보를 얻는 요청이었고, 이 요청의 결과가 도착한 다음에 사용자의 저장소 목록을 얻기 위한 두 번째 요청을 보냈다. 각 요청은 한번이 하나씩 순서대로 일어났다.

첫 번째 요청은 처음에 사용자 정보를 fetch할 때 일어난다.

```
<Fetch
  uri={`https://api.github.com/users/${login}`}
  renderSuccess={UserDetails}
/>
```

사용자 정보를 돌려받으면 UseDetails 컴포닌트가 렌더링된다. 그에 따라 UseRepositories 컴포넌트가 렌더링되면서 사용자 저장소 목록 요청이 발생한다.

```
<Fetch
  uri={`https://api.github.com/users/${login}/repos`}
  renderSuccess={({ data }) => (
    <RepoMenu repositories={data} onSelect={onSelect} />
  )}
/>
```

마치 계단식 폭포에서 한 단씩 물줄기가 내려가는 것 같기 때문에 이런 방식으로 요청이 벌어지는 경우를 폭포수waterfall라고 부른다. 각 요청은 이전 요청에 의존한다. 사용자 정보를 요청하는 중간에 무언가가 잘못되면 사용자의 저장소에 대한 요청은 결코 발생하지 않는다.

이 폭포수에 몇 가지 계층을 덧붙여보자. 우선 사용자 정보를 요청하고, 저장소 목록을 요청한 다음에, 저장소 목록이 도착하면 저장소에 있는 README.md 파일을 요청하자. 사용자가 저장소 목록을 돌아본다면 각 저장소와 연관된 README.md를 요청해야 한다.

저장소 README 파일은 마크다운Markdown으로 작성된다. ReactMarkdown 컴포넌트를 통해 마크다운을 쉽게 HTML로 렌더링할 수 있다. 먼저 react-markdown을 설치하자.

```
npm i react-markdown
```

저장소의 README 파일을 요청하는 것도 역시 폭포수 요청이다. 우선 https://api.github.com/repos/${login}/${repo}/readme를 사용해 저장소의 README 경로에 대한 데이터를 요청해야 한다. 깃허브는 이 경로를 통해 README 파일에 대한 상세 정보를 제공하지만, 파일의 내용을 돌려주지는 않는다.[18] 상세 정보에 있는 download_url에는 README 파일의 내용을 얻을 때 사용할 URI가 들어 있다. 하지만 파일 내용을 얻기 위해서는 한 번 더 요청을 보내야 한다. 한 async 함수 안에서 두 요청을 함께 수행할 수 있다.

```
const loadReadme = async (login, repo) => {
  const uri = `https://api.github.com/repos/${login}/${repo}/readme`;
  const { download_url } = await fetch(uri).then(res =>
    res.json()
  );
  const markdown = await fetch(download_url).then(res =>
    res.text()
  );

  console.log(`Markdown for ${repo}\n\n${markdown}`);
};
```

저장소 README를 찾으려면 저장소 소유자의 login과 저장소의 이름이 필요하다. 이 두 값을 사용하면 https://api.github.com/repos/moonhighway/learning-react/readme 같은 유일한 경로를 만들 수 있다. 이 요청이 성공하면 download_url을 응답에서 구조 분해로 얻는다. 이제 이 값을 사용해 README 파일 내용을 가져온다. 이를 위해 해야 할일은 download_url을 fetch하는 것뿐이다. 단, 이번에는 파일 내용이 마크다운 텍스트이므로 fetch 결과를 JSON이 아닌 text로 파싱한다(res.text()를 사용).

마크다운 문서를 얻으면 리액트 컴포넌트에 있는 loadReadme 함수로 감싸서 문서를 렌더링한다.

```
import React, {
  useState,
  useEffect,
  useCallback
} from "react";
import ReactMarkdown from "react-markdown";

export default function RepositoryReadme({ repo, login }) {
  const [loading, setLoading] = useState(false);
```

---

18 옮긴이_ 2021년 4월 기준으로, 실제로 README 파일의 정보를 얻기 위한 요청을 보내면 상세 정보의 content 필드를 통해 파일 내용도 받을 수 있다. 본문의 처리 방식은 비동기 처리 연습을 위한 것이다.

```
const [error, setError] = useState();
const [markdown, setMarkdown] = useState("");

const loadReadme = useCallback(async (login, repo) => {
  setLoading(true);
  const uri = `https://api.github.com/repos/${login}/${repo}/readme`;
  const { download_url } = await fetch(uri).then(res =>
    res.json()
  );
  const markdown = await fetch(download_url).then(res =>
    res.text()
  );
  setMarkdown(markdown);
  setLoading(false);
}, []);

useEffect(() => {
  if (!repo || !login) return;
  loadReadme(login, repo).catch(setError);
}, [repo]);

if (error)
  return <pre>{JSON.stringify(error, null, 2)}</pre>;
if (loading) return <p>Loading...</p>;

return <ReactMarkdown source={markdown} />;
}
```

우선, loadReadme 함수를 useCallback 훅을 통해 컴포넌트에 추가해서 컴포넌트가 처음 렌더링될 때 함수를 메모화한다. 이 함수는 fetch 요청을 보내기 직전에 적재 중 상태를 true로 바꾸고 fetch가 끝나면 적재 중 상태를 false로 되돌려준다. 응답으로 받은 마크다운 데이터는 setMarkdown 함수를 통해 상태에 저장된다.

다음으로 실제로 loadReadme를 호출해야 한다. 따라서 컴포넌트가 처음 렌더링된 직후 README 파일을 적재하는 함수를 useEffect 훅을 사용해 추가한다. 어떤 이유로 인해 repo 와 login이 없다면 README 파일이 적재되지 않는다. 이 useEffect 훅의 의존 관계 배열은 [repo]를 포함한다. 이유는 repo가 바뀌면 그에 따라 다른 README 파일을 적재하고 싶기 때문이다. README를 불러오는 동안 오류가 생긴다면 이 오류를 잡아서 setError 함수에 전달한다.

여기서 fetch 요청을 할 때마다 진행 중, 성공, 실패의 3가지 상태를 렌더링해야 한다는 점에 유의하자. 마지막으로 성공적으로 응답을 받으면 ReactMarkdown 컴포넌트를 사용해 마크다운을 렌더링한다.

이제 남은 할 일은 RepositoryReadme 컴포넌트를 RepoMenu 컴포넌트 안에서 렌더링하는 것뿐이다. 사용자가 RepoMenu 컴포넌트를 통해 저장소를 순회하면 각 저장소의 README가 적재되어 표시된다.

```
export function RepoMenu({ repositories, login }) {
  const [{ name }, previous, next] = useIterator(
    repositories
  );
  return (
    <>
      <div style={{ display: "flex" }}>
        <button onClick={previous}>&lt;</button>
        <p>{name}</p>
        <button onClick={next}>&gt;</button>
      </div>
      <RepositoryReadme login={login} repo={name} />
    </>
  );
}
```

이제 애플리케이션이 실제로 여러 요청을 보낸다. 최초 이 애플리케이션은 4가지 요청(사용자 어카운트 정보, 사용자의 저장소 목록, 저장소의 README 정보, 마지막으로 실제 README 파일의 콘텐츠)을 보낸다. 이들은 한 요청이 끝나야 다음 요청이 진행되기 때문에 폭포수 요청이다.

그 후 사용자가 애플리케이션과 상호작용함에 따라 더 많은 요청이 발생한다. 사용자가 현재 저장소를 변경할 때마다 README 파일 정보와 콘텐츠를 얻기 위해 두 번의 요청이 폭포수 요청으로 발생한다. 최초 렌더링시 발생하는 네 번의 요청은 사용자가 다른 깃허브 어카운트를 검색할 때마다 다시 발생한다.

8.3.6 네트워크 속도 제한

개발자 도구의 네트워크 탭에서 이 모든 요청을 볼 수 있다. 이 탭을 보면 모든 요청을 볼 수 있고, 네트워크 속도를 제한^{throttling}해서 느린 네트워크에서 각 요청이 어떻게 발생하는지를 볼 수도 있다. 폭포수 요청이 순차적으로 일어나는 과정을 살펴보려면 네트워크 속도를 제한해서 렌더링됨에 따라 적재 중 메시지가 표시되는 것을 관찰하면 된다.

대부분의 브라우저의 개발자 도구가 네트워크 탭을 제공한다. 구글 크롬에서 네트워크 속도를 제한하려면 [그림 8-6]처럼 "Online" 다음에 있는 화살표를 선택하자.

그림 8-6 네트워크 요청 속도 변경하기

화살표를 선택하면 [그림 8-7]처럼 여러 가지 속도를 선택하는 메뉴가 표시된다.

그림 8-7 네트워크 요청 속도 선택하기

"Fast 3G"나 "Slow 3G"를 선택하면 네트워크 요청 속도가 상당히 제한된다.

추가로 네트워크 탭은 각 HTTP 요청의 타임라인^{timeline}을 보여준다. "XHR" 요청만 볼 수 있게 이 타임라인에 필터를 걸 수 있다. 이 말은 fetch를 사용해 발생하는 요청만 살펴볼 수 있다는 뜻이다(그림 8-8).

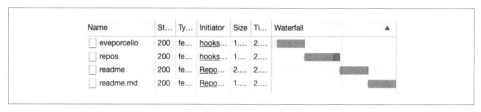

Name	St...	Ty...	Initiator	Size	Ti...	Waterfall	▲
☐ eveporcello	200	fe...	hooks...	1....	2....		
☐ repos	200	fe...	hooks...	1....	2....		
☐ readme	200	fe...	Repo...	2....	2....		
☐ readme.md	200	fe...	Repo...	1....	2....		

그림 8-8 폭포수 요청

이 그림은 네 요청이 순차적으로 발생하는 모습을 보여준다. 적재를 보여주는 그래프가 '폭포수'를 뜻하는 "Waterfall"임에 유의하자. 이 그래프는 이전 요청이 완료되야 다음 요청이 시작된다는 사실을 보여준다.

8.3.7 병렬 요청

때로는 모든 요청을 한꺼번에 해서 애플리케이션 속도를 더 빠르게 할 수도 있다. 각 요청을 폭포수처럼 순차적으로 하는 대신 요청을 병렬parallel로 보내거나 동시에 보낼 수 있다.

현재 애플리케이션이 요청을 폭포수처럼 보내는 이유는 한 컴포넌트 안에서 다른 컴포넌트가 렌더링되기 때문이다. GitHubUser는 언젠가는 UserRepositories를 렌더링하고, 이 UserRepositories는 언젠가는 RepositoryReadme를 렌더링한다. 각 컴포넌트가 렌더링되기 전에는 요청이 발생하지 않는다.

요청을 병렬로 하려면 다른 접근방법이 필요하다. 우선, <RepositoryReadme />를 RepoMenu의 렌더링 함수에서 제거해야 한다. 이런 변경은 컴포넌트 구조를 개선해준다. RepoMenu는 오직 사용자가 순회할 수 있는 저장소들로 이뤄진 메뉴를 보여주는 데만 집중해야 한다. 따라서 RepoMenu가 아닌 다른 컴포넌트에게 RepositoryReadme 컴포넌트를 전달해야 한다.

다음으로 <RepoMenu />를 UserRepositories의 renderSuccess 프로퍼티로부터 제거할 필요가 있다. 이와 비슷하게 <UserRepositories />를 UserDetails 컴포넌트로부터 제거해야 한다.

각 컴포넌트를 서로 내포시키는 대신, 각각을 App 안에서 서로 같은 수준에서 이웃하게 만들 수 있다.

```
import React, { useState } from "react";
import SearchForm from "./SearchForm";
import GitHubUser from "./GitHubUser";
import UserRepositories from "./UserRepositories";
import RepositoryReadme from "./RepositoryReadme";

export default function App() {
  const [login, setLogin] = useState("moonhighway");
  const [repo, setRepo] = useState("learning-react");
  return (
    <>
      <SearchForm value={login} onSearch={setLogin} />
      <GitHubUser login={login} />
      <UserRepositories
        login={login}
        repo={repo}
        onSelect={setRepo}
      />
      <RepositoryReadme login={login} repo={repo} />
    </>
  );
}
```

GitHubUser, UserRepositories, RepositoryReadme 컴포넌트는 모두 깃허브에 데이터를 얻기 위한 요청을 보낸다. 같은 수준에서 이들을 렌더링하면 이 모든 요청이 동시에 병렬적으로 이뤄진다.

각 컴포넌트가 요청을 만들기 위해서는 구체적인 정보가 필요하다. 깃허브 사용자를 얻으려면 login 정보가 필요하다. 이 login을 사용해 사용자 저장소 목록을 얻을 수 있다. RepositoryReadme는 login과 repo가 있어야 제대로 작동한다. 모든 컴포넌트가 요청을 보내기 위해 필요한 정보를 확보하게 하기 위해, 처음에 앱의 상태를 "moonhighway"라는 사용자와 "learning-react" 저장소로 설정한다.

사용자가 SearchForm 안에서 다른 GitHubUser를 검색하면 login 값이 바뀌고, 그로 인해 컴포넌트들 안의 useEffect 훅이 호출되며, 새로운 데이터를 요청하게 된다. 사용자가 저장소 목록에서 다른 저장소를 선택하면 UserRepositories의 onSelect 프로퍼티가 호출되며, repo의 값이 바뀐다. repo 값이 바뀌면 RepositoryReadm안의 useEffect 훅이 호출되면서 새 README를 요청하게 된다.

RepoMenu 컴포넌트는 저장소 목록에 무엇이 들어 있든 항상 첫 번째 저장소로 시작한다. 안에 selectedRepo 프로퍼티가 있는지 살펴봐야 한다. selectedRepo 프로퍼티가 있다면 이 프로퍼티를 사용해 표시될 저장소의 초기 인덱스를 설정해야 한다.

```
export function RepoMenu({ repositories, selected, onSelect = f => f }) {
  const [{ name }, previous, next] = useIterator(
    repositories,
    selected ? repositories.findIndex(repo => repo.name === selected) : null
  );
  ...
}
```

useIterator 훅의 두 번째 인자는 초기 인덱스이다. selected 프로퍼티가 있으면 name이 selected 프로퍼티와 같은 원소를 찾는다. 처음에 저장소 메뉴가 올바른 이름을 표시하기 위해 이런 과정이 필요하다. 그리고 selected 프로퍼티를 UseRepositories로부터 RepoMenu 에게 전달해야 한다.

```
<Fetch
  uri={`https://api.github.com/users/${login}/repos`}
  renderSuccess={({ data }) => (
    <RepoMenu
      repositories={data}
      selected={repo}
      onSelect={onSelect}
    />
  )}
/>
```

이제 repo 프로퍼티가 RepoMenu로 전달되므로 메뉴는 최초 저장소를 선택해 표시한다. 우리의 경우 "learning-react"가 최초의 저장소다.

네트워크 탭을 살펴보면 [그림 8-9]처럼 3가지 요청이 병렬로 발생했음을 알 수 있다.

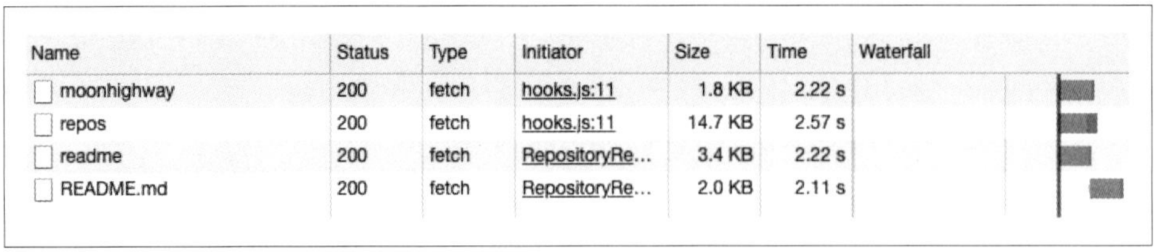

Name	Status	Type	Initiator	Size	Time	Waterfall
☐ moonhighway	200	fetch	hooks.js:11	1.8 KB	2.22 s	
☐ repos	200	fetch	hooks.js:11	14.7 KB	2.57 s	
☐ readme	200	fetch	RepositoryRe…	3.4 KB	2.22 s	
☐ README.md	200	fetch	RepositoryRe…	2.0 KB	2.11 s	

그림 8-9 병렬로 요청하기

이제 각 컴포넌트가 동시에 요청을 할 수 있다. RepoReadme 컴포넌트는 여전히 README 파일의 콘텐츠를 얻기 위해 폭포수 요청을 수행한다. 하지만 이 또한 문제가 없다. 애플리케이션 초기 렌더링에 필요한 모든 요청을 한꺼번에 병렬로 요청하기는 힘들다. 병렬 요청과 폭포수 요청은 서로 결합되어 진행될 수 있다.

8.3.8 값 기다리기

현재는 login과 repo의 값을 "moonhighway"와 "learning-reat"로 초기화한다. 하지만 최초에 어떤 데이터를 렌더링해야 할지 추측하기 어려울 때도 있다. 이런 경우에는 필요한 데이터가 준비되기 전까지 컴포넌트를 그냥 렌더링하지 않을 수도 있다.

```
export default function App() {
  const [login, setLogin] = useState();
  const [repo, setRepo] = useState();
  return (
    <>
      <SearchForm value={login} onSearch={setLogin} />
      {login && <GitHubUser login={login} />}
      {login && (
        <UserRepositories
          login={login}
          repo={repo}
          onSelect={setRepo}
          Virtualized
        />
      )}
      {login && repo && (
        <RepositoryReadme login={login} repo={repo} />
      )}
```

```
      </>
    );
  }
```

이 시나리오에서는 필수 프롭의 값이 정해지지 않은 컴포넌트는 전혀 렌더링되지 않는다. 초기에는 SearchForm만 렌더링된다. 사용자를 검색하면 login 값이 바뀌고 그에 따라 UserRepositories 컴포넌트가 렌더링된다. 이 컴포넌트는 저장소 목록을 검색해서 첫 번째 저장소를 선택하면서 setRepo를 호출한다. 마지막으로 login과 repo가 결정됐으므로 RepositoryReadme 컴포넌트가 렌더링된다.

8.3.9 요청 취소하기

애플리케이션에 대해 조금 더 생각해보면, 사용자가 검색 필드의 내용을 지우거나 아무 사용자도 검색하지 않을 수도 있다는 점을 깨달을 수 있다. 이런 경우 repo의 값을 비울 수 있어야 한다. login의 값이 없을 때 repo를 변경해주는 handleSearch 메서드를 추가하자.

```
export default function App() {
  const [login, setLogin] = useState("moonhighway");
  const [repo, setRepo] = useState("learning-react");

  const handleSearch = login => {
    if (login) return setLogin(login);
    setLogin("");
    setRepo("");
  };

  if (!login)
    return (
      <SearchForm value={login} onSearch={handleSearch} />
    );

  return (
    <>
      <SearchForm value={login} onSearch={handleSearch} />
      <GitHubUser login={login} />
      <UserRepositories
        login={login}
        repo={repo}
```

```
        onSelect={setRepo}
      />
      <RepositoryReadme login={login} repo={repo} />
    </>
  );
}
```

handleSearch 메서드를 추가했다. 이제 사용자가 검색 필드를 지우고 빈 문자열을 검색하면 repo 값도 빈 문자열로 설정된다. 어떤 이유로든 login 값이 없으면 SearchForm 컴포넌트만 렌더링한다. login 값이 생기면 그때 4가지 컴포넌트를 모두 렌더링한다.

이제 기술적으로 우리 앱에는 2가지 화면이 있다. 한 화면은 검색 폼만 표시한다. 다른 화면은 검색 폼에 값이 있을 때만 표시되며 4가지 컴포넌트를 모두 표시한다. 사용자의 상호작용에 따라 컴포넌트를 마운트하고 마운트 해제한다. 예를 들어 "moonhighway"의 세부 사항을 보고 싶다고 하자. 사용자가 검색 필드를 지우면 GitHubUser, UserRepositories, RepositoryReadme 컴포넌트의 마운트가 해제되어 더 이상 표시되지 않는다. 하지만 데이터를 적재하는 도중에 이런 컴포넌트의 마운트가 해제되면 어떤 일이 벌어질까?

다음을 시도해볼 수 있다.

1 네트워크 속도를 "Slow 3G"로 설정해서 적재 중 문제가 발생할 수 있는 가능성을 높인다.

2 검색 필드의 내용을 "moonhighway"에서 "eveporcello"로 변경한다.

3 데이터가 적재되는 도중에 검색 필드의 문자열을 빈 문자열 ""로 바꾼다.

이런 단계를 거치면 fetch 요청을 처리하는 도중에 GitHubUser, UserRepositories, RepositoryReadme가 마운트 해제된다. 이로 인해 fetch 요청들의 응답이 돌아오는 시점에 각 컴포넌트가 더 이상 마운트되어 있지 않게 된다. 마운트되지 않은 컴포넌트의 상태 값을 변경하려고 시도하면 [그림 8-10] 같은 오류가 발생한다.

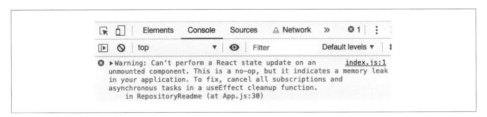

그림 8-10 마운팅 관련된 오류

사용자가 느린 네트워크를 통해 데이터를 적재할 때마다 이런 오류가 발생할 수 있다. 하지만 이런 오류로부터 코드를 보호할 수 있다. 먼저 현재 컴포넌트가 마운트됐는지 알려주는 훅을 만들 수 있다.

```
export function useMountedRef() {
  const mounted = useRef(false);
  useEffect(() => {
    mounted.current = true;
    return () => (mounted.current = false);
  });
  return mounted;
}
```

useMountedRef 훅은 ref를 사용한다. 컴포넌트 마운트가 해제되면 상태가 해제되어 지워진다. 하지만 ref는 여전히 살아있다. 앞의 useEffect에는 의존 관계 배열이 없다. 이 말은 컴포넌트가 렌더링될 때마다 이 훅이 호출되며 ref의 값이 true임을 보장해준다는 뜻이다. 컴포넌트 마운트가 해제되면 useEffect가 반환한 함수가 호출되며, ref의 값이 false가 된다.

이제 이 훅을 RepoReadme 컴포넌트 안에서 사용할 수 있다. 이로 인해 상태를 갱신하기 전에 컴포넌트가 마운트 되어 있는지 확인할 수 있다.

```
const mounted = useMountedRef();

const loadReadme = useCallback(async (login, repo) => {
  setLoading(true);
  const uri = `https://api.github.com/repos/${login}/${repo}/readme`;
  const { download_url } = await fetch(uri).then(res =>
    res.json()
  );
  const markdown = await fetch(download_url).then(res =>
    res.text()
  );
  if (mounted.current) {
    setMarkdown(markdown);
    setLoading(false);
  }
}, []);
```

이제 컴포넌트가 마운트됐는지를 알 수 있는 ref가 있다. 두 요청이 모두 끝나려면 시간이 걸린다. 두 요청이 끝나면 setMarkdown과 setLoading을 호출하기 전에 컴포넌트가 마운트되어 있는지 확인한다.

같은 로직을 useFetch 훅에도 사용할 수 있다.

```
const mounted = useMountedRef();

useEffect(() => {
  if (!uri) return;
  if (!mounted.current) return;
  setLoading(true);
  fetch(uri)
    .then(data => {
      if (!mounted.current) throw new Error("component is not mounted");
        return data;
    })
    .then(data => data.json())
    .then(setData)
    .then(() => setLoading(false))
    .catch(error => {
      if (!mounted.current) return;
      setError(error);
    });
```

fetch 요청의 뒷부분을 처리하기 위해 useFetch 훅을 사용한다. 이 훅에서는 async/await 대신 연쇄할 수 있는 .then() 함수를 사용해 fetch 요청을 합성한다. fetch가 완료되면 첫 번째 .then 콜백에서 컴포넌트가 마운트된 상태인지를 검사한다. 컴포넌트가 마운트되어 있다면 나머지 .then 함수가 호출된다. 컴포넌트가 마운드되어 있지 않은 경우 첫 번째 .then 함수에서 오류를 발생시켜서 나머지 .then 함수가 실행되지 못하게 막기 때문에, 대신 .catch 함수가 호출되면서 오류가 전달된다. .catch 함수는 setError를 호출하기 전에 컴포넌트가 마운트되어 있는지 검사한다.

이제 성공적으로 요청을 취소했다. 우리는 HTTP 요청의 발생을 막지는 않았다. 하지만 요청이 완료되거나 요청이 오류로 끝난 뒤에 상태를 변경하는 호출을 보호했다. 본 절에서 설명한 것같은 버그가 드러나고 이를 수정할 수 있기 때문에, 느린 네트워크 환경에서 앱을 테스트해 보면 좋다.

8.4 그래프QL 소개

리액트와 마찬가지지로 페이스북이 그래프QL^{GraphQL}을 만들었다. 리액트가 사용자 인터페이스를 선언적으로 정의하는 해법인 것처럼, 그래프QL은 API와 통신하는 법을 선언적으로 정의하는 방법이다. 병렬 데이터 요청을 보낼 때면 필요한 모든 데이터를 즉시 얻으려고 시도한다. 그래프QL은 이런 일을 위해 설계됐다.

데이터를 그래프QL API에서 얻기 위해서는 여전히 특정 RUI에 HTTP 요청을 보내야 한다. 하지만 이때 HTTP 요청과 함께 그래프QL 쿼리를 보낼 필요가 있다. 그래프QL 쿼리는 요청하는 데이터를 선언적으로 기술하는 쿼리다. 서비스는 이 쿼리를 파싱해서 요청에 따른 데이터를 모두 담아서 한 응답으로 보내준다.

8.4.1 깃허브 그래프QL API

그래프QL을 리액트 애플리케이션에서 사용하기 위해서는 여러분이 통신할 백엔드 서비스가 그래프QL 명세에 따라 구축되어 있어야 한다. 다행히 깃허브는 그래프QL API를 노출한다. 깃허브에서는 이를 그래프QL 익스플로러(https://developer.github.com/v4/explorer)라고 부른다. 익스플로러를 사용하려면 깃허브 어카운트로 로그인해야만 한다.

익스플로러의 왼쪽 패널은 그래프QL 쿼리를 작성할 수 있는 영역이다. 이 패널 안에서 깃허브 사용자에 대한 정보를 얻기 위한 쿼리를 추가할 수 있다.

```
query {
  user(login: "moontahoe") {
    id
    login
    name
    location
    avatarUrl
  }
}
```

이 코드가 그래프QL 쿼리다. 이 쿼리는 깃허브 사용자 "moontahoe"의 정보를 요청한다. moontahoe의 모든 공개 정보를 가져오는 대신에 우리가 원하는 id, login, avatarUrl, name, location만을 요청한다. 이 페이지에서 **Play** 버튼을 클릭하면 이 요청을 HTTP POST 요청으로 https://api.github.com/graphql 으로 전송한다. 모든 깃허브 그래프QL 쿼리를 이 URI로 보낼 수 있다. 깃허브는 이 쿼리를 파싱해서 우리가 요청한 데이터만을 반환한다.

```
{
  "data": {
    "user": {
      "id": "MDQ6VXNlcjU5NTIwODI=",
      "login": "MoonTahoe",
      "name": "Alex Banks",
      "location": "Tahoe City, CA",
      "avatarUrl": "https://github.com/moontahoe.png"
    }
  }
}
```

이 그래프QL 쿼리를 findRepos라는 이름의 재사용가능한 연산으로 만들 수 있다. 사용자와 사용자 저장소에 대한 정보를 찾고 싶을 때마다 login 변수를 쿼리에 넣어서 보낼 수 있다.

```
query findRepos($login: String!) {
  user(login: $login) {
    login
    name
    location
    avatar_url: avatarUrl
    repositories(first: 100) {
      totalCount
      nodes {
        name
      }
    }
  }
}
```

이제 $login의 값을 끼워 넣어서 재사용할 수 있는 findRepos라는 정해진 쿼리를 만들었다. [그림 8-11]과 같이 Query Variable 패널을 사용해 이 변수를 설정할 수 있다.

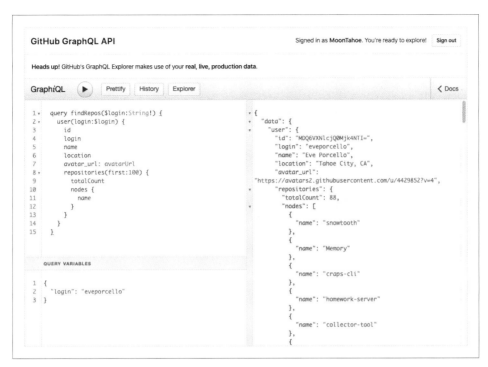

그림 8-11 깃허브 그래프QL 익스플로러

사용자 상세 정보를 얻는 것과 더불어 사용자의 저장소 중 최초 100개의 정보도 쿼리했다. 응답에 포함된 저장소의 개수는 totalCount에, 각 저장소의 이름은 name에 들어 있다. 그래프QL은 우리가 물어본 데이터만 반환한다. 그래서 각 저장소의 name만 반환하고 다른 내용은 반환하지 않는다.

이 쿼리에서 변경한 부분이 한군데 더 있다. avatarUrl에 대해 별명alias을 사용했다. 그래프QL에서 사용자 아바타를 돌려주는 필드는 avatarURL이다. 하지만 변수 이름을 avatar_url로 하고 싶다. 별명을 사용하면 깃허브가 응답 데이터에서 해당 필드 이름을 변경해준다.

그래프QL은 아주 방대한 주제다. 그래서 이에 대해 다룬 『Learning GraphQL』이라는 책을 썼다.[19] 여기서는 살짝 맛만 봤지만, 그래프QL에 대한 이해가 개발자의 기본 지식이 되어가고 있다. 성공적인 21세기 개발자가 되고 싶다면 그래프QL의 기초를 잘 이해하는게 중요하다.

----

19 『웹 앱 API 개발을 위한 GraphQL』(인사이트, 2019)

8.4.2 그래프QL 요청 보내기

그래프QL 요청은 요청 본문body에 쿼리가 들어 있는 HTTP 요청이다. `fetch`를 사용해 그래프QL 요청을 보낼 수 있고, 그래프QL 유형의 요청을 보내는데 필요한 세부사항을 처리해주는 라이브러리나 프레임워크도 많이 있다. 다음 절에서는 `graphQL-request`라는 라이브러리를 사용해 그래프QL로 애플리케이션에 데이터를 채워 넣는 방법을 살펴본다.

> **NOTE_** HTTP에서만 그래프QL을 사용할 수 있는 것은 아니다. 그래프QL은 네트워크를 통해 데이터를 요청하는 방법을 정한 명세다. 기술적으로는 모든 네트워크 프로토콜에 그래프QL을 얹어서 사용할 수 있다. 추가로 그래프QL은 사용하는 프로그래밍 언어와도 무관하다.

우선 `graphQL-request`를 설치하자.

```
npm i graphQL-request
```

클라이언트 애플리케이션이 깃허브의 그래프QL API에 요청을 보내려면 개인 식별 정보를 포함해야 한다. 다음 예제에서는 식별을 위해 깃허브로부터 개인 접근 토큰을 얻고, 매 그래프QL 요청마다 이 토큰을 함께 전송한다.

그래프QL 요청을 위한 개인 접근 토큰을 얻으려면 `Settings > Developer Settings > Personal Access Token` 으로 이동하자. 이 예제의 그래프QL 요청을 위한 토큰을 발행할 때는 다음과 같은 권한을 부여해야 한다.

- user
- public_repo
- repo
- repo_deployment
- repo:status
- read:repo_hook
- read:org
- read:public_key
- read:gpg_key

graphqL-request를 사용해 자바스크립트에서 그래프QL 요청을 보낼 수 있다.

```
import { 그래프QLClient } from "graphql-request";

const query = `
  query findRepos($login:String!) {
    user(login:$login) {
      login
      name
      location
      avatar_url: avatarUrl
      repositories(first:100) {
        totalCount
        nodes {
          name
        }
      }
    }
  }
`;

const client = new GraphQLClient(
  "https://api.github.com/graphQL",
  {
    headers: {
      Authorization: `Bearer <PERSONAL_ACCESS_TOKEN>`
    }
  }
);

client
  .request(query, { login: "moontahoe" })
  .then(results => JSON.stringify(results, null, 2))
  .then(console.log)
  .catch(console.error);
```

graphQL-request의 **그래프QLClient** 생성자를 사용해 이 요청을 보낸다. 클라이언트를 만들 때는 깃허브 그래프QL API의 URI인 https://api.github.com/graphql 를 사용한다. 그리고 개인 접근 토큰을 포함하는 몇 가지 헤더를 추가한다. 이 토큰은 그래프QL API를 사용할 때 깃허브가 우리를 식별하게 해준다. 이제 **client**를 사용해서 그래프QL 요청을 보낼 수 있다.

그래프QL 요청을 보내려면 query를 사용해야 한다. query는 앞에서 본 그래프QL 쿼리를 담은 문자열일 뿐이다. query를 쿼리가 사용할 변수들과 함께 request 함수에게 전달하면 된다. 이 예제의 query는 $login 변수를 사용하므로 login 필드에 $login 값이 들어 있은 객체를 request에게 넘긴다.

다음은 결과 JSON을 문자열로 바꿔서 콘솔에 출력한 모습이다.

```json
{
  "user": {
    "id": "MDQ6VXNlcjU5NTIwODI=",
    "login": "MoonTahoe",
    "name": "Alex Banks",
    "location": "Tahoe City, CA",
    "avatar_url": "https://avatars0.githubusercontent.com/u/5952082?v=4",
    "repositories": {
      "totalCount": 52,
      "nodes": [
        {
          "name": "snowtooth"
        },
        {
          "name": "Memory"
        },
        {
          "name": "snowtooth-status"
        },
        ...
      ]
    }
  }
}
```

fetch와 마찬가지로 client.request도 프라미스를 반환한다. 리액트 컴포넌트 안에서 데이터를 얻는 과정은 데이터를 어떤 경로로부터 fetch로 데이터를 얻는 과정과 비슷하게 느껴진다.

```javascript
export default function App() {
  const [login, setLogin] = useState("moontahoe");
  const [userData, setUserData] = useState();
  useEffect(() => {
    client
```

```
      .request(query, { login })
      .then(({ user }) => user)
      .then(setUserData)
      .catch(console.error);
  }, [client, query, login]);

  if (!userData) return <p>loading...</p>;

  return (
    <>
      <SearchForm value={login} onSearch={setLogin} />
      <UserDetails {...userData} />
      <p>{userData.repositories.totalCount} - repos</p>
      <List
        data={userData.repositories.nodes}
        renderItem={repo => <span>{repo.name}</span>}
      />
    </>
  );
}
```

useEffect 훅 안에서 client.request를 호출했다. client, query, login 중 어느 것이든
바뀌면 useEffect 훅이 다른 요청을 보내준다. 그리고 [그림 8–12]처럼 응답받은 JSON을 리
액트로 렌더링한다.

이 예제는 loading과 error 상태 처리에는 신경을 쓰지 않는다. 하지만 이번 장의 앞에서 배
운 모든 방법을 그래프QL에도 적용할 수 있다. 리액트는 실제로 데이터를 가져오는 방식과는
무관하다. 여러분이 프라미스와 같은 비동기적인 객체를 다루는 방법을 이해한다면 어떤 방식
으로든 데이터를 가져와 사용하는 로직을 처리할 준비가 됐다고 할 수 있다.

인터넷에서 데이터를 적재하는 처리는 비동기 작업이다. 데이터를 요청하면 응답이 배달되기
까지 시간이 약간 걸리고, 중간에 무언가 잘못될 수도 있다. 리액트 컴포넌트 안에서 프라미스
의 pending, success, fail 상태를 처리하는 방법은 useEffect 훅과 상태가 있는 훅을 잘
조화시켜 처리하는 것이다.

그림 8-12 그래프QL 앱

이번 장에서 상당 부분을 프라미스, fetch, HTTP를 처리하는 부분에 할애했다. 이는 HTTP 가 여전히 인터넷에서 데이터를 요청해 받는 가장 유명한 방법이고, 프라미스가 HTTP 요청과 아주 잘 들어맞기 때문이다. 때로는 웹소켓 같은 다른 프로토콜을 사용할 수도 있다. 걱정하지 말라. 이런 경우에도 상태가 있는 훅과 useEffect를 사용해 원하는 목표를 달성할 수 있다.

다음은 socket.io를 사용해 커스텀 useChatRoom 훅을 만드는 방법을 간략하게 보여주는 예 제다.

```
const reducer = (messages, incomingMessage) => [
  messages,
  ...incomingMessage
];
```

```
export function useChatRoom(socket, messages = []) {
  const [status, setStatus] = useState(null);
  const [messages, appendMessage] = useReducer(
    reducer,
    messages
  );

  const send = message => socket.emit("message", message);

  useEffect(() => {
    socket.on("connection", () => setStatus("connected"));
    socket.on("disconnecting", () =>
      setStatus("disconnected")
    );
    socket.on("message", setStatus);
    return () => {
      socket.removeAllListeners("connect");
      socket.removeAllListeners("disconnect");
      socket.removeAllListeners("message");
    };
  }, []);

  return {
    status,
    messages,
    send
  };
}
```

이 훅은 채팅 메시지의 배열인 messages, 웹소켓 연결을 포함하는 상태인 connection, 소켓에 새로운 메시지를 브로드캐스팅하기 위한 함수를 제공한다. 이 모든 값은 useEffect 훅에 정의한 리스너로부터 영향을 받는다. 소켓이 connection이나 disconnecting 이벤트를 발생시키면 status의 값이 바뀐다. 새 메시지는 도착한 후 useReducer 훅을 통해 messages 배열의 뒤에 추가된다.

이번 장에서는 비동기 데이터를 애플리케이션에서 다루는 기법에 대해 논의했다. 이 주제는 아주 광범위하고 중요한 주제다. 다음 장에서는 이 분야에 Suspense를 도입하면 어떤 변화가 일어날지에 대해 보여줄 것이다.

CHAPTER 9

Suspense

9장은 이 책에서 상대적으로 가장 덜 중요한 장이다. 적어도 리액트 팀의 기준으로는 그렇다. 리액트 팀이 구체적으로 '9장은 가장 덜 중요한 장이니까 쓰지 말아요'라고 말한 적은 없다. 단지 일련의 트윗을 통해 Suspense 관련 분야에 대한 리액트 팀의 작업이 곧 낡은 지식이 될 것이라고 교육자나 개발자 애드보킷에게 경고했을 뿐이다. 이번 장에서 설명한 모든 내용은 나중에 달라질 수 있다.

과거에는 파이버^{Fiber}, Suspense, 동시성 모드 등에 대해 리액트 팀이 한 일이 웹 개발의 미래가 되리라고 알려졌었다. 이런 방식들이 자바스크립트와 브라우저 사이의 상호 작용을 바꿀 수 있을 것 같았다. 이런 이야기는 아주 중요해 보인다. 우리가 이번 장이 가장 덜 중요하다고 이야기하는 이유는, Suspense에 대한 커뮤니티의 과대평가가 너무 높기 때문이다. 이런 과대평가에 대한 균형을 맞추기 위해 이번 장이 덜 중요하다고 말할 필요가 있다. Suspense를 구성하는 API나 패턴은 크고 작은 여러 요소가 함께 동작하는 방법을 정의하는 아주 중요한 단일 이론이 아니다.

Suspense는 리액트 기능 중 하나일 뿐이다. 이를 전혀 사용해보지 않은 독자도 있을 것이다. Suspense는 페이스북이 대규모 앱에서 겪은 구체적인 문제를 해결하기 위해 설계됐다. 우리 모두가 페이스북과 같은 문제를 겪지는 않는다. 따라서 이와 관련된 도구를 우리가 직면한 문제에 대한 해법으로 선택하기 전에 여러 번 더 생각해보기 바란다. 이런 도구를 채택하면 불필요한 복잡도가 추가될 수도 있다. 게다가 이 모든 내용은 나중에 바뀔 수도 있다. 동시성 모드는 실험적인 기능이고, 리액트 팀은 프로덕션 환경에서 동시성 모드를 사용하지 말라고 엄중히 경고한다. 사실 이런 개념 중 대부분은 훅을 다루는 방법과 관련이 있다. 매일매일 커스텀 훅을 개발하는 독자가 아니라면 아마도 이런 기능을 결코 알 필요가 없을 것이다. Suspense와 관련한 대부분의 기계장치는 훅을 통해 추상화 가능하다.

방금 세 단락에 걸쳐 설명한 단점을 고려하더라도 이번 장에서 다루는 주제는 흥미진진한 주제다. 이런 기능을 제대로 사용한다면 더 나은 사용자 경험을 만들어낼 수 있다. 여러분 자신이 훅이나 컴포넌트 등으로 구성된 리액트 라이브러리를 소유하거나 관리하고 있다면 이번 장에서 다루는 개념이 귀하게 느껴질 것이다. 이 개념들은 여러분의 커스텀 훅을 더 세밀하게 조정해서 더 나은 피드백과 우선순위를 제공할 수 있게 해준다.

이번 장에서는 설명할 기능을 보여주기 위한 작은 앱을 하나 더 만든다. 여기서 만드는 앱은 기본적으로 8장에서 만든 앱을 다시 구축한 것이다. 하지만 이번에는 좀 많은 구조를 부여한다. 예를 들어 이번 장에서는 SiteLayout 컴포넌트를 활용한다.

```
export default function SiteLayout({
  children,
  menu = c => null
}) {
  return (
    <div className="site-container">
      <div>{menu}</div>
      <div>{children}</div>
    </div>
  );
}
```

SiteLayout은 App 컴포넌트 안에서 렌더링되며 UI 합성을 돕는다.

```
export default function App() {
  return (
    <SiteLayout menu={<p>Menu</p>}>
      <>
        <Callout>Callout</Callout>
        <h1>Contents</h1>
        <p>This is the main part of the example layout</p>
      </>
    </SiteLayout>
  );
}
```

이 컴포넌트를 사용해 앱의 레이아웃에 스타일을 부여할 수 있다. [그림 9-1]을 보라.

구체적으로 말하자면, `SiteLayout`을 사용하면 특정 컴포넌트가 언제 어디서 렌더링되는지를 좀 더 명확히 볼 수 있다.

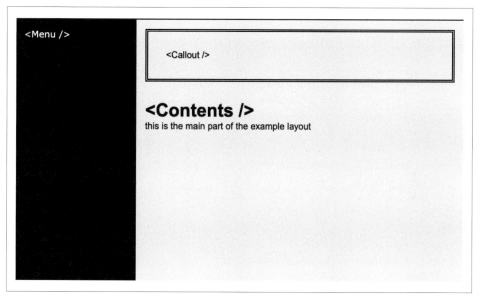

그림 9-1 예제 레이아웃

9.1 오류 경계

지금까지는 오류를 처리하기 위해 최선을 다하지 않았다. 지금까지는 콤퍼넌트 트리 안에서 발생한 오류는 전체 애플리케이션을 타고 내려갔다. 컴포넌트 트리가 커지면 프로젝트가 더 복잡해지고 디버깅도 더 복잡해진다. 때로 오류가 발생한 장소를 정확히 알아내기 어려울 때도 있다. 특히 우리가 작성하지 않은 컴포넌트 안에서 오류가 발생하는 경우에 더 그렇다.

오류 경계는 오류가 전체 앱을 망가뜨리지 못하게 막는 컴포넌트를 뜻한다. 오류 경계가 있으면 프로덕션 환경에서 발생 원인과 위치를 알아보기 쉬운 오류 메시지를 표시할 때도 도움이 된다. 오류를 한 컴포넌트가 처리하기 때문에 이 컴포넌트가 애플리케이션에서 발생할 가능성이 있는 오류를 추적하고 이슈 관리 시스템에 등록할 수도 있다.

현재, 오류 경계 컴포넌트를 만드는 유일한 방법은 클래스 컴포넌트를 사용하는 것뿐이다. 이번 장에서 설명하는 대부분의 주제와 마찬가지로 이 사실도 언젠가는 변할 수 있다. 미래에는 클래스를 만들지 않아도 되는 훅 등의 다른 해법을 통해 오류 경계를 만들게 될 수도 있다. 다음은 현재 만들 수 있는 ErrorBoundary 컴포넌트의 모습을 보여주는 예제다.

```
import React, { Component } from "react";

export default class ErrorBoundary extends Component {
  state = { error: null };

  static getDerivedStateFromError(error) {
    return { error };
  }

  render() {
    const { error } = this.state;
    const { children, fallback } = this.props;
    if (error) return <fallback error={error} />;
    return children;
  }
}
```

이 컴포넌트는 클래스 컴포넌트다. 클래스 컴포넌트는 상태를 다른 방식으로 저장하며, 훅도 사용하지 않는다. 하지만 클래스 컴포넌트는 컴포넌트 생명 주기에 따라 호출되는 구체적인 메서드를 사용할 수 있다. getDerivedStateFromError도 그런 생명주기 메서드이다. 이 메서드는 렌더링 과정에서 Children 내부에서 오류가 발생했을 때 호출된다. 오류가 발생하면 state.error가 설정된다. 오류가 있으면 fallback 컴포넌트가 렌더링되며, 이 fallback 컴포넌트의 프로퍼티로 오류가 전달된다.

이 컴포넌트를 앱의 컴포넌트 트리에서 발생하는 오류를 포획하고 오류 발생시 fallback 컴포넌트를 렌더링하기 위해 사용할 수 있다. 예를 들어 전에 애플리케이션을 한 오류 경계로 감쌀 수도 있다.

```
function ErrorScreen({ error }) {
  //
  // 여기서 메시지를 렌더링하기 전에 오류를 추적하거나 처리할 수 있다
  //
  return (
    <div className="error">
      <h3>We are sorry... something went wrong</h3>
      <p>We cannot process your request at this moment.</p>
      <p>ERROR: {error.message}</p>
    </div>
  );
}

<ErrorBoundary fallback={ErrorScreen}>
  <App />
</ErrorBoundary>;
```

ErrorScreen은 사용자에게 오류가 발생했음을 알려주는 친절한 메시지를 표시한다. 이 컴포 넌트는 오류의 상세 정보를 렌더링한다. 그리고 앱 내부에서 오류가 발생했을 때 추적할 수 있 는 장소를 제공한다. 앱 내부에서 오류가 발생하면 검은 화면 대신 이 컴포넌트가 렌더링될 것 이다. 이 컴포넌트를 약간의 CSS를 사용해 더 보기 좋게 만들 수 있다.

```
.error {
  background-color: #efacac;
  border: double 4px darkred;
  color: darkred;
  padding: 1em;
}
```

이 코드를 테스트하려면 의도적으로 오류를 발생시키는 컴포넌트를 만들어야 한다. BreakThings는 항상 오류를 던진다.

```
const BreakThings = () => {
  throw new Error("We intentionally broke something");
};
```

오류 경계를 합성할 수도 있다. 그렇다. 앞의 예에서는 App 컴포넌트를 ErrorBoundary로 감쌌지만, App 안에 있는 각 컴포넌트를 ErrorBoundary로 감쌀 수도 있다.

```
return (
  <SiteLayout
    menu={
        <ErrorBoundary fallback={ErrorScreen}>
          <p>Site Layout Menu</p>
          <BreakThings />
        </ErrorBoundary>
    }
  >
    <ErrorBoundary fallback={ErrorScreen}>
      <Callout>Callout<BreakThings /></Callout>
    </ErrorBoundary>
    <ErrorBoundary fallback={ErrorScreen}>
      <h1>Contents</h1>
      <p>this is the main part of the example layout</p>
    </ErrorBoundary>
  </SiteLayout>
);
```

각 ErrorBoudary는 자신의 자식 안에서 오류가 발생하면 fallback을 렌더링한다. 여기서는 menu와 Callout 안에서 오류를 발생시킨다. 이로 인해 ErrorScreen이 두 번 렌더링되고 [그림 9-2]와 같은 화면을 볼 수 있다.

ErrorBoundaries가 각각의 위치에 렌더링된 모습을 볼 수 있다. 2가지 오류가 서로 다른 영역에 포함되어 있음에 유의하자. 오류 경계는 마치 오류가 애플리케이션의 나머지 부분을 공격하지 못하게 막는 장벽과 같다. 의도적으로 오류를 두 번 발생시켰지만, 두 오류의 내용이 아무 문제없이 잘 렌더링된다.

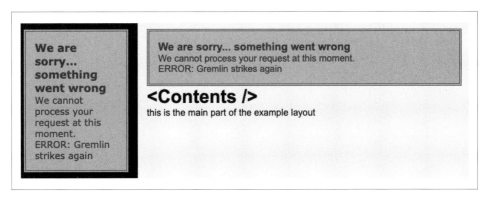

그림 9-2 오류 경계

[그림 9-3]에서는 BreakThings를 콘텐츠 쪽에만 넣은 경우의 모습을 보여준다.

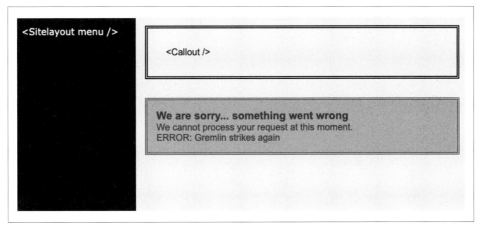

그림 9-3 오류

이제 menu와 Callout이 문제없이 렌더링된다는 사실을 알 수 있다. 하지만 콘텐츠는 사용자에게 오류가 발생했음을 알리는 오류 정보로 렌더링된다.

ErrorBoundary 클래스 컴포넌트의 render 메서드 안에서는 fallback 프로퍼티가 옵션이다. 이 프로퍼티를 포함하지 않으면 오류가 발생하면 그냥 ErrorScreen 컴포넌트를 표시한다.

```
render() {
  const { error } = this.state;
  const { children } = this.props;

  if (error && !fallback) return <ErrorScreen error={error} />;
  if (error) return <fallback error={error} />;

  return children;
}
```

애플리케이션 전반적으로 오류를 일관성 있게 처리하고 싶을 때 이런 방법이 좋은 해법이다. 단지 컴포넌트 트리에서 원하는 부분을 ErrorBoundary로 감싸기만 하면 나머지 오류 처리는 ErrorBoundary 컴포넌트가 알아서 해준다.

```
<ErrorBoundary>
  <h1>&lt;Contents /&gt;</h1>
  <p>this is the main part of the example layout</p>
  <BreakThings />
</ErrorBoundary>
```

오류 경계를 적용하는 것은 오류 처리에 좋은 생각일 뿐 아니라 프로덕션 앱에서 사용자를 유지하기 위해서는 필수적이기까지 하다. 그리고 상대적으로 중요하지 않은 컴포넌트에서 생긴 작은 버그가 전체 애플리케이션을 망치는 일을 방지할 때도 도움이 된다.

9.2 코드 분리하기

여러분이 작업 중인 애플리케이션이 지금은 작다고 해도 계속 작은 채로 남아 있으리라는 보장은 없다. 여러분이 작업한 애플리케이션 중 상당수가 나중에는 수백줄, 심지어 수천줄짜리 컴포넌트가 들어 있는 거대한 코드기반이 될 수도 있다. 여러분의 애플리케이션에 접근하는 대부분의 사용자는 휴대전화와 느린 네트워크를 사용할 것이다. 코드 기반을 모두 다운로드할 때까지 리액트 애플리케이션이 렌더링되지 않는다면, 이런 사용자는 기다리다 지쳐서 앱 사용을 포기하게 된다.

코드 분리code splitting는 코드기반을 다루기 쉬운 덩어리로 나누고, 필요에 따라 불러오는 방식을 뜻한다. 코드 분리의 강력함을 보여주기 위해 애플리케이션에 사용자 동의 화면을 추가하자.

```
export default function Agreement({ onAgree = f => f }) {
  return (
    <div>
      <p>Terms...</p>
      <p>These are the terms and stuff. Do you agree?</p>
      <button onClick={onAgree}>I agree</button>
    </div>
  );
}
```

다음으로 나머지 코드기반을 App이라는 컴포넌트로부터 Main이라는 컴포넌트로 옮기자. 이 Main 컴포넌트를 별도의 파일에 넣는다.

```
import React from "react";
import ErrorBoundary from "./ErrorBoundary";

const SiteLayout = ({ children, menu = c => null }) => {
  return (
    <div className="site-container">
      <div>{menu}</div>
      <div>{children}</div>
    </div>
  );
};

const Menu = () => (
  <ErrorBoundary>
    <p style={{ color: "white" }}>TODO: Build Menu</p>
  </ErrorBoundary>
);

const Callout = ({ children }) => (
  <ErrorBoundary>
    <div className="callout">{children}</div>
  </ErrorBoundary>
);

export default function Main() {
```

```
  return (
    <SiteLayout menu={<Menu />}>
      <Callout>Welcome to the site</Callout>
      <ErrorBoundary>
        <h1>TODO: Home Page</h1>
        <p>Complete the main contents for this home page</p>
      </ErrorBoundary>
    </SiteLayout>
  );
}
```

여기서 Main은 현재 사이트의 레이아웃이 렌더링되는 위치다. 이제 App 컴포넌트를 변경해서 사용자가 동의할 때까지 Agreement를 표시하게 하자. 사용자가 동의하면 Agreement 마운트를 해제하고 Main 웹사이트 컴포넌트를 렌더링한다.

```
import React, { useState } from "react";
import Agreement from "./Agreement";
import Main from "./Main";
import "./SiteLayout.css";

export default function App() {
  const [agree, setAgree] = useState(false);

  if (!agree)
    return <Agreement onAgree={() => setAgree(true)} />;

  return <Main />;
}
```

처음에 렌더링되는 컴포넌트는 Agreement 컴포넌트뿐이다. 사용자가 동의하면 agree 값이 true가 되고, Main 컴포넌트가 렌더링된다. 문제는 Main 컴포넌트와 자식들의 모든 코드가 한 자바스크립트 파일, 즉 번들로 패키징된다는 점이다. 이로 인해 모든 코드기반이 다운로드되어야만 Agreement가 처음 렌더링될 수 있다.

처음부터 컴포넌트를 임포트하지 않고, React.lazy를 사용하면 렌더링이 이뤄지는 시점까지 Main 컴포넌트 적재를 늦출 수 있다.

```
const Main = React.lazy(() => import("./Main"));
```

이 코드는 리액트가 컴포넌트가 처음 렌더링되기 전까지는 코드 기반을 적재하지 않도록 지시한다. 이에 따라 컴포넌트가 렌더링 되는 시점에 import 함수를 통해 컴포넌트가 임포트된다.

실행 시점에 코드를 임포트하는 것은 인터넷에서 필요한 것을 가져오는 것과 비슷하다. 우선 자바스크립트 코드에 대한 요청이 대기상태가 된다. 그리고 코드 요청이 성공해 자바스크립트 파일이 반환되거나, 코드 요청이 실패해 오류가 발생한다. 사용자에게 데이터를 불러오는 중이라고 알려야 하는 것처럼, 사용자에게 코드를 불러오는 중이라고 알려야 할 필요가 있다.

9.2.1 소개: Suspense 컴포넌트

여기서도 비동기 요청을 처리하고 있는 우리 자신을 발견하게 된다. 이번에는 Suspense 컴포넌트로부터 도움을 받을 수 있다. Suspense 컴포넌트는 ErrorBoundary와 비슷하게 작동한다. Suspense로 트리상의 특정 컴포넌트를 감싼다. 오류가 발생하면 fallback 메시지를 표시하는 대신, Suspense 컴포넌트는 지연 적재가 발생할 때 적재 중 메시지를 렌더링해준다.

다음 코드로 앱이 Main 컴포넌트를 지연 적재하도록 변경할 수 있다.

```
import React, { useState, Suspense, lazy } from "react";
import Agreement from "./Agreement";
import ClimbingBoxLoader from "react-spinners/ClimbingBoxLoader";

const Main = lazy(() => import("./Main"));

export default function App() {
  const [agree, setAgree] = useState(false);

  if (!agree)
    return <Agreement onAgree={() => setAgree(true)} />;

  return (
    <Suspense fallback={<ClimbingBoxLoader />}>
      <Main />
    </Suspense>
  );
}
```

이제 앱은 초기에 React와 Agreement, ClimbingBoxLoader의 코드 기반만 적재한다. 리액트는 Main 컴포넌트 적재를 보류해 뒀다가 사용자가 Agreement에 동의하면 컴포넌트를 적재한다.

Main 컴포넌트를 Suspense 컴포넌트로 감쌌다. 사용자가 동의하자마자 Main 컴포넌트의 코드기반을 적재하기 시작한다. 이 코드기반에 대한 요청이 진행 중인 상태이기 때문에 Suspense 컴포넌트는 코드 기반이 성공적으로 적재될 때까지 ClimbingBoxLoader를 렌더링해준다. 코드기반 적재가 성공하면 Suspense 컴포넌트는 ClimbingBoxLoader 마운트를 해제하고 Main 컴포넌트를 렌더링해준다.

> **NOTE_** 리액트 스피너는 앱이 동작중이거나 무언가를 적재 중임을 표시하는 스피너 애니메이션으로 이뤄진 라이브러리다. 이번 장의 나머지 부분에서는 이 라이브러리에 있는 여러 다른 컴포넌트를 사용할 것이다. 반드시 npm i react-spinners로 이 라이브러리를 설치하자.

Main 컴포넌트를 적재하려 시도하면서 인터넷 연결이 끊어지면 어떤 일이 벌어질까? 음. 그런 경우 오류가 손안에 남을 것이다. Suspense 컴포넌트를 ErrorBoundary로 감싸면 이런 경우를 처리할 수 있다.

```
<ErrorBoundary fallback={ErrorScreen}>
  <Suspense fallback={<ClimbingBoxLoader />}>
    <Main />
  </Suspense>
</ErrorBoundary>
```

이렇게 세 컴포넌트의 합성을 사용하면 대부분의 비동기 요청을 처리할 수 있다. 우리에게는 작업을 일시 중단시키는 해법으로 Suspense 컴포넌트가 있다. Suspense는 소스 코드 요청이 진행 중인 동안 적재 중 애니메이션을 렌더링해준다. 실패한 상태를 처리하는 해법도 있다. ErrorBoundary는 Main 컴포넌트를 적재하는 동안 발생한 오류를 잡아서 처리해준다. 심지어 성공을 위한 해법도 있다. 요청이 성공한 경우에는 Main 컴포넌트를 렌더링한다.

9.2.2 Suspense를 데이터와 함께 사용하기

8장에서 깃허브에 요청을 보낼 때 생기는 3가지 상태인 진행 중, 성공, 실패를 다루기 위한 useFetch 훅과 Fetch 컴포넌트를 만들었다. 세 상태를 관리하는 것에 관한 우리의 해법이 Fetch와 useFetch이다. 우리는 이 해법이 꽤 멋지다고 생각한다. 하지만 마지막 절에서 ErrorBoundary와 Suspense 컴포넌트를 우아하게 합성해서 이 3가지 상태를 처리했다. 이 예제는 자바스크립트 소스 코드를 지연 적재하기 위해 우리 해법을 사용했지만, 데이터를 적재하는 모든 경우에 같은 패턴을 사용할 수 있다.

상태 메시지를 표시할 수 있는 Status라는 컴포넌트가 있다고 가정하자.

```
import React from "react";

const loadStatus = () => "success - ready";

function Status() {
  const status = loadStatus();
  return <h1>status: {status}</h1>;
}
```

이 컴포넌트는 loadStatus 함수를 호출해서 현재 상태 메시지를 얻는다. App 컴포넌트 안에서 Status 컴포넌트를 렌더링할 수 있다.

```
export default function App() {
  return (
    <ErrorBoundary>
      <Status />
    </ErrorBoundary>
  );
}
```

이 코드를 현재 모습 그대로 실행하면 [그림 9-4]처럼 성공 상태 메시지를 볼 수 있다.

그림 9-4 성공: 모든 코드가 잘 작동함

Status 컴포넌트를 App 컴포넌트 안에서 렌더링할 때, 우리는 사려깊은 리액트 개발자답게 오류 경계로 Status를 감쌌다. 이제 상태를 적재하는 동안 무언가 잘못되면 ErrorBoundary가 디폴트 오류 화면을 렌더링한다. 이런 동작을 보여주기 위해서는 loadStatus 함수 안에서 오류를 발생시켜야 한다.

```
const loadStatus = () => {
  throw new Error("something went wrong");
};
```

이제 애플리케이션을 실행하면 예상과 같은 출력을 볼 수 있다. ErrorBoundary 오류가 잡혀서, [그림 9-4]처럼 사용자에게 메시지를 표시한다.

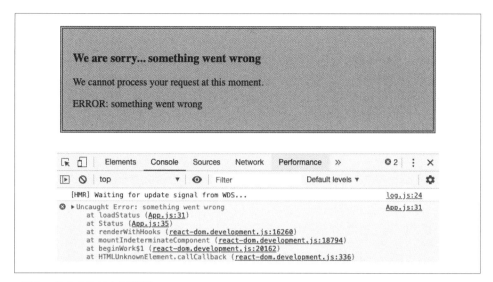

그림 9-5 실패: 오류 경계가 실행됨

지금까지는 모든 것이 예상대로 동작했다. Status 컴포넌트를 ErrorBoundary 안에 합성했고, 이 두 컴포넌트의 합성은 프라미스의 3가지 상태 중 성공과 거부를 처리했다. 거부[rejected]는 프라미스에서 실패나 오류 상태를 가리키는 공식 용어다.

3가지 상태 중 2가지를 처리했다. 세 번째 상태인 진행 중은 어떻게 처리해야 할까? 프라미스를 throw로 넘기면 이런 상태를 만들 수 있다.

```
const loadStatus = () => {
  throw new Promise(resolves => null);
};
```

loadStatus 함수 안에서 프라미스를 throw하면 브라우저에서 특별한 유형의 오류를 볼 수 있다(그림 9–6).

이 오류는 진행 중인 상태가 발생했음을 알려준다. 하지만 트리의 더 상위 노드에 설정된 Suspense 컴포넌트가 없다. 리액트 앱이 프라미스를 throw할 때마다 이에 따른 대안을 렌더링해주는 Suspense 컴포넌트가 필요하다.

```
export default function App() {
  return (
    <Suspense fallback={<GridLoader />}>
      <ErrorBoundary>
        <Status />
      </ErrorBoundary>
    </Suspense>
  );
}
```

그림 9-6 프라미스를 throw하는 경우

이제 세 상태를 제대로 처리할 수 있는 올바른 컴포넌트 합성을 찾아냈다. loadStatus 함수는 여전히 프라미스를 throw하지만 컴포넌트 트리의 상위 노드 중에 Suspense 컴포넌트가 설정되어 있기 때문에 이 경우를 처리할 수 있다. 프라미스를 throw하면 리액트에게 진행 중인 프라미스를 기다리고 있다고 알려주는 것이다. 리액트는 대안인 GridLoader 컴포넌트를 렌더링하는 방식으로 이에 대응한다(그림 9-7).

그림 9-7 GridLoader

loadStatus가 성공적으로 결과를 반환하면 계획대로 Status 컴포넌트를 렌더링한다. 무언가 잘못되면(loadStatus가 오류를 발생시키면) ErrorBoundary가 이를 처리한다. loadStatus가 프라미스를 발생시키면 대기 중 상태가 촉발되면서 Suspense 컴포넌트가 이를 처리한다.

이 패턴은 꽤 멋진 패턴이지다. 하지만 잠깐. '프라미스를 throw한다'라는 말이 무슨 의미일까?

9.2.3 프라미스 던지기

자바스크립트에서 throw 키워드는 기술적으로 오류를 처리하기 위해 사용한다. 코드에서 throw를 사용한 경험이 많을 것이다.

```
throw new Error("inspecting errors");
```

이 코드는 오류를 발생시킨다. 이 오류가 처리되지 않고 전달되면 [그림 9-8]에서 보여주는 것처럼 전체 앱이 종료된다.

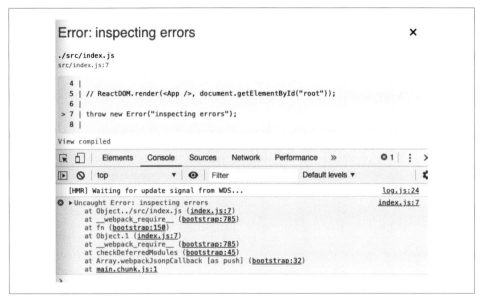

그림 9-8 예외 발생시키기

브라우저에 표시되는 오류 화면은 create-react-app이 개발자 모드에서 제공하는 기능이다. 개발자 모드에 있을 때는 처리되지 않은 예외를 앱이 잡아서 화면에 직접 표시해준다. 오른쪽 위 구석의 'X'를 클릭해 화면을 닫으면 이 예외가 발생했을 때 프로덕션 사용자가 볼 수 있는 것, 즉 빈 화면, 흰 화면, 또는 아무것도 표시되지 않은 화면을 볼 수 있다.

항상 콘솔에서 처리되지 않은 오류를 볼 수 있다. 콘솔에서 볼 수 있는 빨간 텍스트는 우리가 던진 오류를 보여준다.

자바스크립트는 자유를 사랑하는 언어다. 그래서 전통적인 타입 지정 언어를 사용할 때는 불가능한 일도 우리가 할 수 없게 해준다. 예를 들어 자바스크립트에서는 throw 문에 임의의 값을 넘김으로써 예외를 던질 수 있다.

```
throw "inspecting errors";
```

여기서는 문자열을 예외로 던졌다. 브라우저는 무언가 잘못됐고 처리되지 않았다는 사실을 알려준다. 하지만 이때 처리되지 않은 것은 예외가 아니다(그림 9-9).

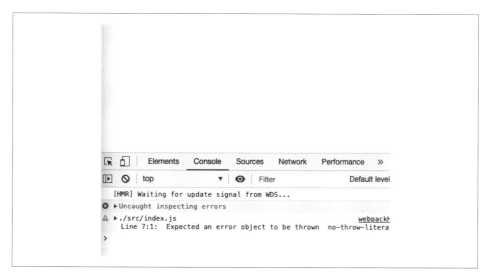

그림 9-9 GridLoader

여기서 문자열을 던지면 **create-react-app** 오류 화면이 브라우저 안에 표시되지 않는다. 리액트는 문자열과 오류의 차이를 구분한다.

자바스크립트에서는 아무 타입의 값이나 던질 수 있다. 이 말은 심지어 프라미스도 던질 수 있다는 뜻이다.

```
throw new Promise(resolves => null);
```

이제 브라우저는 무언가가 던져졌는데 처리되지 않았다고 알려준다. 이때 이 '무엇'은 오류가 아니다. [그림 9-10]처럼 이 '무엇'은 프라미스다.

그림 9-10 프라미스 던지기

리액트 컴포넌트 트리 안에서 프라미스를 던지려면 먼저 loadStatus 함수를 사용해야만 한다.

```
const loadStatus = () => {
  console.log("load status");
  throw new Promise(resolves => setTimeout(resolves, 3000));
};
```

이 loadStatus 함수를 리액트 컴포넌트 안에서 사용하면, 프라미스가 던져진다. 그 후, 트리의 하위 노드(잎 쪽)에서 발생한 무언가는 모두 **Suspense** 컴포넌트에 의해 처리된다. 이 말이맞다. 자바스크립트는 어떤 타입의 값이나 던질 수 있게 허용하며, 이 말은 아무 타입의 값이나포획할(잡아낼) 수 있다는 뜻이기도 하다.

다음 예제를 살펴보자.

```
safe(loadStatus);

function safe(fn) {
  try {
    fn();
  } catch (error) {
    if (error instanceof Promise) {
      error.then(() => safe(fn));
```

```
    } else {
      throw error;
    }
  }
}
```

loadStatus 함수를 safe 함수에게 전달한다. 따라서 safe 함수는 고차 함수다. loadStatus 는 safe 함수의 범위 안에서 fn이 된다. safe 함수는 인자로 전달받은 fn을 호출하려 시도한다. 앞의 코드에서 safe는 loadStatus를 호출하려고 시도한다. 이때 loadStatus는 프라미스를 던지며, 의도적으로 3초 지연 시간을 지정한다. 이렇게 발생한 프라미스는 즉시 포획되어 catch 블록 안의 error가 된다. error가 프라미스인지 검사하고 프라미스가 맞다면 프라미스가 완료될 때까지 기다렸다가 같은 loadStatus 함수를 사용해 safe를 다시 호출하기 위해 시도한다.

3초 지연을 발생시키는 프라미스를 만드는 함수를 사용해 safe를 재귀적으로 호출하면 어떤 일이 벌어질 것이라 예상하는가? [그림 9–11]처럼 지연된 루프를 볼 수 있다.

그림 9-11 운이 나쁜 루프

safe가 호출되면 프라미스가 catch로 포획되고, 프라미스가 완료될 때까지 3초를 기다린 다음에 동일한 loadStatus 함수를 인자로 safe를 다시 호출한다. 그리고 이런 과정이 계속 되풀이된다. 3초마다 "load status"라는 메시지가 콘솔에 찍힌다. 콘솔에서 볼 수 있는 반복 회수의 크기는 여러분의 인내심의 크기에 따라 달라진다.

이런 무한 재귀 루프를 여러분의 인내심을 테스트하기 위해 만들지는 않았다. 이 코드는 한가지를 알려주기 위한 코드다. 앞에서 본 Status 컴포넌트와 함께 새로운 loadStatus 함수를 사용하면 어떤 일이 벌어지는지 살펴보자.

```
const loadStatus = () => {
  console.log("load status");
  throw new Promise(resolves => setTimeout(resolves, 3000));
};

function Status() {
  const status = loadStatus();
  return <h1>status: {status}</h1>;
}

export default function App() {
  return (
    <Suspense fallback={<GridLoader />}>
      <ErrorBoundary>
        <Status />
      </ErrorBoundary>
    </Suspense>
  );
}
```

loadStatus가 프라미스를 던지므로 GridLoader 애니메이션이 화면에 렌더링된다. 콘솔을
보면 여전히 여러분의 인내심을 테스트하는 출력 결과를 볼 수 있다.

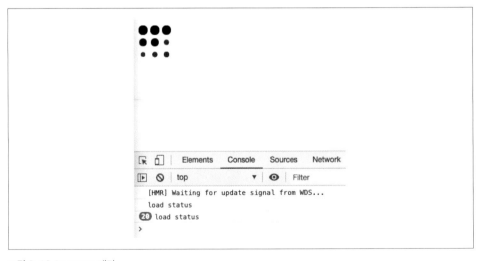

그림 9-12 Suspense 재귀

safe 함수와 같은 패턴을 볼 수 있다. Suspense 컴포넌트는 프라미스가 throw됐다는 사실을 알 수 있다. 따라서 fallback 컴포넌트를 렌더링한다. 그 후 safe 함수와 마찬가지로 Suspense 컴포넌트도 던져진 프라미스가 완료될 때까지 기다린다. Status가 다시 렌더링되면 loadStatus를 호출하고, 전체 프로세스가 되풀이된다. 이로 인해 콘솔에서는 "load status"가 3초마다, 끝없이 반복적으로 출력되는 모습을 볼 수 있다.

무한 루프는 보통 바람직한 결과가 아니다. 리액트에서도 무한 루프는 바람직하지 않다. 여기서 프라미스를 던지면 Suspense 컴포넌트가 이 프라미스를 포획한다는 사실을 알아두는 것이 중요하다. 프라미스를 포획한 Suspense 컴포넌트는 프라미스가 완료될 때까지 진행 중 상태가 된다.

9.2.4 Suspense가 가능한 데이터 소스 만들기

데이터를 적재하는 데 필요한 3가지 상태인 진행 중, 성공, 오류를 모두 처리하기 위해서는 Suspense가 가능한 데이터 소스가 필요하다. loadStatus 함수는 한번에 한 타입만 반환할 수 있다. 우리는 loadStatus 함수가 데이터를 적재 중일 때는 프라미스를 반환하고, 데이터 적재에 성공했을 때는 response를 반환하며, 무언가 잘못됐을 때는 오류를 throw 하도록 해야 한다.

```
function loadStatus() {
  if (error) throw error;
  if (response) return response;
  throw promise;
}
```

error, response, promise를 선언할 곳이 필요하다. 그리고 이 세 변수가 다른 요청과 충돌하지 않도록 적절히 영역을 지정해줘야 한다. 이에 대한 해법은 loadStatus를 클로저와 함께 쓰는 것이다.

```
const loadStatus = (function() {
  let error, promise, response;

  return function() {
```

```
    if (error) throw error;
    if (response) return response;
    throw promise;
  };
})();
```

loadStatus는 클로저다. error, promise, response의 영역은 이 클로저 함수가 정의된 곳 으로부터 외부와 분리된다. loadStatus를 선언할 때 익명 함수를 선언해서 즉시 호출했다. fn()는 (fn)()와 같다. loadStatus의 값은 반환된 내부 함수가 된다. loadStatus 함수는 이제 error, promise, response에 접근할 수 있지만, 나머지 자바스크립트 코드는 이 세 변 수에 접근할 수 없다.

이제 해야 할 일은 error, promise, response의 값을 처리하는 것뿐이다. promise는 3초간 일시 중단된 후 성공적으로 마무리된다. promise가 성공하면 response의 값을 "success"로 설정한다. 오류가 발생하거나 프라미스가 거부되면 error 값에 이를 설정한다.

```
const loadStatus = (function() {
  let error, response;
  const promise = new Promise(resolves =>
    setTimeout(resolves, 3000)
  )
    .then(() => (response = "success"))
    .catch(e => (error = e));
  return function() {
    if (error) throw error;
    if (response) return response;
    throw pending;
  };
})();
```

3초간 일시중단되는 프라미스를 만들었다. loadStatus 함수가 이 3초 안에 호출되면 프라미스 자체가 throw된다. 3초가 지나면 프라미스가 성공적으로 완료되고 response에 값이 대입 된다. loadStatus를 이 시점에 호출하면 "success"라는 반환 값을 얻는다. 무언가 잘못되면 loadStatus 함수가 error를 반환한다.

loadStatus 함수가 바로 Suspense를 수행할 수 있는 데이터 소스이다. 이 함수는 Suspense 아키텍처를 통해 자신의 상태를 소통할 수 있다. loadStatus의 내부 동작은 하드코딩되어 있다. loadStatus는 항상 같은 3초 지연 프라미스를 처리한다. 하지만 error, response, promise를 처리하는 메커니즘은 재사용가능하다. 아무 프라미스나 이 기법으로 둘러싸면 Suspense할 수 있는 데이터 소스를 만들 수 있다.

Suspense할 수 있는 데이터 소스를 만들 때 필요한 것은 프라미스뿐이다. 따라서 프라미스를 인자로 받고 Suspense할 수 있는 데이터 소스를 반환하는 함수를 만들 수 있다. 다음 예제에서는 이런 함수를 createResource라고 부른다.

```
const resource = createResource(promise);
const result = resource.read();
```

이 코드는 createResource(promise)가 성공적으로 resource 객체를 생성한다고 가정한다. 이 객체에는 read 함수가 들어 있고, 우리는 read를 원하는 만큼 호출할 수 있다. 프라미스가 완료되면 read는 결과 데이터를 반환한다. 프라미스가 진행 중 상태면 Read는 promise를 throw한다. 무언가 잘못되면 read는 오류를 throw한다. 이 데이터 소스는 이미 Suspense와 함께 작동할 준비가 되어 있다.

createResource 함수는 앞에서 본 무명 함수와 아주 비슷해 보인다.

```
function createResource(pending) {
  let error, response;
  pending.then(r => (response = r)).catch(e => (error = e));

  return {
    read() {
      if (error) throw error;
      if (response) return response;
      throw pending;
    }
  };
}
```

이 함수는 error와 response의 값을 클로저에 담는다. 하지만 소비하는 쪽에서 프라미스를 pending 인자로 넘길 수 있게 해준다. 이 pending 프라미스가 완료되면 결과를 .then 함수를 통해 포획한다. 프라미스가 거부되면 오류를 포획해서 error 변수를 설정하는데 사용한다.

createResource 함수는 자원 객체를 반환한다. 이 객체에는 read라는 함수가 들어 있다. 프라미스가 진행 중 상태면 error와 response는 정의되지 않고, 그에 따라 read는 프라미스를 throw한다. error에 값이 있을 때 read를 호출하면 error를 throw한다. 마지막으로 response에 값이 있을 때 read를 호출하면 response에 담겨있는 프라미스가 돌려준 값이 반환한다. read를 호출한 회수는 문제가 되지 않는다. read는 언제나 프라미스의 정확한 상태를 돌려준다.

이 자원을 컴포넌트에서 사용하기 위해서는 프라미스가 필요하다. 80년대 스키 영화같은 이름의 프라미스를 사용하자.

```
const threeSecondsToGnar = new Promise(resolves =>
  setTimeout(() => resolves({ gnar: "gnarly!" }), 3000)
);
```

threeSecondsToGnar 프라미스는 3초가 지난 후 gnar라는 필드와 값이 정의된 객체를 돌려주며 완료된다. 이제 이 프라미스를 사용해 Suspense가 가능한 데이터 자원을 만들고 이 자원을 작은 리액트 어플리케이션에 사용해보자.

```
const resource = createResource(threeSecondsToGnar);

function Gnar() {
  const result = resource.read();
  return <h1>Gnar: {result.gnar}</h1>;
}

export default function App() {
  return (
    <Suspense fallback={<GridLoader />}>
      <ErrorBoundary>
        <Gnar />
      </ErrorBoundary>
    </Suspense>
  );
}
```

리액트 컴포넌트는 아주 많이 렌더링될 수 있다. Gnar 컴포넌트는 실제 응답을 반환하기 전까지 여러번에 렌더링된다. Gnar가 렌더링될 때마다 resource.read()가 호출된다. Gnar가 최초로 렌더링될 때는 프라미스가 throw된다. Suspense는 이 프라미스를 보고 fallback 컴포넌트가 렌더링되게 한다.

프라미스가 완료되면 Suspense 컴포넌트가 Gnar를 다시 렌더링하려 시도한다. Gnar는 resource.read()를 다시 호출한다. 하지만 이번에는 모든 일이 순조롭다면 resource.read()가 성공적으로 gnar를 반환한다. 그리고 Gnar 컴포넌트 안에서 h1의 값을 렌더링할 때 이 gnar 값을 사용한다. 무언가 잘못되면 resource.read()가 예외를 throw하고, ErrorBoundary가 이 예외를 처리해준다.

여러분이 상상한 것처럼, createResource 함수는 꽤 튼튼할 수 있다. 우리가 만든 자원은 오류를 처리하기 위해 시도할 수 있다. 네트워크 오류가 있으면 자원이 몇 초 더 기다렸다가 자동으로 데이터를 재적재하려 시도할 수 있다. 자원이 다른 자원과 통신할 수도 있다. 모든 자원에 대한 성능 통계를 로그에 남길 수도 있다. 상상력만이 여러분을 제약하는 한계다. 자원의 현재 상태를 읽을 수 있는 함수가 있는 한, 이 자원을 가지고 원하는 아무 일이나 해도 좋다.

현재는 Suspense가 이런 식으로 작동한다. 비동기 자원을 처리할 때 Suspense를 활용하는 방법은 이번 절에서 설명한 내용과 같다. 하지만 이 모든 내용은 언제든 바뀔 수 있고, 아마도 바뀔 것으로 예상한다. 하지만 Suspense의 최종 API가 어떤 모습이 되든 Suspense는 대기, 성공, 실패라는 3가지 상태를 처리할 것이다.

우리는 Suspense API에 대해 고수준으로 설명을 했다. 이 API는 실험적 API이기 때문에 변경될 것을 감안해 일부러 저수준 설명을 피했다. 이번 장에서 여러분이 배워야 할 내용은 리액트가 항상 리액트 앱을 더 빠르게 만들기 위해 이런저런 시도를 하는 중이라는 점이다.

리액트 자체가 작동하는 방식을 내부적으로 개선하려는 여러 시도 중에는 파이버라고 부르는 조화reconciliation 알고리즘이 있다.

9.2.5 파이버

이 책 전반에 걸쳐 우리는 리액트 컴포넌트를 데이터를 UI로 반환하는 함수라고 설명한다. 데이터가 바뀌면 (프롭, 상태, 원격 데이터 등) 리액트에 의존해 컴포넌트를 다시 렌더링한다. 우리가 색에 대한 별점을 클릭할 때는 UI가 바뀌리라 예상하며, 그것도 아주 빠르게 바뀌리라 예상한다. 이렇게 예상하는 이유는 리액트가 빠르게 모든 것을 처리해 줄 것으로 신뢰하기 때문이다. 하지만 이런 일이 정확하게 어떻게 벌어질 수 있을까? 리액트가 효율적으로 DOM을 갱신해주는 방식을 이해하려면 리액트의 동작을 더 가까이에서 살펴봐야 한다.

여러분이 회사 블로그에 글을 적는다고 가정하자. 작성한 글에 대한 피드백을 얻고 싶어서 글을 공개하기 전에 먼저 동료에게 보낸다. 동료가 빠르게 고칠 수 있는 개선사항을 몇 가지 알려주면, 이제 이런 변경을 여러분이 적용할 차례. 여러분은 새로운 문서를 만들고 글 전체를 처음부터 다시 입력하면서 변경할 부분을 변경한다.

여러분은 아마도 이런 불필요한 추가 노력으로 인해 괴로워할 것이다. 하지만 예전의 라이브러리들은 대부분 이런식으로 작동했다. UI를 갱신 하기 위해서는 모든 내용을 없애고 처음부터 갱신한 내용에 맞춰 DOM을 재구축했다.

이제 다른 블로그 글을 작성하면서 또 동료에게 글을 보낸다. 이번에는 깃허브를 사용해 글 작성 과정을 현대화한다. 동료는 깃허브 브랜치를 체크아웃해서 수정할 부분을 변경하고 브랜치에 변경 사항을 병합한다. 이 방식은 더 빠르고 더 효율적이다.

이 과정은 리액트의 작동 방식과 비슷하다. 변경이 일어나면 리액트는 컴포넌트 트리의 복사본을 자바스크립트 객체로 만든다. 그리고 트리에서 변경해야 할 부분을 찾아서 해당 부분만 변경한다. 변경이 끝나면 복사본(작업 중work-in-progress 트리라고 부름)이 기존 트리를 대신한다. 이때 이미 존재히는 트리를 사용해 작업을 수행한다는 점이 중요하다. 예를 들어 리스트의 원소 중 red를 green으로 변경해야 한다고 가정하자.

```
<ul>
  <li>blue</li>
  <li>purple</li>
  <li>red</li>
</ul>
```

리액트는 세 번째 li를 제거하지 않는다. 대신에 이 li의 자식(red라는 텍스트)을 green으로 갱신한다. 이런 방식은 DOM을 효율적으로 갱신할 수 있는 접근 방식이며, 리액트는 처음부터 이런 접근 방식을 사용해왔다. 하지만 여기도 문제가 될 여지가 있다. DOM을 갱신하는 작업은 동기적 작업이기 때문에 아주 비싼 작업이다. 모든 갱신이 완료되고 렌더링 될 때까지 기다려야 메인 스레드에서 다음 작업을 수행할 수 있다. 다른 말로 하면, 리액트가 재귀적으로 모든 변경 사항을 적용할 때까지 기다려야만 하며, 이로 인해 웹사이트가 사용자의 상호작용에 응답하지 못하는 구간이 생길 수 있다.

이에 대한 리액트 팀의 해답은 리액트의 조화 알고리즘을 파이버라는 알고리즘으로 완전히 다시 작성하는 것이었다. 리액트 버전 16.0부터 포함된 파이버는 DOM을 갱신하는 작업을 좀 더 비동기적인 방법으로 수행한다. 16.0에서 처음 변경한 부분은 렌더러^{renderer}와 리콘실러^{reconciler}를 분리하는 것이었다. 렌더러는 라이브러리에서 렌더링을 담당하는 부분이며, 리콘실러는 라이브러리에서 DOM 변경이 필요할 때 변경을 관리하는 부분이다.

렌더러와 리콘실러를 분리하는 일은 큰 일이었다. 리콘실러가 담당하는 조화 알고리즘은 리액트 코어 (리액트를 사용하기 위해 설치하는 패키지) 안에 유지됐고, 렌더링을 처리하는 렌더러가 각각의 렌더링 타깃을 대상으로 만들어졌다. 다른 말로 하면, ReactDOM, ReactNative, Reactive 360등이 렌더링을 수행하는 로직을 담당하고 리액트의 핵심 조화 알고리즘에 이런 로직을 끼워 넣을 수 있다는 말이다.

리액트 파이버의 큰 변화 중에는 조화 알고리즘의 변경이 포함된다. 비용이 많이 드는 DOM 갱신이 주 스레드를 블록한다는 사실을 기억하는가? 이렇게 오랫동안 메인 스레드를 블록시키는 경우를 작업^{work}이라고 부른다. 파이버에서 리액트는 작업을 파이버라고 불리는 더 작은 단위로 나눴다. 파이버는 자신이 조화시키는 대상이 무엇인지와 갱신 사이클의 어떤 부분을 처리하고 있는지를 추적하는 자바스크립트 객체이다.

파이버(작업 단위)가 완료되면 리액트는 주 스레드에서 처리해야 할 중요한 일이 남아있는지 검사한다. 중요한 일이 남아있다면 리액트는 주 스레드에 제어를 돌려준다. 주 스레드가 중요한 일을 처리하고 나면 리액트는 갱신 작업을 계속 진행한다. 주 스레드에 제어를 돌려줄 만한 특별한 이유가 없으면 리액트는 다음 작업 단위를 찾아서 변경 사항을 DOM에 적용하는 일을 계속한다.

앞에서 본 깃허브를 통한 블로그 글쓰기 예제를 사용해 설명해보자. 각 파이버는 브랜치의 커밋에 해당한다. 브랜치를 주 브랜치에 체크인하는 과정은 DOM 트리를 갱신하는 과정에 해당한다. 갱신 작업을 여러 부분으로 나눔으로써 파이버에서는 한 줄을 수정한 다음에 바로 주 스레드를 처리할 수 있었다. 이에 따른 결과로 사용자는 좀 더 응답성이 좋다고 느끼게 됐다.

지금까지 말한 내용이 파이버가 하는 일 전부라 해도, 파이버를 성공으로 생각할 수 있을 것이다. 하지만 파이버는 그보다 더 많은 일을 한다! 작업을 더 작은 단위로 나눠서 얻을 수 있는 성능 개선 외에, 파이버로 리액트를 재작성함으로써 미래에 리액트를 더 흥미진진하게 발전시킬 수 있는 여지가 생겼다. 파이버는 갱신에 우선순위를 부여할 수 있는 인프라를 제공한다. 더 장기적인 관점에서 보면 개발자는 디폴트 우선순위를 비틀어서 어떤 유형의 작업에 더 높은 우선순위를 부여할지 결정할 수 있다. 작업 단위의 우선순위를 정하는 과정을 스케줄링^{scheduling}이라고 한다. 이 개념은 실험적인 동시성 모드의 근간이 되는 개념이다. 그리고 언젠가는 동시성 작업 단위들이 병렬적으로 수행될 수 있을 것이다.

프로덕션에서 리액트를 사용할 때 파이버를 이해하는 게 필수적이지는 않다. 하지만 조화 알고리즘을 재작성한 방식은 리액트가 작동하는 방식이나 리액트 기여자들이 리액트의 미래에 대해 어떤 생각을 하고 있는가에 대한 흥미로운 통찰을 제공해준다.

CHAPTER 10

리액트 테스트

경쟁에서 살아남으려면 빠르게 개발하면서 품질도 유지해야 한다. 이런 목표를 달성하기 위해 꼭 필요한 도구 중 하나가 **단위 테스팅**unit testing이다. 단위 테스팅을 통해 애플리케이션의 모든 부분(또는 **단위**)이 의도대로 작동하는지 검증할 수 있다.[20]

함수형 기법을 채택할 경우 얻을 수 있는 이점 하나는 함수형 코드를 테스트하기 쉽다는 점이다. 순수 함수는 근본적으로 테스트하기 쉽다. 불변성도 테스트하기 쉽다. 구체적인 작업을 처리하기 위해 만들어진 작은 함수들로 이뤄진 애플리케이션을 만들면 더 테스트하기 쉬운 함수나 코드 단위를 만들 수 있다.

이번 장에서는 리액트 애플리케이션을 테스트하기 위해 사용할 수 있는 기법을 보여준다. 이번 장에서는 테스트를 다룰 뿐 아니라 코드와 테스트를 평가하고 개선할 때 도움이 될 수 있는 도구를 소개한다.

10.1 ESLint

대부분의 프로그래밍 언어에서는 코드를 실행하기 전에 먼저 그 코드를 컴파일해야 한다. 프로그래밍 언어에는 상당히 엄격한 규칙이 정해져 있고 그런 규칙을 지키지 않는 코드는 컴파일되

---

[20] 단위 테스팅에 대한 소개 글로 마틴 파울러(Martin Fowler)의 '단위 테스팅(Unit Testing)'을 보라(http://martinfowler.com/bliki/UnitTest.html).

지 않는다. 자바스크립트는 그런 규칙이 적고 컴파일러를 사용하지도 않는다. 코드를 작성하고 두 손을 모으고 브라우저에서 프로그램을 실행하면서 제대로 작동하기를 기도해야 한다. 하지만 우리가 작성한 코드를 분석해서 구체적인 지침을 따르도록 도와주는 많은 도구가 있다.

자바스크립트를 분석하는 과정을 **힌팅**hinting 또는 **린팅**linting이라고 부른다. JSHint와 JSLint는 원래는 자바스크립트를 분석하고 형식에 대한 제안을 제공하는 도구였다. ESLint(http://eslint.org)는 최신 자바스크립트 문법을 지원하는 코드 린터linter다. 게다가 ESLint는 플러그인을 추가할 수 있다. 따라서 ESLint의 기능을 확장하기 위해 플러그인을 만들어서 공유하거나 다른 사람이 만든 플러그인을 활용할 수도 있다.

create-react-app을 사용하면 ESLint를 즉시 사용할 수 있다. 이미 콘솔에서 린트 메시지와 경고를 살펴봤다.

우리는 eslint-plugin-react(http://bit.ly/2kuEylV)라는 플러그인을 사용한다. 이 플러그인은 자바스크립트 외에 JSX와 리액트 문법을 분석해준다.

eslint를 개발 의존 관계로 설치하자. npm으로 eslint를 설치할 수 있다.

```
npm install eslint --save-dev
# 또는
yarn add eslint --dev
```

ESLint를 사용하기 전에 먼저 함께 따라야 할 몇 가지 문법 규칙을 설정해야 한다. 프로젝트의 최상위 디렉터리에 설정 파일을 만들고 그런 규칙을 지정할 수 있다. 설정 파일은 JSON이나 YAML로 작성할 수 있다. YAML(http://yaml.org)은 JSON과 비슷한 데이터 직렬화 형식이지만 문법이 덜 복잡하고 사람이 읽기 조금 더 쉽다.

ESLint는 설정을 돕는 도구를 제공한다. 시작할 때 사용할 수 있는 ESLint 설정 파일을 제공하는 회사도 몇 군데 있고, 여러분이 직접 설정 파일을 만들어도 된다.

ESLint 설정을 만들려면 eslint --init을 실행하고 코딩 스타일에 대한 몇 가지 질문에 답변해야 한다. 화면에 표시되지는 않지만 각 문장 아래 번역을 추가했다.

```
npx eslint --init

How would you like to configure ESLint?
```

ESLint를 어떻게 설정하겠습니까?
To check syntax and find problems
문법을 검사하고 문제를 찾기 위해

What type of modules does your project use?
프로젝트에서 어떤 모듈을 사용합니까?
JavaScript modules (import/export)
자바스크립트 모듈(import/export)

Which framework does your project use?
프로젝트에서 어떤 프레임워크를 사용합니까?
React
리액트

Does your project use TypeScript?
프로젝트에서 TypeScript를 사용합니까?
N

Where does your code run? (Press space to select, a to toggle all,
i to invert selection)
코드를 어디서 실행합니까?(스페이스 바를 눌러서 선택하거나, a를 눌러서 전체를
토글하거나, i를 눌러서 선택을 반전시킬 수 있음)
Browser
브라우저

What format do you want your config file to be in?
설정 파일을 어떤 형식으로 저장하겠습니까?
JSON

Would you like to install them now with npm?
npm으로 eslint를 설치하겠습니까?
Y

npx eslint --init을 실행하면 3가지 일이 벌어진다.

1 eslint-plugin-react가 ./node_modules 아래에 로컬 설치된다.

2 package.json 파일에 자동으로 의존 관계가 추가된다.

3 프로젝트 최상위 디렉터리에 .eslintrc.json 라는 설정 파일을 만든다.

이제 .eslintrc.json 파일을 열면 설정이 담긴 객체를 볼 수 있다.

```json
{
  "env": {
    "browser": true,
    "es6": true
  },
  "extends": [
    "eslint:recommended",
    "plugin:react/recommended"
  ],
  "globals": {
    "Atomics": "readonly",
    "SharedArrayBuffer": "readonly"
  },
  "parserOptions": {
    "ecmaFeatures": {
      "jsx": true
    },
    "ecmaVersion": 2018,
    "sourceType": "module"
  },
  "plugins": ["react"],
  "rules": {}
}
```

중요한 부분은 extends 키이다. 앞에서 실행한 eslint --init 명령이 eslint와 react를 초기화 해 둔 것을 볼 수 있다. 이 말은 우리가 직접 이런 규칙을 설정할 필요가 없다는 뜻이다. 대신 리액트와 eslint 관련 규칙이 자동으로 제공된다.

sample.js 파일을 만들어서 ESLint 설정과 규칙을 테스트해보자.

```js
const gnar = "gnarly";
const info = ({
  file = __filename,
  dir = __dirname
}) => (
  <p>
    {dir}: {file}
  </p>
);

switch (gnar) {
```

```
    default:
      console.log("gnarly");
      break;
  }
```

이 파일에는 몇 가지 문제가 있다. 하지만 브라우저는 아무 오류도 발견하지 못한다. 기술적으로 보면 이 코드는 그냥 잘 작동한다. 하지만 이 파일에 대해 ESLint를 실행해서 앞에서 정한 규칙에 따라 어떤 피드백을 받을 수 있는지 살펴보자. 역시 아래 번역을 붙여놨다.

```
npx eslint sample.js
3:7 error 'info' is assigned a value but never used no-unused-vars
'info'에 값을 지정했지만 사용하지 않음
4:3 error 'file' is missing in props validation react/prop-types
'file'에 대한 프롭 검증이 없음
4:10 error 'filename' is not defined no-undef
'filename'이 정의되지 않음
5:3 error 'dir' is missing in props validation react/prop-types
'dir'에 대한 프롭 검증이 없음
5:9 error 'dirname' is not defined no-undef
'dirname'이 정의되지 않음
7:3 error 'React' must be in scope when using JSX react/react-in-jsx-scope
JSX를 사용하려면 'React'가 영역에 들어 있어야 함
✘ 6 problems (6 errors, 0 warnings)
```

ESLint는 예제 코드를 분석해서 설정된 조건에 따라 몇 가지 문제를 지적한다. 프로퍼티 검증과 관련한 오류가 있고, ESLint가 자동으로 Node.js 전역 변수를 포함시키지 않기 때문에 __filename과 __dirname에 대한 오류가 표시된다. 마지막으로 ESLint 사용시 리액트에 대해 기본적으로 검사해주는 메시지를 보면 JSX를 사용하기 위해서는 React가 범위 안에 있어야 한다는 사실을 알려준다.

eslint .이라는 명령은 전체 디렉터리를 검사한다. 이 명령을 사용하려면 몇 가지 자바스크립트 파일을 ESLint가 무시하게 해야 한다. .eslintignore 파일에 ESLint가 무시할 파일과 디렉터리를 적을 수 있다.

```
dist/assets/
sample.js
```

이 .eslintignore 파일은 ESLint가 sample.js 파일과 dist/assets/ 디렉터리 안에 있는 파일을 무시하게 한다. assets 폴더를 무시하지 않으면 ESLint가 클라이언트의 bundle.js 파일을 분석해서 엄청나게 많은 지적 사항을 볼 수 있을 것이다.

이제 package.json 파일에 린트를 실행하는 스크립트를 추가하자.

```
{
  "scripts": {
    "lint": "eslint ."
  }
}
```

이제 npm run을 실행할 때마다 ESLint도 실행된다. ESLint는 무시하도록 지정한 파일을 제외한 모든 프로젝트 파일을 검사한다.

10.1.1 ESLint 플러그인

ESLint에 추가해서 코드 작성시 도움을 받을 수 있는 플러그인이 많이 있다. 리액트 프로젝트의 경우 eslint-plugin-react-hooks를 꼭 설치해야 한다. 이 플러그인은 리액트 훅스와 관련된 규칙을 추가해준다. 리액트 팀이 훅스 사용과 관련한 버그를 수정할 때 도움이 될 수 있도록 이 패키지를 배포했다.

우선 이 플러그인을 설치하자.

```
npm install eslint-plugin-react-hooks --save-dev
# 또는
yarn add eslint-plugin-react-hooks --dev
```

그 후, .eslintrc.json을 열어서 다음을 추가하자.

```
{
  "plugins": [
    // ...
    "react-hooks"
  ],
  "rules": {
```

```
    "react-hooks/rules-of-hooks": "error",
    "react-hooks/exhaustive-deps": "warn"
  }
}
```

이 플러그인은 "use"라는 단어로 시작하는 함수(이런 함수를 훅으로 간주한다)가 훅스 관련 규칙을 만족하는지 검사한다.

플러그인을 추가했으니 플러그인을 테스트하기 위한 코드를 작성하자. sample.js 안의 코드를 변경하자. 이 코드는 실행되지 않지만, 플러그인이 제대로 작동하는지를 검증하기 위해 사용할 수는 있다.

```
function gnar() {
  const [nickname, setNickname] = useState(
    "dude"
  );
  return <h1>gnarly</h1>;
}
```

몇 가지 오류가 표시된다. 가장 중요한 오류는 컴포넌트나 훅이 아닌 함수 내부에서 useState를 사용하려고 시도한다는 오류 메시지다.

```
4:35 error React Hook "useState" is called in function "gnar" that is neither
a React function component nor a custom React Hook function
react-hooks/rules-of-hooks
```

이 메시지를 보면 훅에 대해 배우면서 내부나 외부 작동을 이해할 때 도움이 된다.

프로젝트에 포함할만한 다른 유용한 ESLint 플러그인으로는 eslint-plugin-jsx-a11y가 있다. a11y은 숫자를 사용한 줄임말numeronym으로 'a'와 'y' 사이에 11글자가 들어 있는 접근성accessibililty을 표현한다. 접근성이란 웹사이트, 도구, 기술 등을 얼마나 쉽게 장애인이 사용할 수 있느냐를 뜻한다.

이 플러그인은 여러분의 코드를 분석해서 접근성 규칙을 깨는 부분이 있는지 알려준다. 우리 모두가 접근성에 신경을 써야 한다. 접근성 높은 리액트 애플리케이션을 작성하고 싶을 때, 이 플러그인 사용이 좋은 사례로 장려될 것이다.

설치를 위해서는 npm이나 yarn을 사용해야 한다.

```
npm install eslint-plugin-jsx-a11y
// 또는
yarn add eslint-plugin-jsx-a11y
```

그 후 설정 파일 .eslintrc.json에 다음을 추가한다.

```
{
  "extends": [
    // ...
    "plugin:jsx-a11y/recommended"
  ],
  "plugins": [
    // ...
    "jsx-a11y"
  ]
}
```

이제 플러그인을 테스트해보자. sample.js 파일을 변경해서 alt 프로퍼티가 없는 image 태그를 추가한다. image 태그가 린트 검사를 통과하려면 alt 프로퍼티가 있거나, 이미지가 없어도 내용을 이해하는 데 문제가 없으면 alt 프로퍼티의 내용이 빈 문자열이어야만 한다.

```
function Image() {
  return <img src="/img.png" />;
}
```

npm run lint로 린트를 다시 실행하면 jsx/a11y 플러그인이 알려주는 오류를 볼 수 있다.

```
5:10 error img elements must have an alt prop, either with meaningful text,
or an empty string for decorative images
```

코드를 정적으로 분석하기 위해 사용할 수 있는 다양한 ESLint 플러그인이 있다. 그리고 ESLint 설정을 완벽하게 다듬기 위해 몇 주를 보낼 수도 있다. 여러분 자신을 다음 수준으로 향상시키고 싶다면, 오섬 ESLint 저장소(https://github.com/dustinspecker/awesome-eslint)에서 유용한 정보를 볼 수 있다.

10.2 프리티어

프리티어prettier는 다양한 프로젝트에 사용할 수 있는 옵션 선택이 가능한 코드 형식화기formatter
이다. 프리티어가 최초 릴리스된 이래 웹 개발자의 일상에 미친 효과는 믿을 수 없을 만큼 크
다. 역사적인 기록을 보면 코드 구문을 어떻게 작성할지에 대한 논의가 평균적인 자바스크립트
개발자의 일상의 87%를 차지했다. 하지만 이제는 프리티어가 코드 형식화를 대신해주고 프로
젝트에서 코드 구문 작성 규칙을 정의해 준다. 이로 인해 절약되는 시간이 엄청나다. 그리고 마
크다운 표에 대해 프리티어를 적용해보면, 프리티어가 얼마나 형식화를 빠르게 해주는지 살펴
보는 일은 아주 놀라운 일이다.

여러 프로젝트에서 ESLint로 코드 형식화를 처리한 적이 있지만, 이제는 코드를 형식화하는
책임은 분명히 ESLint의 손을 떠나고 있다. ESLint는 코드 품질과 관련된 관심사를 다룬다.
프리티어는 코드 형식에 대해 다룬다.

프리티어가 ESLint와 함께 동작하게 하려면 프로젝트 설정을 좀 더 다듬어야 한다. 시작하려
면 프리티어를 전역으로 설치해야 한다.

```
sudo npm install -g prettier
```

이렇게 설치하고 나면 아무 프로젝트에서나 프리티어를 사용할 수 있다.

10.2.1 프로젝트에서 프리티어 설정하기

프리티어 설정 파일을 프로젝트에 추가하려면 .prettierrc 파일을 만들면 된다. 이 파일에
다음과 같이 프로젝트 디폴트 설정을 넣자.

```
{
"semi": true,
"trailingComma": none,
"singleQuote": false,
"printWidth": 80
}
```

이 설정이 우리가 선호하는 디폴트 설정이다. 물론 여러분이 타당하다고 생각하는대로 설정을 변경해도 된다. 프리티어의 형식화 옵션에 대해서는 프리티어 문서(https://prettier.io/docs/en/options.html)를 참조하자.

지금까지 사용한 sample.js 파일에 형식화가 필요한 코드를 추가하자.

```
console.log("Prettier Test")
```

이제 터미널이나 명령줄에서 프리티어 CLI를 실행해 프리티어를 시험해보자.

```
prettier --check "sample.js"
```

프리티어는 검사를 진행하고 "Code style issues found in the above file(s). Forgot to run Prettier ?"와 같은 메시지를 표시한다. CLI로부터 프리티어가 코드를 형식화하도록 하려면 write 플래그를 전달한다.

```
prettier --write "sample.js"
```

이 명령을 사용하면 프리티어가 파일을 형식화하는데 몇 밀리초가 걸렸는지 표시해주는 출력을 볼 수 있다. 파일을 열면 .prettierrc 파일에 제공된 디폴트 값에 따라 파일 내용이 바뀌었음을 알 수 있다. 이 과정이 너무 귀찮고 속도도 좀 더 높일 필요가 있어 보인다면, 여러분이 맞았다. 이제 자동화를 시작해보자!

먼저, 설정 도구와 플러그인을 설치해서 ESLint와 프리티어를 통합하자.

```
npm install eslint-config-prettier eslint-plugin-prettier --save-dev
```

설정(eslint-config-prettier)은 프리티어와 충돌하는 모든 ESLint 규칙을 꺼준다. 플러그인(eslint-plugin-prettier)는 프리티어 규칙을 ESLint 규칙에 통합해준다. 다른말로 하면, 플러그인은 lint 스트립트를 실행할 때 프리티어도 실행되게 해준다.

이런 도구를 .eslintrc.json에 넣자.

```
{
  "extends": [
    // ...
    "plugin:prettier/recommended"
  ],
  "plugins": [
    //,
    "prettier"],
  "rules": {
    // ...
    "prettier/prettier": "error"
  }
}
```

코드에서 형식화 규칙을 일부러 깨서 프리티어가 작동하는지 확인하자. 예를 들어 `sample.js`를 다음과 같이 고치자.

```
console.log("Prettier Test")
```

`npm run lint`로 린트 명령을 실행하면 다음과 같은 출력을 볼 수 있다.

```
1:13 error Replace `'Prettier·Test')` with `"Prettier·Test");` prettier/prettier
```

모든 오류를 찾았다. 이제 프리티어의 **write** 명령을 사용하면 한 파일을 형식화할 수 있다.

```
prettier --write "sample.js"
```

또는, 특정 폴더에 있는 모든 자바스크립트 파일을 모두 형식화할 수도 있다.

```
prettier --write "src/*.js"
```

10.2.2 VSCode에서 프리티어 사용하기

VSCode를 사용 중이라면 프리티어를 편집기 안에 설정하기를 권장한다. 꽤 빠르게 설정을 할수 있으며, 코드를 작성하면서 많은 시간을 절약할 수 있다.

우선 프리티어 VSCode 확장을 설치하고 싶다. 링크(https://oreil.ly/-7Zgz)를 열어서설치 버튼을 클릭하자. 설치가 끝나면 Ctrl+Cmd+P(맥)이나 Ctrl+Shift+P(PC)로 파일 전체나 코드에서 선택한 부분을 형식화할 수 있다. 더 나은 결과를 얻으려면 코드를 저장할 때 형식화할 수도 있다. 이렇게 하려면 VSCode에 설정을 추가해야 한다.

이런 설정에 접근하려면 Code 메뉴를 열어서 Preference를 찾고, Settings를 열라. (바쁜독자라면 Cmd+,(맥)이나 Ctrl+,(PC) 키를 눌러도 된다.) 그 후 오른쪽 위 구석에 있는 작은종이 모양 아이콘을 클릭해서 VSCode 설정을 JSON으로 열라. 이 JSON에 유용한 키를 추가할 수 있다.

```
{
  "editor.formatOnSave": true
}
```

이제 파일을 저장할 때마다 프리티어가 .prettierrc 디폴트 값에 따라 파일을 형식화해준다!프로젝트 안에 .prettierrc 설정 파일이 없다고 해도, Settings for Prettier를 선택하면 편집기의 프리티어 파일 형식화 디폴트 값을 설정할 수 있다.

프리티어는 다른 편집기도 지원한다. 코드 편집기에 따른 프리티어 설정 방법을 알고 싶은독자는 프리티어 문서의 편집기 통합Editor Integration 절(https://prettier.io/docs/en/editors.html)을 보라.

10.3 리액트 애플리케이션을 위한 타입 검사

큰 애플리케이션을 다루는 경우 어떤 유형의 버그를 정확히 잡아내기 위해 타입 검사를 포함시키고 싶을 수도 있다. 리액트 앱에서 타입 검사를 수행하는 데는 prop-types 라이브러리, 플로우Flow, 타입스크립트TypeScript라는 3가지 방법이 있다. 이제부터는 코드 품질을 개선하기 위해 이런 도구를 설정하는 방법을 자세히 살펴본다.

10.3.1 PropTypes

이 책 1판 당시에 PropTypes는 코어 리액트 라이브러리의 일부분이었으며, 리액트 앱의 타입을 검사할 때 권장되는 방법이었다. 요즘은 플로우나 타입스크립트 같은 다른 해법이 대두되면서 리액트 번들 크기를 줄이기 위해 PropTypes 기능이 별도 라이브러리로 분리됐다. 하지만 여전히 PropTypes도 널리 쓰이고 있다.

PropTypes를 앱에 추가하려면 prop-types 라이브러리를 설치해야 한다.

```
npm install prop-types --save-dev
```

라이브러리 이름을 렌더링하는 최소한의 App 컴포넌트를 만들어서 이 라이브러리를 테스트해보자.

```
import React from "react";
import ReactDOM from "react-dom";

function App({ name }) {
  return (
    <div>
      <h1>{name}</h1>
    </div>
  );
}

ReactDOM.render(
  <App name="React" />,
  document.getElementById("root")
);
```

이제 prop-type 라이브러리를 임포트하고 App.propTypes를 사용해 각 프로퍼티의 타입을 정의하자.

```
import PropTypes from "prop-types";

function App({ name }) {
  return (
    <div>
      <h1>{name}</h1>
    </div>
  );
}

App.propTypes = {
  name: PropTypes.string
};
```

App 컴포넌트에는 name이라는 프로퍼티가 있고, 이 프로퍼티는 항상 문자열이다. 이 name에 잘못된 타입의 값이 전달되면 오류가 발생한다. 예를 들어, 불리언을 사용하면 어떤 일이 생길까?

```
ReactDOM.render(
  <App name="React" />,
  document.getElementById("root")
);
```

콘솔을 보면 문제가 발생했다는 사실을 알 수 있다.

```
Warning: Failed prop type: Invalid prop name of type boolean supplied to App,
expected string. in App
```

잘못된 타입의 값을 프로퍼티에 제공하면 개발 모드에서만 이 경고를 볼 수 있다. 프로덕션에서는 경고나 깨진 렌더링이 나타나지 않는다.

물론 프로퍼티를 검증할 때 다른 타입을 사용할 수도 있다. 어떤 기업이 특정 기술을 사용하는지 여부를 다루기 위해 불리언을 추가할 수도 있다.

```
function App({ name, using }) {
  return (
    <div>
```

```
      <h1>{name}</h1>
      <p>
        {using ? "used here" : "not used here"}
      </p>
    </div>
  );
}

App.propTypes = {
  name: PropTypes.string,
  using: PropTypes.bool
};

ReactDOM.render(
  <App name="React" using={true} />,
  document.getElementById("root")
);
```

다음 목록은 사용할 수 있는 다른 타입들을 보여준다.

- PropTypes.array

- PropTypes.object

- PropTypes.bool

- PropTypes.func

- PropTypes.number

- PropTypes.string

- PropTypes.symbol

추가로 프로퍼티에 값이 들어왔는지 확인하고 싶다면 .isRequired를 이런 타입 뒤에 붙이면 된다. 예를 들어 문자열을 꼭 지정해야 한다면 다음과 같이 할 수 있다.

```
App.propTypes = {
  name: PropTypes.string.isRequired
};

ReactDOM.render(
  <App />,
  document.getElementById("root")
);
```

이제 이 필드에 값을 제공하지 않으면 콘솔에서 다음과 같은 경고를 볼 수 있다.

```
index.js:1 Warning: Failed prop type: The prop name is marked as required in App,
but its value is undefined.
```

값만 제공되면 제공된 값의 타입이 무엇이든 상관 없는 경우도 있다. 이럴 때는 any를 쓴다. 예를 들어 다음을 보자.

```
App.propTypes = {
  name: PropTypes.any.isRequired
};
```

이 코드는 불리언, 문자열, 수-또는 다른 어느 것이든- 프로퍼티에 제공할 수 있다는 뜻이다. name이 undefined가 아닌 한, 타입 검사에 성공한다.

기본 타입 검사 외에도, 다양한 실전 상황에서 유용한 몇 가지 유틸리티도 PropTypes에 들어 있다. status의 상태가 Open이나 Closed 중 하나여야만 하는 컴포넌트가 있다고 가정하자.

```
function App({ status }) {
  return (
    <div>
      <h1>
        We're {status === "Open" ? "Open!" : "Closed!"}
      </h1>
    </div>
  );
}

ReactDOM.render(
  <App status="Open" />,
  document.getElementById("root")
);
```

상태는 문자열이다. 따라서 문자열 검사를 사용하고 싶을 것이다.

```
App.propTypes = {
  status: PropTypes.string.isRequired
};
```

이렇게 해도 잘 작동하지만, Open이나 Closed가 아닌 문자열을 전달해도 프로퍼티가 검증을 통과한다. 우리가 실제로 강제로 지정하고 싶은 타입은 이넘enum 검사다. 이넘enumeration 타입은 특정 필드나 프로퍼티에 넣을 수 있는 값을 특정 목록에 속한 값으로만 제한하는 타입이다. 따라서 propTypes 객체를 다음과 같이 조정할 수 있다.

```
App.propTypes = {
  status: PropTypes.oneOf(["Open", "Closed"])
};
```

이제 PropTypes.oneOf에 전달한 리스트에 들어 있지 않은 값을 전달하면 경고가 표시된다.

리액트 앱에서 PropTypes에 설정할 수 있는 모든 옵션을 알고 싶은 독자는 문서(https://oreil.ly/pO2Js)를 확인하자.

10.3.2 플로우

플로우는 페이스북 오픈 소스에 의해 유지되는 타입검사 라이브러리이다. 플로우는 정적 타입 애너테이션annotation을 사용해 오류를 검사하는 도구다. 다른 말로 설명하면, 여러분이 특정 타입의 변수를 만들면 플로우가 그 변수가 올바른 타입으로 사용되는지 검사해준다.

create-react-app으로 프로젝트를 만들자.

```
npx create-react-app in-the-flow
```

그 후 플로우를 프로젝트에 더하자. create-react-app은 여러분이 플로우를 사용한다고 가정하지 않기 때문에, 플로우 라이브러리를 포함시키지 않는다. 하지만 플로우를 포함시키기는 쉽다.

```
npm install --save flow-bin
```

설치가 끝나면 npm run flow를 타이핑하면 플로우를 실행해주는 npm 스크립트를 추가하자. 단지 package.json의 scripts 키에 프로퍼티를 추가하면 된다.

```
{
  "scripts": {
    "start": "react-scripts start",
    "build": "react-scripts build",
    "test": "react-scripts test",
    "eject": "react-scripts eject",
    "flow": "flow"
  }
}
```

이제 flow 명령을 실행하면 플로우가 파일에 대한 타입 검사를 수행한다. 플로우를 사용하기
전에 먼저 .flowconfig 파일을 작성해야 한다. 이 파일을 만들기 위해 다음 명령을 실행하자.

```
npm run flow init
```

이 명령은 다음과 비슷한 설정 파일 뼈대를 만들어준다.

```
[ignore]
[include]
[libs]
[lints]
[options]
[strict]
```

대부분의 경우 플로우의 디폴트 설정을 사용하기 위해 각 부분을 빈 내용으로 남겨두면 된다.
기본적인 사용법 외에 플로우를 더 설정하고 싶다면 .flowconfig 문서(https://flow.org/
en/docs/config/)를 살펴보라.

플로우에서 가장 멋진 기능은 플로우를 점진적으로 적용할 수 있다는 점이다. 전체 프로젝트에
타입 검사를 한꺼번에 적용하는 일은 너무 큰 일이다. 플로우를 사용하면 꼭 프로젝트 전체에
타입 검사를 적용할 필요가 없다. 다만 타입 검사를 하고 싶은 파일 맨 위에 //@flow라는 줄을
추가하면 된다. 플로우는 이런 줄이 있는 파일에 대해서만 자동으로 타입 검사를 수행한다.

VSCode extention for Flow라는 확장을 VSCode에 설치해서 코드 완성과 파라미터 힌트
를 제공하게 할 수도 있다. 프리티어나 린트 도구를 설정했다면 이 확장을 설치하면 편집기가
플로우의 구문을 잘못 해석하지 않게 할 수 있다. 마켓플레이스(http://oreil.ly/zdaPv)에

서 이 확장을 찾을 수 있다.

이제 index.js 파일을 열자. 단순화를 위해 모든 요소를 한 파일에 넣자. 파일 맨 위에 //@
flow를 꼭 추가하자.

```
//@flow

import React from "react";
import ReactDOM from "react-dom";

function App(props) {
  return (
    <div>
      <h1>{props.item}</h1>
    </div>
  );
}

ReactDOM.render(
  <App item="jacket" />,
  document.getElementById("root")
);
```

이제 프로퍼티의 타입을 정의하자.

```
type Props = {
  item: string
};

function App(props: Props) {
  //...
}
```

다음으로 npm run flow를 실행하자. 플로우 버전에 따라 다음과 같은 경고를 볼 수도 있다.

```
Cannot call ReactDOM.render with root bound to container because null [1] is
incompatible with Element [2]
```

이 경고는 document.getElementById("root")가 null을 반환하기 때문에 발생한다. 이

로 인해 앱이 오류를 내면서 중단된다. 이에 대한 보호장치를 추가하는(그리고 오류를 없애는) 방법이 2가지 있다. 첫 번째 접근 방법은 if문을 사용해 root가 null이 아님을 확인하는 방식이다.

```
const root = document.getElementById("root");

if (root !== null) {
  ReactDOM.render(<App item="jacket" />, root);
}
```

두 번째 접근 방법은 플로우 구문을 사용해 root 상수에 대한 타입 검사를 추가하는 방식이다.

```
const root = document.getElementById("root");
ReactDOM.render(<App item="jacket" />, root);
```

어느 방식을 사용하든 오류가 사라지고 코드에서 오류가 발생하지 않음을 확인할 수 있다!

```
No errors!
```

이 결과를 완전히 신뢰해도 된다. 하지만 일부러 이 규칙을 깨려고 시도해 보는 것도 좋은 생각이다. 앱에 다른 타입의 프로퍼티를 전달해보자.

```
ReactDOM.render(<App item={3} />, root);
```

멋지다. 규칙을 깼다. 이제는 다음과 같은 오류를 볼 수 있다.

```
Cannot create App element because number [1] is incompatible with string [2]
in property item.
```

코드를 원래대로 돌려놓고, 수를 받는 다른 프로퍼티를 추가하자. 그리고 컴포넌트와 프로퍼티 정의를 바꾸자.

```
type Props = {
  item: string,
  cost: number
```

```
  };

  function App(props: Props) {
    return (
      <div>
        <h1>{props.item}</h1>
        <p>Cost: {props.cost}</p>
      </div>
    );
  }

  ReactDOM.render(
    <App item="jacket" cost={249} />,
    root
  );
```

이 코드를 실행하며 잘 작동한다. 하지만 cost 값을 제거하면 어떤 일이 생길까?

```
ReactDOM.render(<App item="jacket" />, root);
```

제거하자마자 다음 오류를 볼 수 있다.

```
Cannot create App element because property cost is missing in props [1] but
exists in Props [2].
```

여기서 cost가 정말로 꼭 필요한 값이 아니라면 cont? 처럼 프로퍼티 이름 뒤에 물음표(?)를 붙여서 프로퍼티 정의를 선택적으로 지정할 수 있다.

```
type Props = {
  item: string,
  cost?: number
};
```

이 코드를 다시 실행하면 오류가 표시되지 않는다.

이번 절에서 살펴본 내용은 플로우라는 빙산의 일각일 뿐이다. 플로우를 더 배우고 플로우의 최신 상황을 계속 알고 싶은 독자는 플로우 문서 사이트(https://flow.org/en/docs/getting-started/)를 방문해보라.

10.3.3 타입스크립트

타입스크립트는 리액트 애플리케이션을 타입체킹하고 싶을 때 쓸 수 있는 또 다른 유명한 도구이다. 타입스크립트는 자바스크립트의 하위집합이며 오픈 소스 언어이다. 따라서 타입스크립트 프로그램은 자바스크립트 프로그램이기도 하지만, 자바스크립트에 추가 기능을 제공한다. 마이크로소프트가 타입스크립트를 만들었다. 타입스크립트를 만든 목적은 큰 프로젝트에서 개발자가 좀 더 빨리 버그를 찾고 더 빠르게 개발 이터레이션이 가능하게 돕는 것이다.

타입스크립트를 충성스럽게 지지하는 사람이 늘어나고 있어서 타입스크립트 생태계와 도구도 계속 개선되는 중이다. 우리도 이미 타입스크립트 도구를 사용 중인데, 바로 create-react-app이다. create-react-app은 타입스크립트 템플릿을 제공한다. 우리가 작성하는 앱에 타입스크립트를 어떻게 쓸 수 있는지 느껴보기 위해, 앞에서 PropTypes나 플로우를 사용해 한 것과 비슷한 몇 가지 기본적인 타입검사를 설정해보자.

먼저 create-react-app으로 다른 앱을 만든다. 이때 플래그를 조금 다르게 준다.

```
npx create-react-app my-type --template typescript
```

이렇게 만들어진 프로젝트 뼈대를 살펴보자. src 디렉터리 안에 있는 파일들의 확장자가 .ts나 .tsx라는 점에 유의하자. 그리고 .tsconfig.json 파일을 볼 수 있다. 이 파일에는 타입스크립트 관련 설정이 담겨있다. 나중에 이에 대해 조금 더 살펴볼 것이다.

그리고 package.json 파일을 보면 타입스크립트 라이브러리와 Jest, 리액트, 리액트DOM 등을 위한 타입 정의 등, 타입스크립트와 관련있는 새로운 의존 관계가 추가 설치됐음을 알 수 있다. @types/로 시작하는 의존 관계는 라이브러리의 타입 정의를 뜻한다. 이 말은 해당 라이브러리가 제공하는 함수나 메서드에 타입이 지정되기 때문에 이런 라이브러리의 타입을 우리가 기술할 필요가 없다는 뜻이다.

> **NOTE_** 프로젝트에 타입스크립트 기능이 포함되지 않았다면 옛날 버전인 create-react-app을 사용 중인 것이다. 이 옛 버전을 제거하려면 npm uninstall -g create-react-app을 실행하면 된다.

플로우에서 사용한 컴포넌트를 이 프로젝트로 가져오자. 단지 index.ts 파일에 컴포넌트를 넣기만 하면 된다.

```
import React from "react";
import ReactDOM from "react-dom";

function App(props) {
  return (
    <div>
      <h1>{props.item}</h1>
    </div>
  );
}

ReactDOM.render(
  <App item="jacket" />,
  document.getElementById("root")
);
```

이 프로젝트를 npm start로 실행하면 첫 번째 타입스크립트 오류를 볼 수 있다. 이 오류는 현재 우리가 예상할 수 있는 오류와 같다.

```
Parameter 'props' implicitly has an 'any' type.
```

이 말은 App 컴포넌트에 타입 규칙을 추가해야 한다는 뜻이다. 플로우 애플리케이션에서 했던 방식과 비슷하게 타입을 정의할 수 있다. item은 문자열이므로 AppProps 타입으로 문자열을 추가하자.

```
type AppProps = {
  item: string;
};

ReactDOM.render(
  <App item="jacket" />,
  document.getElementById("root")
);
```

이제 컴포넌트에서 AppProps를 참조하자.

```
function App(props: AppProps) {
  return (
    <div>
      <h1>{props.item}</h1>
    </div>
  );
}
```

이렇게 하면 아무 타입스크립트 오류도 발생하지 않고 컴포넌트가 렌더링된다. 원한다면 props를 구조 분해할 수도 있다.

```
function App({ item }: AppProps) {
  return (
    <div>
      <h1>{item}</h1>
    </div>
  );
}
```

item 프로퍼티의 값으로 다른 타입의 값을 넣어서 이 프로그램의 타입 규칙을 깰 수 있다.

```
ReactDOM.render(
  <App item={1} />,
  document.getElementById("root")
);
```

오류를 보면 어디서 문제가 발생했는지를 정확히 알 수 있다. 디버깅을 할 때 이런 정보가 아주 유용하다.

타입스크립트를 사용하면 프로퍼티 검증 외에도 여러 가지로 편리하다. 타입스크립트의 타입 추론type inference을 사용하면 훅 값에 대한 타입검사를 쉽게 할 수 있다.

fabricColor의 상태 값이 처음에 purple이라고 가정하자. 컴포넌트는 다음과 같다.

```
type AppProps = {
  item: string;
};
```

```
function App({ item }: AppProps) {
  const [fabricColor, setFabricColor] = useState(
    "purple"
  );
  return (
    <div>
      <h1>
        {fabricColor} {item}
      </h1>
      <button
        onClick={() => setFabricColor("blue")}
      >
        Make the Jacket Blue
      </button>
    </div>
  );
}
```

타입 정의 객체에 아무 내용도 추가하지 않았다는 점에 유의하자. 하지만 타입스크립트는 fabricColor의 타입이 최초 상태의 타입과 일치해야 한다고 추론한다. fabricColor에 blue 와 같이 색을 표현하는 문자열을 지정하지 않고 수를 지정하면 오류가 발생한다.

```
<button onClick={() => setFabricColor(3)}>
```

오류는 다음과 같다.

```
Argument of type '3' is not assignable to parameter of type string.
```

타입스크립트를 사용하면 이런 값에 대해 거의 노력을 기울이지 않고도 타입을 검사할 수 있다. 물론 더 자세한 타입을 지정할 수도 있다. 하지만 이번 절에서 본 내용만으로도 여러분의 애플리케이션에 대한 타입 검사를 시작하기에는 충분할 것이다.

타입스크립트에 대해 더 자세히 알고 싶은 독자는 공식 문서(https://oreil.ly/97_Px)나 훌륭한 깃허브 리액트＋타입스크립트 치트시트(https://oreil.ly/vmran)를 살펴보라.

10.4 테스트 주도 개발

테스트 주도 개발$^{Test\ Driven\ Development}$ (TDD)은 기술이 아니다. TDD는 단지 애플리케이션을 위한 테스트를 갖추는 것만 뜻하지 않는다. 오히려 TDD는 모든 개발 과정을 테스트를 중심으로 진행해 나가는 습관이라 할 수 있다. TDD를 연습하려면 다음과 같은 단계를 거쳐야 한다.

테스트를 먼저 작성한다

이 단계가 가장 중요한 단계다. 만들려는 대상이 무엇인지 선언하고 그 대상이 어떻게 작동해야 할지를 테스트로 기술한다.

테스트를 실행하고 실패한다(빨간색)

코드를 작성하기 전에 테스트를 실행해서 테스트 실패를 살펴본다.

테스트를 통과하기 위해 필요한 최소한의 코드를 작성한다(녹색)

이제 테스트를 통과하는 코드를 작성하기만 하면 된다. 각 테스트를 통과할 코드를 자세히 집중하자. 테스트 범위를 벗어나는 코드를 추가하지 말자.

코드와 테스트를 함께 리팩터링한다(황금색)

테스트를 통과하고 나면 코드와 테스트를 더 자세히 살펴볼 때다. 코드를 가능한 간결하면서 아름답게 표현하기 위해 노력하자.[21]

TDD는 리액트 애플리케이션을 개발하는 훌륭한 방법이다. 특히 훅을 테스트할 때 유용하다. 훅을 직접 작성하기 전에 미리 훅이 어떻게 동작해야 하는지에 대해 생각하는 편이 보통은 더 쉽다. TDD를 연습해서 습관으로 삼으면 UI와 관계없이 애플리케이션이나 어떤 기능에 대한 전체 데이터 구조를 구축하고 검증할 수 있다.

---

21 이런 개발 패턴에 대해서는 제프 맥웨터(Jeff McWherter)와 제임스 벤더(James Bender)의 "빨강, 녹색, 리팩터링(Red, Green, Refactor)"을 살펴보라(http://bit.ly/2kXvDN3).

10.4.1 TDD와 학습

TDD를 처음 접한 독자나 테스트하려는 언어를 새로 배우는 중인 독자라면 코드를 작성하기 전에 테스트를 작성하는 일이 상당히 어려운 일임을 알 수 있을 것이다. 그런 어려움은 당연한 것이며 TDD의 요령을 파악하기 전에는 테스트를 작성하기 전에 코드를 작성해도 괜찮다. 일단 작은 분량을 대상으로 개발을 진행하자. 코드를 짧게 작성하고 그 코드에 대한 테스트를 몇가지 작성하는 방식을 반복하자. 그런 과정에서 언어에 대해 감을 잡고 테스트에 대해 감을 잡으면 테스트를 먼저 쓰는 게 훨씬 쉬워질 것이다.

이번 장의 나머지 부분에서는 이미 존재하는 코드에 대한 테스트를 작성한다. 따라서 기술적으로 이는 TDD가 아니다. 하지만 다음 절에서는 이미 작성한 코드가 없다고 가정하고 TDD 작업 흐름을 느낄 수 있게 설명을 진행할 것이다.

10.5 제스트 사용하기

테스트를 작성하기 전에 테스트 프레임워크를 선택해야 한다. 아무 자바스크립트 테스트 프레임워크로나 리액트 테스트를 작성할 수 있지만, 공식 리액트 문서는 제스트Jest를 권장한다. 제스트는 JSDOM을 통해 DOM에 접근할 수 있는 자바스크립트 테스트 러너runner이다. 리액트가 렌더링한 내용이 맞는지 검사하려면 DOM에 접근할 수 있는게 중요하다.

10.5.1 create-react-app과 테스트

create-react-app으로 초기화된 프로젝트에는 기본적으로 jest 패키지가 설치된다. 다른 create-react-app 프로젝트를 만들어서 시작하거나, create-react-app으로 만든 기존 프로젝트를 사용할 수 있다.

```
npx create-react-app testing
```

이제 작은 예제를 통해 테스트에 대해 생각해보자. src 폴더에 functions.js와 functions.test.js라는 2가지 파일을 만들 것이다. create-react-app에 의해 제스트가 이미 설치된 상태임에 유의하자. 따라서 바로 테스트를 작성하면 된다. `functions.test.js`에는 테스트를 채워 넣는다. 다른 말로 하면, 함수가 어떤 일을 해야 하는지 생각하고 있는 내용을 `functions.test.js`에 채워 넣는다.

우리가 만들 함수가 값을 인자로 받아서 2를 곱한 결과를 반환하기를 원한다. 따라서 이를 테스트에서 모델링 할 것이다. `test` 함수는 제스트가 한 가지 기능을 테스트할 때 사용하는 함수다.

functions.test.js

```
test("Multiplies by two", () => {
  expect();
});
```

첫 번째 인자인 `Multiplies by two`는 테스트의 이름이다. 두 번째 인자는 테스트 대상 함수이며 세 번째(없어도 됨) 인자는 타임아웃을 지정한다. 디폴트 타임아웃 값은 5초이다.

다음으로 할 일은 수에 2를 곱하는 함수를 채워 넣는 일이다. 이 함수를 테스트 대상 시스템^{system under test}(SUT)라고 부른다. `functions.js`에 다음과 같이 함수를 만들자.

```
export default function timesTwo() {...}
```

SUT를 테스트에서 사용할 수 있게 외부로 익스포트한다. 테스트 파일에서는 이 함수를 임포트하고 `expect`를 사용해 단언문^{assertion}을 작성한다. 단언문 안에서는 4를 `timesTwo` 함수에 넘기면 8을 받으리라 예상한다고 기술한다.

```
import { timesTwo } from "./functions";

test("Multiplies by two", () => {
  expect(timesTwo(4)).toBe(8);
});
```

이 `expect` 함수가 반환하는 제스트 "매처^{matcher}"를 사용해 결과를 검증한다. 함수를 테스할 때는 `.toBe` 매처를 사용한다. 이 매처는 결과 객체가 `.toBe`에 전달된 객체와 같은지 매치한다.

`npm test`나 `npm run test`를 사용해 테스트를 실행하고 테스트에 실패하는 모습을 살펴보자. 제스트는 각 실패에 대해 스택 트레이스를 포함한 자세한 내용을 표시해준다.

```
FAIL src/functions.test.js
  × Multiplies by two (5ms)

  ● Multiplies by two

    expect(received).toBe(expected) // Object.is equality

    Expected: 8
    Received: undefined

      2 |
      3 | test("Multiplies by two", () => {
    > 4 |   expect(timesTwo(4)).toBe(8);
        |                       ^
      5 | });
      6 |

    at Object.<anonymous> (src/functions.test.js:4:23)

Test Suites: 1 failed, 1 total
Tests:       1 failed, 1 total
Snapshots:   0 total
Time:        1.048s
Ran all test suites related to changed files.
```

테스트를 작성하고 실패하는 모습을 살펴보기 위해 시간을 들임으로써 테스트가 우리 예상대로 작동함을 알 수 있다. 실패에 대한 피드백은 우리의 할 일 목록을 반영한다. 이 테스트를 통과시키기 위해 필요한 최소한의 코드를 작성하는 일이 바로 우리가 할 일이다.

이제 `functions.js`에 제대로 기능을 추가하면, 테스트가 통과한다.

```
export function timesTwo(a) {
  return a * 2;
}
```

`.toBe` 매처는 주어진 한 가지 값과 결과가 일치하는지 테스트해준다. 어떤 객체나 배열을 테스트하고 싶다면 `.toEqual`을 사용할 수 있다. 다른 테스트 사이클을 진행하자. 테스트 파일에 객체들로 이뤄진 배열에 대한 동등성 테스트를 추가하자.

라스베가스의 가이 피에리 레스토랑의 메뉴가 있다. 고객이 원하는 음식을 먹고 값을 지불하게 하려면 주문한 메뉴에 해당하는 객체의 목록을 만드는 일이 중요하다. 테스트를 먼저 채워넣자.

```
test("Build an order object", () => {
  expect();
});
```

그리고 함수를 채워넣자.

```
export function order(items) {
  // ...
}
```

이제 `order` 함수를 테스트 파일에서 사용하자. 변환해야 할 주문 데이터 목록이 있다고 가정한다.

```
import { timesTwo, order } from "./functions";

const menuItems = [
  {
    id: "1",
    name: "Tatted Up Turkey Burger",
    price: 19.5
  },
  {
    id: "2",
    name: "Lobster Lollipops",
    price: 16.5
  },
  {
    id: "3",
    name: "Motley Que Pulled Pork Sandwich",
    price: 21.5
```

```
  },
  {
    id: "4",
    name: "Trash Can Nachos",
    price: 19.5
  }
];

test("Build an order object", () => {
  expect(order(menuItems));
});
```

객체 값을 검사해야 하기 때문에 toEqual를 사용해야 한다. 결과가 어떤 값과 같아야 할까? 다음과 같은 객체를 만들고 싶다.

```
const result = {
  orderItems: menuItems,
  total: 77
};
```

따라서 이 객체를 테스트에 추가하고 단언문에 사용하자.

```
test("Build an order object", () => {
  const result = {
    orderItems: menuItems,
    total: 77
  };
  expect(order(menuItems)).toEqual(result);
});
```

이제 functions.js 파일에 있는 order 함수를 마무리하자.

```
export function order(items) {
  const total = items.reduce(
    (price, item) => price + item.price,
    0
  );
  return {
    orderItems: items,
```

```
      total
    };
  }
```

터미널을 보면 이제는 테스트에 성공한다는 사실을 알 수 있다! 지금 이 예제들은 뻔한 예제 같아 보이겠지만, 데이터를 외부에서 fetch로 가져오는 경우라면 배열과 객체로 이뤄진 예상 값과 매치하는 테스트를 만들 가능성이 커진다.

제스트에서 자주 쓰이는 다른 함수로 describe()가 있다. 다른 테스트 라이브러리를 사용해 본 독자라면 비슷한 함수를 본적이 있을 것이다. 이 함수는 관련이 있는 여러 테스트를 하나로 묶어준다. 예를 들어, 비슷한 함수에 대한 몇 가지 테스트가 있다면, describe 문장으로 모든 테스트를 감쌀 수 있다.

```
describe("Math functions", () => {
  test("Multiplies by two", () => {
    expect(timesTwo(4)).toBe(8);
  });
  test("Adds two numbers", () => {
    expect(sum(4, 2)).toBe(6);
  });
  test("Subtracts two numbers", () => {
    expect(subtract(4, 2)).toBe(2);
  });
});
```

describe로 테스트들을 감싸면 테스트 러너가 테스트를 묶은 블록을 만들어준다. 이에 따라 터미널에 표시되는 출력 화면이 좀 더 조직적이고 읽기 쉬워진다.

```
Math functions
  ✓ Multiplies by two
  ✓ Adds two numbers
  ✓ Subtracts two numbers (1ms)
```

테스트를 더 많이 작성할수록 describe 블록으로 테스트를 묶는 것이 더 유용한 개선이 될 것이다.

이번 절에서 본 진행 방식은 전형적인 TDD 사이클이다. 테스트를 먼저 작성하고, 그 테스트를 통과하기 위한 코드를 작성한다. 테스트에 통과하면 코드를 살펴보면서 성능 향상이나 코드 명확성 개선을 위해 리팩터링할 부분이 있는지 자세히 살펴본다. 자바스크립트를 다룰 때(실제로는 모든 언어에서) 이런 접근 방법이 아주 유용하다.

10.6 리액트 컴포넌트 테스트하기

이제 테스트를 진행하는 과정을 기본적으로 이해했으므로, 이런 기법을 사용해 리액트 컴포넌트를 테스트할 수 있다.

리액트 컴포넌트는 DOM을 만들고 갱신할 때 리액트가 따라야 하는 명령을 제공한다. 컴포넌트를 렌더링하고 결과로 만들어지는 DOM을 검사하면 컴포넌트를 테스트 할 수 있다.

테스트를 브라우저에서 실행하지 않는다. 터미널에서 Node.js를 사용해 실행한다. Node.js는 표준적으로 DOM을 제공하는 브라우저와 달리 DOM API를 제공하지 않는다. 제스트에는 jsdom이라는 npm 패키지가 함께 들어 있다. jsdom을 사용하면 Node.js에서 브라우저 환경을 시뮬레이션할 수 있다. 리액트 컴포넌트를 테스트하려면 이런 기능이 필수적이다.

각 컴포넌트 테스트마다 리액트 컴포넌트 트리를 DOM 엘리먼트로 렌더링할 필요가 있을 것이다. 이런 작업 흐름을 보여주기 위해 Star.js에 있는 Star 컴포넌트를 다시 살펴보자.

```
import { FaStar } from "react-icons/fa";

export default function Star({ selected = false }) {
  return (
    <FaStar color={selected ? "red" : "grey"} id="star" />
  );
}
```

이제 index.js에서 이 컴포넌트를 임포트해서 별을 렌더링하자.

```
import Star from "./Star";

ReactDOM.render(
```

```
    <Star />,
    document.getElementById("root")
  );
```

이제 테스트를 작성해보자. 이미 star의 코드를 작성했기 때문에 TDD 절차를 그대로 따르지는 않겠다. 기존 앱에 테스트를 포함시키고 싶다면 지금 보여주는 방식을 사용해야 할 것이다. Star.test.js라는 새 파일에서 React, ReactDOM, Star를 임포트하는 것부터 시작하자.

```
import React from "react";
import ReactDOM from "react-dom";
import Star from "./Star";

test("renders a star", () => {
  const div = document.createElement("div");
  ReactDOM.render(<Star />, div);
});
```

그리고 테스트도 작성하고 싶다. test에 전달하는 첫 번째 인자가 테스트 이름이라는 점을 기억하자. 그리고 별을 ReactDOM.render를 통해 렌더링하기 위해 div를 하나 설정하자. 이 엘리먼트가 생성되면 단언문을 작성할 수 있다.

```
test("renders a star", () => {
  const div = document.createElement("div");
  ReactDOM.render(<Star />, div);
  expect(div.querySelector("svg")).toBeTruthy();
});
```

생성된 div 안에 svg 엘리먼트를 선택하면 결과가 참으로 인정되는[truthy] 값이 나오리라 예상한다. 테스트를 실행하면 코드가 테스트를 통과해야 한다. 올바른 단언문을 작성하지 못하면 어떤 일이 벌어지는지 검증하기 위해 셀렉터를 바꿔서 없는 엘리먼트를 선택하게 하고 테스트가 실패하는 모습을 보자.

```
expect(
  div.querySelector("notrealthing")
).toBeTruthy();
```

문서(https://oreil.ly/ah7zu)를 보면 여러분이 원하는대로 테스트를 진행하기 위해 사용할 수 있는 모든 커스텀 매처에 대한 정보를 알 수 있다.

리액트 프로젝트를 생성할 때 React나 ReactDOM 같은 기본 패키지 외에 @testing-library에 있는 몇 가지 패키지가 함께 설치된다는 점을 눈치챈 독자도 있을 것이다. 리액트 테스팅 라이브러리는 켄트 C. 도즈^{Kent C. Dodds}가 좋은 테스트 실무를 권장하고 리액트 생태계의 일부분으로 테스트 도구를 제공하기 위해 시작한 프로젝트이다. 테스팅 라이브러리는 Vue, Svelte, Reason, Angular 등의 여러 라이브러리에 대한 테스트 패키지들을 모아둔 우산과도 같은 프로젝트다. 단지 리액트만 지원하는 프로젝트가 아니다.

리액트 테스팅 라이브러리를 선택해야 하는 잠재적인 이유로 테스트 실패시 더 나은 메시지를 볼 수 있다는 점이 있다. 다음과 같은 단언문에 대해

```
expect(
  div.querySelector("notrealthing")
).toBeTruthy();
```

현재 볼 수 있는 오류 메시지는 다음과 같다.

```
expect(received).toBeTruthy()

Received: null
```

리액트 테스팅 라이브러리를 추가해서 이를 더 좋게 만들자. 우리가 만든 create-react-app 프로젝트에는 이미 리액트 테스팅 라이브러리가 설치되어 있다. 시작하기 위해 @testing-library/jest-dom에서 toHaveAttribute 함수를 임포트하자.

```
import { toHaveAttribute } from "@testing-library/jest-dom";
```

이제 expect가 이 함수를 포함하도록 기능을 확장하고 싶다.

```
expect.extend({ toHaveAttribute });
```

이제 읽기 어려운 테스트 결과 메시지를 보여주는 **toBeTruthy** 대신에 **toHaveAttribute**를 쓸 수 있다.

```
test("renders a star", () => {
  const div = document.createElement("div");
  ReactDOM.render(<Star />, div);
  expect(
    div.querySelector("svg")
  ).toHaveAttribute("id", "hotdog");
});
```

이제 테스트를 실행하면 우리가 원하는 내용을 말해주는 오류를 볼 수 있다.

```
expect(element).toHaveAttribute("id", "hotdog")
// element.getAttribute("id") === "hotdog"

Expected the element to have attribute:
  id="hotdog"
Received:
  id="star"
```

이제 이 오류를 수정하는 일이 훨씬 더 간단해졌다.

```
expect(div.querySelector("svg")).toHaveAttribute(
  "id",
  "star"
);
```

기스텀 매처를 둘 이상 사용하려면 임포트해서 확장한 다음 사용하면 된다.

```
import {
  toHaveAttribute,
  toHaveClass
} from "@testing-library/jest-dom";
expect.extend({ toHaveAttribute, toHaveClass });
expect(you).toHaveClass("evenALittle");
```

하지만 더 빨리 이런 작업을 수행하는 방법도 있다. 매처를 너무 많이 임포트해서 전체 목록을 유지하거나 내용을 기억하기 어렵다면, extend-expect 라이브러리를 임포트하자.

```
import "@testing-library/jest-dom/extend-expect";
// 이 부분은 제거하라 --> expect.extend({ toHaveAttribute, toHaveClass });
```

단언문은 예상대로 작동한다. create-react-app에서 재미있는 다른 사실은 setupTests.js라는 파일이 함께 제공된다는 점이다. 이 파일에는 이미 extend-expect를 임포터하는 줄이 들어 있다. src 폴더를 보면 setupTests.js에 다음 내용이 들어 있음을 알 수 있다.

```
// jest-dom adds custom jest matchers for asserting on DOM nodes.
// allows you to do things like:
// expect(element).toHaveTextContent(/react/i)
// learn more: https://github.com/testing-library/jest-dom
import "@testing-library/jest-dom/extend-expect";
```

따라서 create-react-app을 사용하면 심지어는 테스트 파일 안에서 extend-expect를 임포트할 필요도 없다.

10.6.1 쿼리

리액트 테스팅 라이브러리는 쿼리를 원하는 기준에 맞춰 매치시키는 기능도 제공한다. 쿼리 테스트를 보여주기 위해 Star 컴포넌트에 제목을 포함시키자. 이렇게 하면 텍스트 기반의 매치를 사용하는 일반적인 테스트를 사용할 수 있다.

```
export default function Star({ selected = false }) {
  return (
    <>
      <h1>Great Star</h1>
      <FaStar
        id="star"
        color={selected ? "red" : "grey"}
      />
    </>
  );
}
```

잠시 멈춰서 어떤 내용을 테스트하고 싶은지 생각해보자. 우리는 렌더링하는 컴포넌트를 원한다. 그리고 h1 안에 제대로 텍스트가 들어갔는지 테스트하고 싶다. 리액트 테스팅 라이브러리에 있는 render라는 함수를 쓰면 이런 테스트를 할 때 도움이 된다. ReactDOM.render() 대신 render를 사용할 수 있다. 따라서 테스트가 약간 달라보인다. 먼저 리액트 테스팅 라이브러리에서 render를 임포트하자.

```
import { render } from "@testing-library/react";
```

render는 렌더링할 대상 컴포넌트나 엘리먼트를 유일한 인수로 받는다. 이 함수는 대상 컴포넌트나 엘리먼트의 여러 값을 검사할 때 쓸 수 있는 쿼리로 이뤄진 객체를 반환한다. 우리가 사용할 쿼리는 getByText이다. 이 쿼리는 주어진 정규 표현식과 첫 번째로 일치하는 노드를 찾는다. 만약 일치하는 엘리먼트를 찾을 수 없으면 오류를 던진다. 일치하는 모든 노드로 이뤄진 리스트를 돌려받고 싶다면 getAllBy를 사용해 노드 배열을 받을 수 있다.

```
test("renders an h1", () => {
  const { getByText } = render(<Star />);
  const h1 = getByText(/Great Star/);
  expect(h1).toHaveTextContent("Great Star");
});
```

getByText는 인수로 받은 정규 표현식을 사용해 h1 엘리먼트를 찾는다. 그 후 제스트 매처 중 toHaveTextContent를 사용해 h1에 들어가야 하는 텍스트 내용을 표현할 수 있다.

이 테스트를 실행하면 통과될 것이다. toHaveTextContent() 함수에 전달하는 텍스트를 바꾸면 테스트가 실패한다.

10.6.2 이벤트 테스트

테스트 작성시 컴포넌트에 속한 이벤트를 테스트하는 것도 중요하다. 7장에서 만든 Checkbox 컴포넌트를 사용하고 테스트해보자.

```
export function Checkbox() {
  const [checked, setChecked] = useReducer(
```

```
      checked => !checked,
      false
    );

    return (
      <>
        <label>
          {checked ? "checked" : "not checked"}
          <input
            type="checkbox"
            value={checked}
            onChange={setChecked}
          />
        </label>
      </>
    );
  }
```

이 컴포넌트는 useReducer를 사용해 체크박스를 토글한다. 우리 목표는 자동화한 테스트를 통해 이 체크박스를 클릭하고 checked의 값이 디폴트 값인 true에서 false로 바뀌는지 살펴보는 것이다. 체크박스를 검사하는 테스트는 useReducer도 호출해서 훅을 테스트할 것이다.

먼저 테스트를 채워넣자.

```
import React from "react";

test("Selecting the checkbox should change the value of checked to true", () => {
  // .. 테스트를 작성
});
```

우선 해야 할 일은 이벤트를 발사할 엘리먼트를 선택하는 일이다. 다른 말로 질문을 해보자. 자동 테스트를 위해 어떤 엘리먼트를 클릭해야 할까? 테스팅 라이브러리의 쿼리 기능을 사용해 원하는 엘리먼트를 찾을 것이다. 입력에는 레이블이 있으므로, getByLabelText()를 사용할 수 있다.

```
import { render } from "@testing-library/react";
import { Checkbox } from "./Checkbox";

test("Selecting the checkbox should change the value of checked to true", () => {
```

```
  const { getByLabelText } = render(<Checkbox />);
});
```

컴포넌트가 최초 렌더링될 때 레이블 텍스트는 "not checked"이다. 따라서 정규식을 사용해이 문자열과 매치시키자.

```
test("Selecting the checkbox should change the value of checked to true", () => {
  const { getByLabelText } = render(<Checkbox />);
  const checkbox = getByLabelText(/not checked/);
});
```

현재 이 정규식은 대소문자를 구분한다. 대소문자를 무시하게 하려면 끝에 i를 붙이면 된다.이 기법을 사용하면 여러분이 사용하는 쿼리가 엘리먼트를 걸러내는 정도를 조절할 수 있다.

```
const checkbox = getByLabelText(/not checked/i);
```

이제 체크박스를 선택했으므로, 이벤트를 발사(체크박스를 클릭)하고, 이벤트가 발사된 뒤에 checked 프로퍼티가 true로 변했는지에 대한 단언문을 작성하기만 하면 된다.

```
import { render, fireEvent } from "@testing-library/react"

test("Selecting the checkbox should change the value of checked to true", () => {
  const { getByLabelText } = render(<Checkbox />);
  const checkbox = getByLabelText(/not checked/i);
  fireEvent.click(checkbox);
  expect(checkbox.checked).toEqual(true);
});
```

그리고 이벤트를 다시 발사해서 체크박스를 또 토글시켜서 프로퍼티가 false로 바뀌는지 검사할 수 있다. 이제 테스트의 이름을 좀 더 정확한 이름으로 바꾸자.

```
test("Selecting the checkbox should toggle its value", () => {
  const { getByLabelText } = render(<Checkbox />);
  const checkbox = getByLabelText(/not checked/i);
  fireEvent.click(checkbox);
  expect(checkbox.checked).toEqual(true);
  fireEvent.click(checkbox);
```

```
    expect(checkbox.checked).toEqual(false);
  });
```

이 경우 체크박스를 아주 쉽게 선택할 수 있었다. 레이블이 있어서 검사하고 싶은 입력을 쉽게 찾을 수 있었다. 하지만 DOM 엘리먼트를 이런 식으로 쉽게 찾을 수 없는 경우를 위해, 테스팅 라이브러리에는 DOM 엘리먼트를 검사할 때 사용할 수 있는 다른 유틸리티 함수도 들어 있다. 우선 여러분이 선택하고 싶은 엘리먼트에 애트리뷰트를 하나 추가해야 한다.

```
<input
  type="checkbox"
  value={checked}
  onChange={setChecked}
  data-testid="checkbox" // data-testid= 애트리뷰트를 추가
/>
```

그 후 getByTestId라는 함수를 써서 엘리먼트를 쿼리할 수 있다.

```
test("Selecting the checkbox should change the value of checked to true", () => {
  const { getByTestId } = render(<Checkbox />);
  const checkbox = getByTestId("checkbox");
  fireEvent.click(checkbox);
  expect(checkbox.checked).toEqual(true);
});
```

이 코드는 레이블로 엘리먼트를 선택한 앞의 코드와 같은 일을 하지만, DOM 엘리먼트에 접근하기 위한 방법이 마땅치 않은 경우에 아주 유용하다.

Checkbox 컴포넌트를 테스트하고 나면 자신있게 이 컴포넌트를 애플리케이션의 다른 부분에 포함시켜서 재사용할 수 있다.

10.6.3 코드 커버리지 사용하기

코드 커버리지code coverage는 테스트가 소스 코드 중 몇 줄을 실제로 테스트하는지 보고하는 과정을 말한다. 코드 커버리지는 충분히 테스트를 작성했는지 보여주는 지표가 될 수 있다.

제스트에는 이스탄불Istanbul이라는 자바스크립트 도구가 들어 있다. 이스탄불은 테스트를 분석해서 얼마나 많은 문장, 분기branch, 함수, 줄line을 테스트가 검사했는지 표시해준다.

제스트를 실행하면서 코드 커버리지를 검사하려면 **coverage** 플래그를 **jest** 명령에 추가해야 한다.

```
jest --coverage
또는
npm test -- --coverage
```

이 보고서는 테스트 과정에서 테스트가 각 파일에 있는 코드를 얼마나 커버하는지 보여준다. 이때 테스트에 임포트된 모든 코드가 보고서에 포함된다.

제스트는 브라우저에서 볼 수 있는 테스트 보고서도 만들어준다. 이 보고서는 테스트가 커버하는 코드에 대해 더 자세한 정보를 보여준다. 제스트에 커버리지 보고 기능을 포함시켜 테스트를 실행하고 나면, 프로젝트 루트에 coverage라는 폴더가 생긴다. 웹 브라우저에서 /coverage/lcov-report/index.html을 열라. 이 파일은 상호작용이 가능한 보고서에서 코드 커버리지를 보여준다.

이 보고서는 코드를 얼마나 커버했는지 보여주고, 각 하위 폴더의 커버리지도 보여준다. 하위 폴더를 더 자세히 살펴보면 하위 파일 안에 있는 각 파일이 얼마나 커버됐는지를 알 수 있다. components/ui 폴더를 선택하면 테스트가 여러분이 작성한 사용자 인터페이스 컴포넌트 코드를 얼마나 커버했는지 알 수 있다.

파일 이름을 클릭하면 각 파일에서 테스트가 커버한 줄을 볼 수 있다.

코드 커버리지는 테스트가 코드에 도달하는 범위를 측정할 때 유용한 도구다. 코드 커버리지는 여러분이 코드에 대해 충분히 테스트를 작성했는지 이해할 수 있게 도와주는 벤치마크라 할 수 있다. 모든 프로젝트가 100% 커버리지를 달성하는 경우는 일반적이지 않다. 85% 이상 정도를 목표로 하는 편이 좋을 것이다.[22]

테스트가 코딩 외의 부가적인 단계인 것처럼 느껴질 때가 있다. 하지만 리액트 테스팅이 제공하는 도구는 더 할나위 없이 훌륭하다. 여러분의 코드 전부를 테스트하지는 않더라도 적어도 테스트하는 습관을 들이면 프로덕션에 배포할 준비가 된 애플리케이션을 작성할 때 시간과 돈을 많이 절약할 수 있다는 사실을 꼭 기억하자.

....
22 마틴 파울러의 글 「테스트 커버리지(Test-Coverage)」를 보라(http://oreil.ly/Hbb-D).

CHAPTER 11

리액트 라우터

대부분의 웹사이트에서 사용자는 여러 주소를 내비게이션하면서 파일을 요청하거나 열 수 있다. 현재 파일이나 자원의 위치는 브라우저 주소창에 표시된다. 브라우저의 이전 페이지나 다음페이지 버튼은 사용자의 예상대로 작동한다. 사용자는 웹사이트 내부 깊은 위치에 있는 페이지를 책갈피에 넣어두고 필요할 때 언제든지 다시 요청할 수 있다. 페이지 기반page based이거나 서버에서 렌더링되는server rendered 웹사이트에서는 브라우저의 내비게이션이나 방문 기록이 일반적인 예상과 마찬가지로 작동한다.

단일 페이지 앱에서는 이 모든 기능이 문제가 된다. 단일 페이지 앱에서는 한 페이지 안에서 모든 일이 벌어진다. 자바스크립트가 정보를 가져와서 UI를 갱신한다. 브라우저 방문 기록, 책갈피, 이전 페이지, 다음 페이지 등의 기능은 적절한 라우팅 솔루션이 없으면 제대로 작동하지 않을 것이다. **라우팅**routing은 클라이언트의 요청을 처리할 종말점endpoint을 찾는 과정이다.[23] 이런 종말점은 브라우저의 위치나 방문기록 객체와 함께 작동한다. 종말점을 사용해 요청받은 콘텐츠를 식별할 수 있다. 자바스크립트는 그렇게 식별한 콘텐츠를 가져와서 적절히 사용자 인터페이스를 렌더링할 수 있다.

앵귤러Angular, 엠버Ember, 백본Backbone과 달리 리액트에는 표준 라우터가 없다. 라우팅 솔루션의 중요성을 잘 알고 있는 마이클 잭슨Michael Jackson과 라이언 플로렌스Ryan Florence는 리액트 라우터React Router라는 이름의 라우터를 만들었다. 리액트 라우터는 리액트 앱을 위한 라우팅 솔루션

---

23 익스프레스(Express.js) 문서, 「기본 라우팅(Basic Routing)」(http://bit.ly/2mJlIt5)

으로 리액트 커뮤니티에 널리 받아들여졌다.[24] 우버Uber, 젠데스크Zendesk, 페이팔PayPal, 비메오Vimeo 등의 회사가 리액트 라우터를 채택했다.[25]

이번 장에서는 리액트 라우터를 소개하고 HashRouter 컴포넌트를 사용해 클라이언트 상의 라우팅을 처리하는 방법을 보여준다.

11.1 라우터 사용하기

리액트 라우터의 기능을 보여주기 위해 회사 소개, 이벤트, 제품, 고객 지원 메뉴가 있는(그림 11-1) 전형적인 웹사이트를 만들자. 웹사이트에 여러 페이지가 있는 것처럼 느껴지겠지만 실제로는 SPA이다.

그림 11-1 회사 웹사이트 홈 페이지

이 웹사이트의 사이트 맵은 홈페이지, 각 메뉴 항목에 해당하는 섹션을 위한 페이지, 그리고 404 Not Found 오류를 처리하기 위한 오류 페이지다(그림 11-2).

---

24 리액트 라우터 프로젝트는 깃허브에서 2만5천 개 이상의 별을 받았다(http://bit.ly/2mJt4gk).

25 '리액트 라우터를 사용 중인 사이트'를 보라(http://bit.ly/2mJbN6X).

• 홈페이지 – 회사 소개 – 이벤트 – 제품 – 고객 지원 • 404 오류 페이지	• http://localhost:3000/ - http://localhost:3000/#/about - http://localhost:3000/#/events - http://localhost:3000/#/products - http://localhost:3000/#/contact • http://localhost:3000/#/foo-bar

그림 11-2 페이지 제목과 경로

그림에서 경로가 틀립니다. 경로 부분 #이 없는 경로로 바꿔주세요.

라우터를 사용하면 이 웹사이트 각 섹션에 대한 경로를 설정할 수 있다. 각 **경로**route는 브라우저의 주소창에 넣을 수 있는 종말점을 뜻한다. 앱은 요청받은 경로에 따라 적절한 콘텐츠를 렌더링해 보여준다.

먼저 리액트 라우터(`react-router`)와 리액트 라우터 DOM(`react-router-dom`)을 설치하자. DOM을 사용하는 일반 리액트 애플리케이션은 `react-router-dom`을 사용한다. 리액트 네이티브 앱을 작성한다면 `react-router-native`를 써야 한다. 리액트 라우터 6.0이 현재(2021년 6월) 개발 중이기 때문에, 정식 버전(5.2.0)대신 베타 버전인 리액터 라우터 6.0을 설치한다. 6.0이 정식으로 배포되고 나면 `@next`를 지정하지 않아도 이 버전을 설치할 수 있을 것이다.

```
npm install react-router@next react-router-dom@next
```

이제 사이트맵상의 각 페이지(또는 메뉴 항목)에 해당하는 내용을 담을 컴포넌트를 만들어야 한다. 한 파일안에 이런 컴포넌트를 한꺼번에 정의해서 익스포트할 수 있다.

```
import React from "react";

export function Home() {
  return (
    <div>
      <h1>[홈페이지]</h1>
    </div>
  );
}
```

```
export function About() {
  return (
    <div>
      <h1>[회사소개]</h1>
    </div>
  );
}

export function Events() {
  return (
    <div>
      <h1>[이벤트]</h1>
    </div>
  );
}

export function Products() {
  return (
    <div>
      <h1>[제품]</h1>
    </div>
  );
}

export function Contact() {
  return (
    <div>
      <h1>[고객지원]</h1>
    </div>
  );
}
```

가 페이지를 만든 후, `index.js` 파일을 변경할 필요가 있다. App 컴포넌트를 렌더링하는 대신 **Router** 컴포넌트를 렌더링한다. **Router** 컴포넌트는 자신의 안에 포함된 자식 중 하나에 대한 위치 정보를 전달받는다. **Router** 컴포넌트는 단 한 번만 사용해야 하며 애플리케이션의 컴포넌트 트리 루트 가까이에 위치해야 한다.

```
import React from "react";
import { render } from "react-dom";
import App from "./App";
import { BrowserRouter as Router } from "react-router-dom";
```

```
render(
  <Router>
    <App />
  </Router>,
  document.getElementById("root")
);
```

BrowserRouter를 Router로 임포트했다는 점에 유의하자. 다음으로 할 일은 라우팅 경로를 설정하는 것이다. 이를 App.js 파일에 위치시킨다. 렌더링할 경로에 대한 래퍼 컴포넌트를 Routes라고 부른다. Routes 안에는 렌더링할 각 페이지에 해당하는 Route를 넣는다. 그리고 각 페이지를 ./pages.js 파일에서 임포트한다.

```
import React from "react";
import { Routes, Route } from "react-router-dom";
import {
  Home,
  About,
  Events,
  Products,
  Contact
} from "./pages";

function App() {
  return (
    <div>
      <Routes>
        <Route path="/" element={<Home />} />
        <Route
          path="/about"
          element={<About />}
        />
        <Route
          path="/events"
          element={<Events />}
        />
        <Route
          path="/products"
          element={<Products />}
        />
        <Route
          path="/contact"
```

```
          element={<Contact />}
        />
      </Routes>
    </div>
  );
}
```

이런 경로는 브라우저 window 객체의 location이 바뀔 때마다 렌더링할 컴포넌트를 결정한다. 각 Route에는 path와 element 프로퍼티가 있다. 브라우저 주소가 path와 일치하면 element가 표시된다. 위치가 /이면 라우터는 Home 컴포넌트를 렌더링한다. 위치가 /products면 라우터는 Products 컴포넌트를 렌더링한다.

이 시점에 앱을 실행하고 브라우저 주소창에 주소를 직접 입력하면 내용이 바뀌는 모습을 볼 수 있다. 예를 들어 http://localhost:3000/about을 주소창에 넣으면 About 컴포넌트가 렌더링된 모습을 볼 수 있다.

하지만 사용자는 직접 주소를 타이핑해가면서 사이트를 내비게이션 하고 싶어하지는 않는다. react-router-dom은 브라우저 링크를 만들어주는 Link라는 컴포넌트를 제공한다.

내비게이션 메뉴가 들어 있는 홈 페이지를 변경해서 각 경로에 대한 링크를 넣자.

```
import { Link } from "react-router-dom";

export function Home() {
  return (
    <div>
      <h1>[회사 웹사이트]</h1>
      <nav>
        <Link to="about">회사 소개</Link>
        <Link to="events">이벤트</Link>
        <Link to="products">제품</Link>
        <Link to="contact">고객 지원</Link>
      </nav>
    </div>
  );
}
```

사용자는 링크를 클릭해서 홈페이지 내부 페이지를 접근할 수 있다. 브라우저의 이전 페이지 버튼을 클릭하면 홈페이지로 다시 이동한다.

11.2 라우터 프로퍼티

리액트 라우터는 렌더링하는 컴포넌트에게 프로퍼티를 넘긴다. 예를 들어 현재 위치(주소)를 프로퍼티에서 얻을 수 있다. 404 Not Found 오류를 처리하기 위해 이 현재 위치 정보를 사용하자. 먼저 컴포넌트를 만들자.

```
export function Whoops404() {
  return (
    <div>
      <h1>Resource not found</h1>
    </div>
  );
}
```

그 후 이 경로 설정을 App.js에 추가한다. http://localhost:3000/highway와 같이 정의되지 않은 경로에 해당하는 주소를 사용자가 주소창에 입력한 경우 Whoops404 컴포넌트를 렌더링하고 싶다. *를 path 값으로 사용하고 컴포넌트를 element 값으로 지정한다.

```
function App() {
  return (
    <div>
      <Routes>
        <Route path="/" element={<Home />} />
        <Route
          path="/about"
          element={<About />}
        />
        <Route
          path="/events"
          element={<Events />}
        />
        <Route
          path="/products"
```

```
        element={<Products />}
      />
      <Route
        path="/contact"
        element={<Contact />}
      />
      <Route path="*" element={<Whoops404 />} />
    </Routes>
  </div>
  );
}
```

이제 `http://localhost:3000/highway`를 방문하면 404 페이지 컴포넌트가 렌더링된 모습을 볼 수 있다. 그리고 `location` 값을 통해 우리가 방문했던 경로의 값을 표시할 수도 있다. 리액트 훅을 사용하는 세계에서 살고 있기 때문에 이를 위한 훅도 존재한다. `Whoops404` 컴포넌트 안에서 현재 위치를 반환하는(즉, 여러분이 현재 내비게이션한 페이지를 알려주는 프로퍼티인) `location`이라는 변수를 만들자. 그리고 `location.pathname`을 사용해 현재 방문중인 경로를 표시하자.

```
export function Whoops404() {
  let location = useLocation();
  console.log(location);
  return (
    <div>
      <h1>
        Resource not found at {location.pathname}
      </h1>
    </div>
  );
}
```

`location`을 로그에 표시해보면 이 객체를 더 자세히 들여다볼 수 있을 것이다.

이번 절에서는 리액트 라우터를 소개하고 기본적인 사용법을 보여줬다. Router를 단 한 번만 사용해야 하며, 라우팅에 사용할 모든 컴포넌트를 이 Router로 감싸야 한다. 모든 Route 컴포넌트를 Routes 컴포넌트로 감싸야 한다. Routes 컴포넌트는 window의 location 값에 따라 렌더링할 컴포넌트를 선택해준다. Link 컴포넌트를 사용하면 내비게이션을 지원할 수 있다. 이런 기본적인 사용법만 알아도 상당히 많은 일을 할 수 있지만 지금까지 살펴본 내용은 라우터의 능력 중 극히 일부에 지나지 않는다.

11.2.1 경로 내포시키기

Route 컴포넌트는 구체적인 URL과 일치했을 때 표시해야 하는 콘텐츠와 함께 쓰인다. 이 기능을 활용해서 웹 앱을 명확한 구조로 조직하면 콘텐츠 재사용을 촉진할 수 있다.

사용자가 웹 앱을 내비게이션 하더라도 앱의 UI 중 일부가 계속 같은 위치에 남아있기를 원하는 경우가 있다. 과거 웹 개발자들은 페이지 템플릿이나 마스터 페이지와 같은 해법을 통해 UI 요소를 재활용해 왔다.

간단한 시작 웹사이트를 고려해보자. 회사소개 페이지 밑에는 다른 콘텐츠를 표시할 하위페이지들을 만들자. 사용자가 회사소개 부분을 선택하면 디폴트로는 회사 페이지가 나와야 한다. 전체 구조는 다음과 같다.

- 홈페이지
  - 회사소개
    - 회사(디폴트)
    - 연혁
    - 서비스
    - 위치
  - 이벤트
  - 제품
  - 고객지원
- 404 오류 페이지

새로운 경로는 이 구조를 반영해야 한다.

- `http://localhost:3000/`
  - `http://localhost:3000/about`
    - `http://localhost:3000/about`
    - `http://localhost:3000/about/history`
    - `http://localhost:3000/about/services`
    - `http://localhost:3000/about/location`
  - `http://localhost:3000/events`
  - `http://localhost:3000/products`
  - `http://localhost:3000/contact`
- `http://localhost:3000/hot-potato`

새로 만들 부분인 Company, Services, History, Location에 대해 플레이스홀더 컴포넌트를 채워 넣어야 한다. 다음은 Services 컴포넌트에 사용할 텍스트[26]이며, 이를 다른 컴포넌트에도 재활용할 수 있다.

```
export function Services() {
  <section>
    <h2>Our Services</h2>
    <p>
      Lorem ipsum dolor sit amet, consectetur
      adipiscing elit. Integer nec odio. Praesent
      libero. Sed cursus ante dapibus diam. Sed
      nisi. Nulla quis sem at nibh elementum
      imperdiet. Duis sagittis ipsum. Praesent
      mauris. Fusce nec tellus sed augue semper
      porta. Mauris massa. Vestibulum lacinia arcu
      eget nulla. Class aptent taciti sociosqu ad
      litora torquent per conubia nostra, per
      inceptos himenaeos. Curabitur sodales ligula
      in libero.
    </p>
  </section>;
}
```

컴포넌트를 만들고 나면 App.js 파일에 라우터를 설정할 수 있다. 경로와 함께 페이지 계층 구조를 만들고 싶다면 Route 컴포넌트를 내포시키면 된다.

```
import {
  Home,
  About,
  Events,
  Products,
  Contact,
  Whoops404,
  Services,
  History,
  Location
} from "./pages";
```

---

26 옮긴이_ 이런 텍스트를 로렘입숨(lorem ipsum)이나 립숨(lipsum)이라고 부르기도 한다. 립숨은 시각적인 요소를 보여주고 싶을 때 의미없이 채워넣는 표준 텍스트다. 대표적으로 https://www.lipsum.com에 들어가면 각국 언어로 립숨 텍스트를 얻을 수 있다. 한글 텍스트가 필요하다면 https://hangul.thefron.me/을 활용할 수 있다.

```
function App() {
  return (
    <div>
      <Routes>
        <Route path="/" element={<Home />} />
        <Route path="about" element={<About />}>
        <Route
          path="services"
          element={<Services />}
        />
        <Route
          path="history"
          element={<History />}
        />
        <Route
          path="location"
          element={<Location />}
        />
        <Route
          path="events"
          element={<Events />}
        />
        <Route
          path="products"
          element={<Products />}
        />
        <Route
          path="contact"
          element={<Contact />}
        />
        <Route path="*" element={<Whoops404 />} />
      </Routes>
    </div>
  );
}
```

내포시킬 경로를 About의 Route 컴포넌트로 감싸면 각 하위 페이지에 방문할 수 있다. 하지만 http://localhost:3000/about/history를 열면 About 페이지의 콘텐츠를 볼 수 있지, History 컴포넌트가 표시되지는 않는다. 제대로 페이지가 표시되려면 리액트 라우터 DOM의 다른 기능인 Outlet 컴포넌트를 사용해야 한다. Outlet을 사용하면 내포된 컴포넌트를 렌더링할 수 있다. 단지 Outlet을 렌더링하고 싶은 자식 콘텐츠에 위치시키기만 하면 된다.

`pages.js`에 있는 About 컴포넌트의 `<h1>` 밑에 `<Outlet>`을 추가하자.

```
import {
  Link,
  useLocation,
  Outlet
} from "react-router-dom";

export function About() {
  return (
    <div>
      <h1>[About]</h1>
      <Outlet />
    </div>
  );
}
```

이제는 모든 About 섹션에서 About 컴포넌트를 재활용하며 내포된 컴포넌트를 표시할 수 있다. 경로는 여러분의 앱이 렌더링할 하위 섹션을 선택해준다. 예를 들어 위치가 `http://localhost:3000/about/history`이면 About 컴포넌트 안에 있는 History 컴포넌트가 렌더링될 것이다.

11.3 리디렉션 사용하기

경우에 따라 한 경로를 다른 경로로 리디렉션redirection 해야할 수도 있다. 예를 들어 `http://localhost:3000/services`에 대한 요청을 제대로 된 `http://localhost:3000/about/services` 경로로 리디렉션할 수 있다.

우리 애플리케이션을 바꿔서 사용자가 주소를 짧게 입력한 경우에도 제대로 된 정보를 표시하게 해주자.

```
import {
  Routes,
  Route,
  Redirect
```

```
  } from "react-router-dom";

function App() {
  return (
    <div>
      <Routes>
        <Route path="/" element={<Home />} />
        // 다른 경로들
        <Redirect
          from="services"
          to="about/services"
        />
      </Routes>
    </div>
  );
}
```

Redirect 컴포넌트를 사용하면 사용자를 다른 경로로 리디렉션할 수 있다.

프로덕션 애플리케이션에서 경로를 바꾸는 경우 사용자가 예전 경로를 통해 예전 콘텐츠에 접근하려고 시도할 수 있다. 사용자가 책갈피를 사용하는 경우 이런 일이 벌어질 수 있다. Redirect 컴포넌트를 사용하면 사용자가 오래된 책갈피에 있는 경로로 접근해도 제대로 콘텐츠를 제공할 수 있다.

이번 절에서는 Route 컴포넌트를 사용해 경로를 설정했다. 이 구조를 좋아하는 독자는 이제부터 설명할 부분을 건너뛰어도 좋다. 우리는 다른 방법으로 경로를 설정하는 방법을 여러분에게 보여주고 싶다. useRoutes라는 훅을 사용해 애플리케이션의 라우팅을 설정할 수도 있다.

앞에서 만든 앱을 useRoutes로 리팩터링 하고 싶다면, (경로 설정이 이뤄지는) App 컴포넌트를 변경해야 한다. 다음과 같이 App을 리팩터링하자.

```
import { useRoutes } from "react-router-dom";

function App() {
  let element = useRoutes([
    { path: "/", element: <Home /> },
    {
      path: "about",
      element: <About />,
      children: [
```

```
        {
          path: "services",
          element: <Services />
        },
        { path: "history", element: <History /> },
        {
          path: "location",
          element: <Location />
        }
      ]
    },
    { path: "events", element: <Events /> },
    { path: "products", element: <Products /> },
    { path: "contact", element: <Contact /> },
    { path: "*", element: <Whoops404 /> },
    {
      path: "services",
      redirectTo: "about/services"
    }
  ]);

  return element;
}
```

공식 문서는 이 설정을 element라고 부르지만, 여러분은 아무렇게나 불러도 좋다. 이런 방법을 사용하는 것은 완전히 선택적이다. Route가 useRoutes를 감싸는 래퍼이기 때문에, 실제로는 어떤 방법을 사용하든 useRoutes를 사용하는 것이다. 여러분에게 가장 적합한 방식을 택하라!

11.3.1 라우팅 파라미터

리액트 라우터의 다른 유용한 특징으로는 **라우팅 파라미터**routing parameters를 설정할 수 있는 기능이 있다. 라우팅 파라미터는 URL에서 값을 얻을 수 있는 변수다. 콘텐츠를 걸러내거나 사용자 선호에 따라 여러 표시 방법을 제공해야 하는 데이터 주도 웹 애플리케이션에서 이런 라우팅 파라미터가 유용하다.

리액트 라우터를 통해 한번에 한 색을 선택해 표시할 수 있는 기능을 추가해서 색 관리 앱을 개선하자. 사용자가 색을 클릭하면 앱은 그 색을 렌더링하면서 title과 hex 값을 표시해줘야 한다.

라우터를 사용하면 URL에서 색 ID를 얻을 수 있다. 예를 들어 다음은 '잔디' 색을 표시할 때 사용하는 URL이다. '잔디' 색의 ID가 URL 안에 포함되어 있음을 알 수 있다.

```
http://localhost:3000/58d9caee-6ea6-4d7b-9984-65b145031979
```

우선 index.js 파일에 라우터를 설정하자. Router를 임포트하고 App 컴포넌트를 감싸자.

```
import { BrowserRouter as Router } from "react-router-dom";

render(
  <Router>
    <App />
  </Router>,
  document.getElementById("root")
);
```

App을 감싸면 모든 라우터 프로퍼티를 app 컴포넌트와 app의 하위 컴포넌트에게 전달할 수 있다. 여기서부터 라우터 설정을 진행할 수 있다. useRoutes 대신 Routes와 Route 컴포넌트를 사용하자. 하지만 원한다면 언제든 useRoutes를 사용할 수도 있다는 점을 기억하자. 우선 Routes와 Route를 임포트하자.

```
import { Routes, Route } from "react-router-dom";
```

그 후 App에 경로를 추가하자. 이 앱에는 ColorList와 ColorDetails라는 2가지 경로가 있다. ColorDetails를 만들지는 않았지만 일단 임포트하자.

```
import { ColorDetails } from "./ColorDetails";

export default function App() {
  return (
    <ColorProvider>
      <AddColorForm />
      <Routes>
        <Route
          path="/"
          element={<ColorList />}
        />
```

```
      <Route
        path=":id"
        element={<ColorDetails />}
      />
    </Routes>
  </ColorProvider>
  );
}
```

ColorDetails 컴포넌트는 색 id를 사용해 동적으로 표시된다. ColorDetails.js 파일 안에 ColorDetails라는 컴포넌트를 만들자. 먼저 플레이스홀더를 정의하자.

```
import React from "react";

export function ColorDetails() {
  return (
    <div>
      <h1>Details</h1>
    </div>
  );
}
```

이 코드기 작동히는지 어떻게 알 수 있을까? 가장 쉬운 방법은 리액트 개발자 도구를 열고 렌더링되는 색 중 하나의 id를 알아내는 것이다. 색이 아직 없다면 하나 추가한 후 그 id를 살펴보라. id가 있으면 localhost:3030 URL 뒤에 그 id를 추가하자. 예를 들면 localhost:3000/00fdb4c5-c5bd-4087-a48f-4ff7a9d90af8과 같은 URL이 만들어질 것이다.

이제 ColorsDetails 페이지가 표시되는 모습을 볼 수 있어야 한다. 이제는 라우터와 우리가 설정한 경로가 작동한다는 사실을 알고 있다. 하지만 좀 더 동적으로 동작을 확인하고 싶다. ColorDetails 페이지에서 id를 사용해 URL에서 찾은 색을 제대로 표시하고 싶다. 이를 위해 useParams 훅을 사용할 것이다.

```
import { useParams } from "react-router-dom";

export function ColorDetails() {
  let params = useParams();
```

```
    console.log(params);
    return (
      <div>
        <h1>Details</h1>
      </div>
    );
  }
```

params를 로그에 남기면 경로에 있는 파라미터가 포함된 객체를 확인할 수 있다. 이 객체를 구조 분해해서 id를 확보하고, 이 id를 사용해 colors 배열에서 올바른 색을 찾는다. useColors 훅을 사용해 색을 찾자.

```
import { useColors } from "./";

export function ColorDetails() {
  let { id } = useParams(); // 구조 분해로 id 얻기
  let { colors } = useColors();
  let foundColor = colors.find(
    color => color.id === id
  );

  console.log(foundColor);

  return (
    <div>
      <h1>Details</h1>
    </div>
  );
}
```

foundColor를 로그에 남기면 올바른 색을 찾았다는 사실을 알 수 있다. 이제 필요한 것은 이 컴포넌트에 있는 색에 대한 데이터를 표시하는 것뿐이다.

```
export function ColorDetails() {
  let { id } = useParams();
  let { colors } = useColors();
  let foundColor = colors.find(
    color => color.id === id
  );
```

```
    return (
      <div>
        <div
          style={{
            backgroundColor: foundColor.color,
            height: 100,
            width: 100
          }}
        ></div>
        <h1>{foundColor.title}</h1>
        <h1>{foundColor.color}</h1>
      </div>
    );
  }
```

이 색 관리 앱에 추가하고 싶은 다른 기능으로 색 목록의 색을 클릭해서 ColorDetails 페이지로 내비게이션하는 것을 들 수 있다. Color 컴포넌트에 이 기능을 추가하자. useNavigate라는 다른 리액트 훅을 사용해 색을 클릭하면 상세 페이지를 열자. 먼저 react-router-dom에서 useNavigate를 임포트하자.

```
import { useNavigate } from "react-router-dom";
```

그 후 useNavigate를 호출하면 다른 페이지로 내비게이션할 때 쓸 수 있는 함수를 반환받을 수 있다.

```
let navigate = useNavigate();
```

이제 section 안에 색의 id를 기반으로 만든 경로로 내비게이션하는 onClick 핸들러를 추가하자.

```
let navigate = useNavigate();

return (
  <section
    className="color"
    onClick={() => navigate(`/${id}`)}
  >
```

```
    // Color 컴포넌트가 여기 있음
  </section>
);
```

이제 **section**을 클릭하면 올바른 페이지로 이동할 것이다.

라우팅 파라미터는 UI 표현 방식에 영향을 줄 수 있는 데이터를 얻고 싶을 때 이상적인 도구다. 하지만 사용자가 URL의 세부 사항을 모두 기억하기를 원하는 경우에만 라우팅 파라미터를 사용해야 한다. 예를 들어 색 관리 앱의 경우 사용자가 다른 사용자에게 특정 색에 대한 링크를 보내거나 특정 필드에 의해 정렬한 색 목록 링크를 보낼 수 있다. 또한 사용자는 이런 링크를 책갈피에 저장해서 나중에 원하는 데이터를 바로 불러올 수 있다.

이번 장에서는 리액트 라우터의 기본적인 사용 방법을 살펴봤다. 다음 장에서는 서버에서 라우팅을 사용하는 방법에 대해 배운다.

CHAPTER 12

리액트와 서버

지금까지는 리액트를 사용해 브라우저에서만 실행되는 작은 앱을 만들었다. 그 앱은 데이터를 브라우저에서 수집해서 브라우저의 저장소에 저장했다. 리액트는 뷰 계층이므로 브라우저에서 모든 것을 처리하는 것이 타당하다. 리액트는 UI 렌더링을 위한 라이브러리다. 하지만 대부분의 앱에는 백엔드backend 계층이 필요하다. 따라서 애플리케이션을 만들 때 서버를 염두에 두고 구조를 잡는 방법을 배울 필요가 있다.

백엔드로 클라우드 서비스를 100% 사용하는 클라이언트 애플리케이션을 개발한다고 해도 여전히 데이터를 서비스에게 보내고 가져올 필요가 있다. 데이터를 주고 받을 때는 트랜잭션이 이뤄져야 하는 구체적인 부분이 존재하며 HTTP 요청과 관련한 지연시간latency 문제를 해결하고 싶을 때 도움이 되는 라이브러리들도 존재한다.

추가로 리액트를 아이소모픽isomorphic하게 렌더링할 수도 있다. 아이소모픽하다는 말은 브라우저가 아닌 플랫폼에서 리액트를 렌더링한다는 뜻이다. 구체적으로 이는 UI를 서버에서 렌더링한 결과를 브라우저에 보내서 표시한다는 뜻이다. 서버 렌더링의 강점을 살리면 애플리케이션의 성능, 이식성, 보안을 향상시킬 수 있다.

이번 장에서는 먼저 아이소모피즘과 유니버설리즘universalism을 비교하고 두 개념이 리액트와 어떤 관계가 있는지 설명한다. 다음으로는 유니버설 자바스크립트를 사용해 아이소모픽 앱을 개발하는 방법을 살펴본다. 마지막으로 색 관리 앱에 서버를 추가해서 UI를 서버에서 먼저 렌더링하도록 개선한다.

12.1 아이소모피즘과 유니버설리즘 비교

아이소모픽과 유니버설이라는 말은 클라이언트와 서버 양쪽에서 작동하는 애플리케이션을 의미한다. 같은 애플리케이션을 묘사하면서 이 두 용어를 서로 바꿔 쓰는 경우가 자주 있지만 사실 이 두 용어에는 현격한 차이가 있고, 그 차이에 대해 알아두면 좋다. 아이소모픽 애플리케이션은 여러 플랫폼에서 렌더링되는 애플리케이션을 말한다. 유니버설 코드는 완전히 같은 코드를 여러 환경에서 실행할 수 있다는 뜻이다.[27]

노드를 사용하면 브라우저에서 작성한 코드를 서버나 CLI 등의 다른 플랫폼에서 재사용할 수 있다. 심지어는 네이티브 애플리케이션에서도 자바스크립트 코드를 재사용할 수 있다. 유니버설 자바스크립트 코드 예제를 하나 살펴보자.

```
const userDetails = response => {
  const login = response.login;
  console.log(login);
};
```

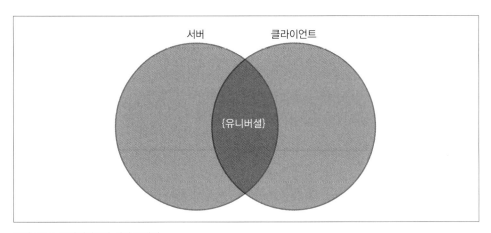

그림 12-1 클라이언트와 서버 도메인

userDetails 함수는 유니버설하다. 같은 코드를 브라우저나 서버에서 모두 사용할 수 있다. 이는 서버를 노드를 사용해 구축하면 브라우저와 서버 환경에서 상당한 양의 코드를 재사용할

---

27 거트 헤게벨트(Gert Hengeveld), 『Isomorphism vs Universal JavaScript』, 미디엄(Medium), http://oreil.ly/i70W2

수 있는 여지가 있다는 말이다. 유니버설 자바스크립트는 오류 없이 서버와 브라우저에서 실행될 수 있는 자바스크립트 코드를 말한다(그림 12-1).

12.1.1 클라이언트와 서버 도메인

서버와 클라이언트는 완전히 다른 영역이다. 따라서 자바스크립트 코드를 자동으로 그 두 영역에서 실행할 수 있는 것은 아니다. 브라우저에서 AJAX 요청을 보내는 경우를 살펴보자.

```
fetch("https://api.github.com/users/moonhighway")
  .then(res => res.json())
  .then(console.log);
```

여기서는 깃허브 API에 fetch 요청을 보내고, 응답을 JSON으로 변환한 후, 변환한 결과를 브라우저 로그에 남긴다.

하지만 같은 코드를 노드에서 실행하면 오류가 발생한다.

```
fetch("https://api.github.com/users/moonhighway")
^

ReferenceError: fetch is not defined
  at Object.<anonymous> (/Users/eveporcello/Desktop/index.js:7:1)
  at Module._compile (internal/modules/cjs/loader.js:1063:30)
  at Object.Module._extensions..js (internal/modules/cjs/loader.js:1103:10)
  at Module.load (internal/modules/cjs/loader.js:914:32)
  at Function.Module._load (internal/modules/cjs/loader.js:822:14)
  at Function.Module.runMain (internal/modules/cjs/loader.js:1143:12)
  at internal/main/run_main_module.js:16:11
```

노드는 브라우저와 달리 fetch를 기본 제공하지 않으므로 이런 오류가 생긴다. 노드를 사용하는 경우 npm에 있는 isomorphic-fetch 모듈을 사용하거나, 노드에 내장된 https 모듈을 사용해야 한다. 여기서는 fetch 구문을 사용하므로 isomorphic-fetch를 사용하자.

```
npm install isomorphic-fetch
```

isomorphic-fetch를 임포트하면 코드를 변경하지 않아도 된다.

```
const fetch = require("isomorphic-fetch");
const userDetails = response => {
  const login = response.login;
  console.log(login);
};

fetch("https://api.github.com/users/moonhighway")
  .then(res => res.json())
  .then(userDetails);
```

아무 의존 관계없이 노드에서 API를 통해 데이터를 가져오려면 코어 모듈(http)을 사용해야한다. 따라서 브라우저상에서 실행할 코드와는 다른 코드가 필요하다. `printNames`는 양 환경에서 수정없이 작동할 수 있는 유니버설 함수였다.

하지만 `isomorphic-fetch`를 임포트하면 `fetch`를 사용하는 코드가 아이소모픽해진다. 이 예제에 있는 코드는 유니버설 자바스크립트는 아니지만, 두 환경에서 모두 잘 작동한다. 이 코드를 노드에서 실행할 수도 있고 브라우저에서 `<script>`를 사용해 실행할 수도 있다.

이제 Star 컴포넌트를 살펴보자. 이 컴포넌트는 유니버설 컴포넌트일까?

```
function Star({
  selected = false,
  onClick = f => f
}) {
  return (
    <div
      className={
        selected ? "star selected" : "star"
      }
      onClick={onClick}
    ></div>
  );
}
```

그렇다. JSX는 자바스크립트로 컴파일된다는 점을 기억하자. Star 컴포넌트는 단순한 함수에 불과하다.

```
function Star({
  selected = false,
  onClick = f => f
}) {
  return React.createElement("div", {
    className: selected
      ? "star selected"
      : "star",
    onClick: onClick
  });
}
```

이 컴포넌트를 브라우저에서 직접 렌더링할 수도 있고 다른 환경에서 렌더링해서 HTML 출력 문자열을 만들 수도 있다. ReactDOM의 renderToString 메서드를 사용하면 UI를 HTML 문자열로 렌더링할 수 있다.

```
// 브라우저에서 직접 HTML로 렌더링한다
ReactDOM.render(<Star />);

// HTML 문자열로 렌더링한다
var html = ReactDOM.renderToString(<Star />);
```

여러 다른 플랫폼에서 컴포넌트를 렌더링하는 아이소모픽 애플리케이션을 만들 수 있다. 그런 아이소모픽 애플리케이션을 만들 때 여러 환경에서 변경 없이 실행될 수 있는 유니버설 자바스크립트 코드를 재활용하는 방향으로 설계할 수 있다. 추가로, 고Go나 파이썬Python과 같은 언어를 사용해도 아이소모픽 애플리케이션을 만들 수 있다. 아이소모픽 애플리케이션을 개발할 때 노드만 사용할 필요는 없다.

12.2 서버 렌더링 리액트

ReactDOM.renderToString 메서드를 사용하면 UI를 서버에서 렌더링할 수 있다. 서버는 강력하다. 서버에서는 브라우저에서 사용할 수 없는 모든 자원을 활용할 수 있다. 서버는 브라우저보다 더 안전하고 여러 보안 정보에 접근할 수도 있다. 이런 여러 가지 이점을 살려서 서버에서 초기 콘텐츠를 우선 렌더링할 수도 있다.

우리가 서버에서 렌더링할 앱은 5장에서 만든 조리법 앱이다. create-react-app을 실행하고, 다음 코드를 index.js 파일에 넣자.

```javascript
import React from "react";
import ReactDOM from "react-dom";
import "./index.css";
import { Menu } from "./Menu";

const data = [
  {
    name: "구운 연어",
    ingredients: [
      {
        name: "연어",
        amount: 500,
        measurement: "그램"
      },
      {
        name: "잣",
        amount: 1,
        measurement: "컵"
      },
      {
        name: "버터 상추",
        amount: 2,
        measurement: "컵"
      },
      {
        name: "옐로 스쿼시(Yellow Squash, 호박의 한 종류)",
        amount: 1,
        measurement: "개"
      },
      {
        name: "올리브 오일",
        amount: 0.5,
        measurement: "컵"
      },
      {
        name: "마늘",
        amount: 3,
        measurement: "쪽"
      }
    ],
```

```
    steps: [
      "오븐을 180도로 예열한다."",
      "유리 베이킹 그릇에 올리브 오일을 두른다.",
      "연어, 마늘, 잣을 그릇에 담는다.",
      "오븐에서 15분간 익힌다.",
      "옐로 스쿼시를 추가하고 다시 30분간 오븐에서 익힌다.",
      "오븐에서 그릇을 꺼내서 15분간 식힌 다음에 상추를 곁들여서 내놓는다."
    ]
  },
  {
    name: "생선 타코",
    ingredients: [
      {
        name: "흰살생선",
        amount: 500,
        measurement: "그램"
      },
      {
        name: "치즈",
        amount: 1,
        measurement: "컵"
      },
      {
        name: "아이스버그 상추",
        amount: 2,
        measurement: "컵"
      },
      {
        name: "토마토",
        amount: 2,
        measurement: "개(큰것)"
      },
      {
        name: "또띠야",
        amount: 3,
        measurement: "개"
      }
    ],
    steps: [
      "생선을 그릴에 익힌다.",
      "또띠야 3장 위에 생선을 얹는다.",
      "또띠야에 얹은 생선 위에 상추, 토마토, 치즈를 얹는다."
    ]
  }
```

```
  ];

ReactDOM.render(
  <Menu
    recipes={data}
    title="맛있는 조리법"
  />,
  document.getElementById("root")
);
```

컴포넌트는 Menu.js라는 새 파일에 들어간다.

```
function Recipe({ name, ingredients, steps }) {
  return (
    <section
      id={name.toLowerCase().replace(/ /g, "-")}
    >
      <h1>{name}</h1>
      <ul className="ingredients">
      {ingredients.map((ingredient, i) => (
        <li key={i}>{ingredient.name}</li>
      ))}
      </ul>
      <section className="instructions">
        <h2>조리 절차</h2>
        {steps.map((step, i) => (
          <p key={i}>{step}</p>
        ))}
      </section>
    </section>
  );
}

export function Menu({ title, recipes }) {
  return (
    <article>
      <header>
        <h1>{title}</h1>
      </header>
      <div className="recipes">
      {recipes.map((recipe, i) => (
        <Recipe key={i} {...recipe} />
      ))}
```

```
        </div>
      </article>
    );
  }
```

이 책에서 지금까지는 클라이언트에서 컴포넌트를 렌더링했다. 앱을 처음 만들때는 보통 클라이언트쪽 렌더링을 선택한다. create-react-app의 build 폴더를 사용해 서버를 열고, 브라우저가 HTML을 실행하고 script.js를 호출해서 자바스크립트를 로딩한다.

이런 작업은 시간이 오래 걸린다. 네트워크 속도에 따라 사용자는 최대 몇초를 기다려야 자바스크립트가 로딩되고 화면에 표시된다. create-react-app을 익스프레스 서버와 함께 사용하면 클라이언트와 서버쪽 렌더링을 함께 사용하는 하이브리드 경험을 사용자에게 제공할 수 있다.

우리는 여러 레서피를 렌더링하는 Menu 컴포넌트를 렌더링하고 있다. 이 앱에서 바꿔야 할 첫 번째 부분은 ReactDOM.render 대신 ReactDOM.hydrate를 사용하게 하는 것이다.

hydrate(수분을 추가한다는 뜻)가 ReactDOMServer에 의해 렌더링된 컨테이너에 콘텐츠를 추가하기 위해 쓰인다는 점을 제외하면, hydrate와 render는 동일하다. 연산 과정은 다음과 같다.

1 앱의 정적인 버전을 렌더링한다. 이를 통해 페이지가 '완전히 로딩'되기 전에 무언가를 사용자에게 보여줄 수 있다.
2 동적 자바스크립트를 요청한다.
3 정적 콘텐츠를 동적 콘텐츠로 교체한다.
4 사용자가 콘텐츠 각 부분을 클릭하거나 키보드로 입력을 하면 제대로 작동한다.

서버쪽 렌더링이 끝난 다음 앱을 다시 재수화[rehydrate]시킨다. 재수화는 콘텐츠를 정적 HTML으로 정적 로딩한다는 말이다. 이로 인해 사용자는 우리가 원하는 성능을 느낄 수 있다. 사용자는 페이지에 어떤 일이 벌어졌는지 (빠르게) 볼 수 있고, 이로 인해 페이지에 머물게 된다.

다음으로 프로젝트의 서버를 설정할 필요가 있다. 우리는 익스프레스[Express]를 사용한다. 익스프레스는 경량 노드 서버이다. 먼저 익스프레스를 설치하자.

```
npm install express
```

그 후 server라는 이름의 서버 폴더를 만들고 이 폴더 안에 index.js 파일을 만들자. 이 파일은 build 폴더의 내용물과 미리 정해진 몇 가지 정적 HTML 콘텐츠를 서비스하는 서버를 생성한다.

```
import express from "express";
const app = express();

app.use(express.static("./build"));
```

이 코드는 build 폴더를 임포트해서 정적으로 서비스한다. 다음으로 ReactDOM의 renderToString을 사용해 앱을 정적 HTML 문서로 렌더링한다.

```
import React from "react";
import ReactDOMServer from "react-dom/server";
import { Menu } from "../src/Menu.js";

const PORT = process.env.PORT || 4000;

app.get("/*", (req, res) => {
  const app = ReactDOMServer.renderToString(
    <Menu />
  );
});

app.listen(PORT, () =>
  console.log(
    `Server is listening on port ${PORT}`
  )
);
```

Menu 컴포넌트가 우리가 정적으로 렌더링하고 싶은 대상이므로, 이 함수에 Menu 컴포넌트를 넘긴다. 이제는 생성된 클라이언트 앱에서 정적인 index.html을 읽고, 앱의 콘텐츠를 div에 주입하며, 주입한 결과를 요청에 대한 응답으로 돌려주고 싶다.

```
app.get("/*", (req, res) => {
  const app = ReactDOMServer.renderToString(
    <Menu />
  );
```

```
  const indexFile = path.resolve(
    "./build/index.html"
  );

  fs.readFile(indexFile, "utf8", (err, data) => {
    return res.send(
      data.replace(
        '<div id="root"></div>',
        `<div id="root">${app}</div>`
      )
    );
  });
});
```

이 과정이 끝나면 웹팩 설정과 바벨에 설정을 추가할 필요가 있다. create-react-app은 처음부터 컴파일과 빌드 과정을 처리할 수 있다는 사실을 기억하자. 하지만 서버 프로젝트의 경우에는 다른 규칙을 설정해서 적용해야 한다.

먼저 몇 가지 의존 관계를 설치하자(그렇다. 의존 관계 수가 꽤 많다).

```
npm install @babel/core @babel/preset-env babel-loader nodemon npm-run-all
webpack webpack-cli webpack-node-externals
```

바벨이 설치된 상태에서 몇 가지 preset 설정이 들어 있는 .babalrc 파일을 만들자.

```
{
  "presets": ["@babel/preset-env", "react-app"]
}
```

react-app을 추가한 이유는 이 프로젝트가 create-react-app을 사용하고 그로 인해 react-app이 이미 설치됐기 때문이다.

다음으로 webpack.server.js라는 파일에 서버에 대한 웹팩 설정을 추가하자.

```
const path = require("path");
const nodeExternals = require("webpack-node-externals");

module.exports = {
  entry: "./server/index.js",
```

```
    target: "node",
    externals: [nodeExternals()],
    output: {
      path: path.resolve("build-server"),
      filename: "index.js"
    },
    module: {
      rules: [
        {
          test: /\.js$/,
          use: "babel-loader"
        }
      ]
    }
};
```

예상대로 babel-loader는 자바스크립트 파일을 변환해주고, nodeExternals는 node_modules 폴더를 스캔해서 모든 node_modules 이름을 찾는다. nodeExternals는 그 후 이렇게 찾은 모듈이나 하위 모듈을 번들하지 않도록 설정해주는 외부 함수를 생성한다.

이때 create-react-app이 설치한 웹팩 버전과 방금 우리가 설치한 웹팩 버전이 충돌해 생기는 웹팩 오류를 보게 될 수도 있다. 이 충돌을 고치려면 프로젝트 루트 디렉터리에 .env 파일을 만들고 다음 내용을 추가하자.

```
SKIP_PREFLIGHT_CHECK=true
```

마지막으로, dev 명령에 몇 가지 npm 스크립트를 추가할 수 있다.

```
{
  "scripts": {
    //...
    "dev:build-server": "NODE_ENV=development webpack --config webpack.server.js
      --mode=development -w",
    "dev:start": "nodemon ./server-build/index.js",
    "dev": "npm-run-all --parallel build dev:*"
  }
}
```

1 **dev:build-server**: 이 명령은 development를 환경 변수로 전달하고, 웹팩이 새 서버 설정을 사용해 실행되게 한다.

2 **dev:start**: 이 명령은 nodemon으로 서버 파일을 실행한다. nodemon은 서버가 서비스중인 콘텐츠의 소스 코드가 변경되면 이를 즉시 반영하라는 뜻이다.

3 **dev**: 이 명령은 모든 명령(build와 dev:에 속한 모든 명령)을 병렬로 실행해준다.

이제 `run npm dev`를 실행하면 두 프로세스가 모두 실행된다. 앱이 `localhost:4000`에서 실행되야 한다. 앱이 실행되면 콘텐츠가 차례로 로딩된다. 이때 처음에는 미리 렌더링된 HTML이, 그 뒤에는 자바스크립트 번들이 로딩된다.

이와 같은 기법을 사용하면 더 빠른 로딩 시간을 제공하고, 사용자들이 웹 사이트에 대해 느끼는 체감 성능을 향상시킬수 있다. 많은 사용자들이 페이지 로딩 시간이 2초 이하이기를 바라기 때문에, 이렇게 성능을 향상시키면 여러분의 사이트를 사용하는 사용자들이 경쟁사의 사이트로 이동하지 않게 할 수 있다는 뜻이다.

12.3 넥스트.js를 사용한 서버 렌더링

서버 렌더링 생태계에서 널리 쓰이는 다른 강력한 도구로는 Next.js(이하 넥스트)를 들 수 있다. 넥스트는 Zeit가 서버 렌더링된 앱을 더 쉽게 작성하는데 도움이 되도록 배포한 오픈 소스 기술이다. 넥스트에는 직관적인 라우팅, 정적인 최적화, 자동화된 분리 등의 기능이 들어 있다. 이번 절에서는 넥스트를 사용해 앱을 서버 렌더링하는 방법을 더 자세히 살펴본다.

시작하기 위해 다시 새로운 앱을 만들어야 한다. 다음 명령을 실행하자.

```
mkdir project-next
cd project-next
npm init -y
npm install --save react react-dom next
mkdir pages
```

그 후 공통 명령어를 더 쉽게 실행할 수 있도록 npm 스크립트를 몇 가지 작성하자.

```
{
  //...
  "scripts": {
    "dev": "next",
    "build": "next build",
    "start": "next start"
  }
}
```

pages 폴더에 index.js 파일을 만들자. 컴포넌트를 작성하지만 리액트나 리액트DOM을 임포트하는데 신경을 쓰지 말고, 컴포넌트를 그냥 작성하자.

```
export default function Index() {
  return (
    <div>
      <p>Hello everyone!</p>
    </div>
  );
}
```

이 컴포넌트를 만들고 나면 `npm run dev`를 실행해서 `localhost:3000`에 페이지가 표시되는지 보라. 예상대로 컴포넌트가 표시될 것이다.

화면 오른쪽 아래 구석에 있는 작은 번개 모양 아이콘을 눈치챈 독자도 있을 것이다. 이 아이콘 위에 마우스 포인터를 가져가면 Prerendered Page라는 버튼이 표시된다. 이 버튼을 클릭하면 정적 최적화 표시기^{Static Optimization Indicator}에 대한 문서가 표시된다. 이 말은 이 페이지가 자동으로 정적 최적화를 할 수 있는 기준에 부합한다는 뜻이다. 정적 최적화란 정적 HTML로 미리 렌더링을 한다는 뜻이다. 이 페이지의 경우 정적 최적화를 막는 데이터 요구사항이 없다. 페이지를 자동으로 정적 최적화하면(말은 복잡하지만, 유용하다!) 서버쪽의 노력이 필요 없어지기 때문에 페이지 로딩이 더 빨라진다. 이 페이지를 CDN에서 제공할 수도 있고, 그에 따라 엄청나게 빠른 사용자 경험을 선사할 수도 있다. 이런 성능 향상을 취하기 위해 여러분은 아무 일도 할 필요가 없다.

페이지에 데이터 요구사항이 존재하면 어떨까? 페이지를 미리 렌더링할 수 없다면 어떻게 해야 할까? 이런 상황을 살펴보기 위해 앱을 좀더 튼튼하게 만들고 API로부터 원격 데이터를 불러오게 하자. `Pets.js`에 다음을 추가하자.

```
export default function Pets() {
  return <h1>Pets!</h1>;
}
```

우선 h1을 렌더링한다. 이제 localhost:3000/pets에 방문하면 새 페이지를 볼 수 있다. 작동이 잘 되어 좋지만, 각 페이지의 콘텐츠를 제대로 표시해 주는 링크와 레이아웃 컴포넌트를 추가해서 페이지를 더 개선할 수 있다. 두 페이지가 공유하는 헤더를 추가하자. 헤더에는 링크가 표시된다.

```
import Link from "next/link";

export default function Header() {
  return (
    <div>
      <Link href="/">
        <a>Home</a>
      </Link>
      <Link href="/pets">
        <a>Pets</a>
      </Link>
    </div>
  );
}
```

Link 컴포넌트는 몇 가지 링크를 둘러싼 래퍼이다. 이 컴포넌트는 리액트 라우터가 만들어낸 링크와 비슷해 보인다. 각 <a> 태그에 스타일을 추가할 수 있다.

```
const linkStyle = {
  marginRight: 15,
  color: "salmon"
};

export default function Header() {
  return (
    <div>
      <Link href="/">
        <a style={linkStyle}>Home</a>
      </Link>
      <Link href="/pets">
```

```
        <a style={linkStyle}>Pets</a>
      </Link>
    </div>
  );
}
```

다음으로 Header 컴포넌트를 Layout.js라는 새 파일에 넣자. 이 컴포넌트는 현재 경로에 따라 올바른 컴포넌트를 동적으로 표시해준다.

```
import Header from "./Header";

export function Layout(props) {
  return (
    <div>
      <Header />
        {props.children}
    </div>
  );
}
```

Layout 컴포넌트는 Header 아래에 프롭으로 받은 추가 콘텐츠 컴포넌트를 표시해준다. 각 페이지에서는 Layout 컴포넌트에 전달해 렌더링할 콘텐츠 블록을 만든다. 예를 들어 index.js 파일은 다음과 같은 모양이 된다.

```
import Layout from "./Layout";

export default function Index() {
  return (
    <Layout>
      <div>
        <h1>Hello everyone!</h1>
      </div>
    </Layout>
  );
}
```

Pets.js 파일도 비슷하게 변경하자.

```
import Layout from "./Layout";

export default function Pets() {
  return (
    <Layout>
      <div>
        <h1>Hey pets!</h1>
      </div>
    </Layout>
  );
}
```

이제 홈페이지에 방문하면 헤더가 보이고 Pets 링크를 클릭하면 Pets 페이지가 표시되야
한다.

오른쪽 아래 구석의 번개 모양 아이콘을 클릭하면, 이 페이지들이 여전히 미리 렌더링됨을 알
수 있다. 지금까지는 계속 정적 콘텐츠만 표시해 왔기 때문에 당연한 결과다. 이제 Pets 페이
지에서 데이터를 적재해서 페이지를 미리 렌더링할 수 있는 가능성이 어떻게 바뀌는지 살펴
보자.

우선 이 페이지 앞에서 했던 것처럼 isomorphic-unfetch를 설치하자.

```
npm install isomorphic-unfetch
```

이 모듈을 사용해 반려동물 라이브러리 API에 대한 fetch 호출을 수행한다. 먼저 Pages.js
파일에서 모듈을 임포트하자.

```
import fetch from "isomorphic-unfetch";
```

그 후 getInitialProps라는 함수를 추가하자. 이 함수는 데이터를 fetch해서 로딩한다.

```
Pets.getInitialProps = async function() {
  const res = await fetch(
    `http://pet-library.moonhighway.com/api/pets`
  );
```

```
  const data = await res.json();

  return {
    pets: data
  };
};
```

pets의 값으로 데이터를 돌려받으면 컴포넌트에 데이터를 매핑할 수 있다.

컴포넌트가 pets 프로퍼티를 매핑하게 만들자.

```
export default function Pets(props) {
  return (
    <Layout>
      <div>
        <h1>Pets!</h1>
        <ul>
          {props.pets.map(pet => (
            <li key={pet.id}>{pet.name}</li>
          ))}
        </ul>
      </div>
    </Layout>
  );
}
```

getInitialProps이 컴포넌트 안에 있으면 넥스트가 각 요청에 맞춰 이 페이지를 렌더링해준다. 이 말은 이 페이지가 정적으로 미리 렌더링되는 대신 서버쪽에서 렌더링된다는 뜻이다. 따라서 API 요청이 성공할 때마다 API의 데이터가 컴포넌트에 존재하게 된다.

애플리케이션의 상태에 만족했다면 npm run build를 실행할 수 있다. 넥스드는 성능을 중시하기 때문에 실행하면서 각 파일이 몇 킬로바이트인지 보여준다. 이를 통해 이상하게 큰 파일을 쉽게 알아낼 수 있다.

각 파일 다음에는 이 사이트가 서버에서 실행시점에 렌더링됐는지(λ), HTML로 동적으로 자동 렌더링됐는지(○), 정적 HTML과 JSON으로 자동으로 만들어졌는지(●)가 표시된다.

이 앱을 만들고 나면 디플로이 할 수 있다. 넥스트는 클라우드 호스팅 서비스를 제공하는 Zeit의 오픈 소스 제품이다. 따라서 Zeit를 통해 디플로이하면 가장 편하다. 하지만 다양한 다른 호스팅 서비스에도 여러분의 애플리케이션을 디플로이할 수 있다.

다시 정리해보자. 다음은 여러분 자신의 앱을 설정할 때 이해해야 되는 중요한 용어들이다.

CSR(클라이언트쪽 렌더링)

앱을 브라우저에서 렌더링한다. 보통은 DOM을 사용한다. `create-react-app`으로 만든 앱을 따로 변경하지 않으면 이 방식을 기본 사용한다.

SSR(서버쪽 렌더링)

서버쪽에서 클라이언트 앱이나 유니버설 앱을 HTML로 렌더링한다.

재수화

서버에서 렌더링한 HTML의 DOM 트리와 데이터를 재사용하면서 자바스크립트 뷰를 클라이언트에서 로딩한다.

미리 렌더링

빌드 시점에 클라이언트쪽 애플리케이션을 실행해서 초기 상태를 잡아내어 정적 HTML로 만든다.

12.4 개츠비

리액트를 기반으로 하는 유명한 사이트 생성기로 개츠비^{Gatsby}가 있다. 개츠비는 콘텐츠 기반의 웹사이트를 직접적으로 만드는 방법으로 세계를 휩쓸고 있다. 개츠비의 목적은 성능, 접근성, 이미지 처리 등의 관리와 관련된 사항에 대해 현명한 디폴트 값을 제공하는 것이다. 이 책을 읽고 있는 독자라면 조만간 개츠비 프로젝트를 조만간 사용할 가능성이 있다.

다양한 프로젝트에 개츠비가 쓰이고 있다. 그러나 콘텐츠 기반의 웹 사이트를 만들 때 개츠비가 자주 사용된다. 다른 말로, 블로그나 정적 콘텐츠를 서비스해야 하는 경우 개츠비가 훌륭한 선택이며, 특히 리액트를 아는 경우에는 더 좋은 선택이다. 개츠비는 API에서 데이터를 로딩하는 등의 동적 콘텐츠를 처리할 수도 있고, 다른 프레임워크와 통합될 수도 있으며, 더 많은 기능을 제공한다.

이번 절에서는 개츠비의 동작을 보여주기 위해 빠르게 개츠비 사이트를 구축할 것이다. 기본적으로 작은 넥스트 앱을 개츠비 앱으로 만들 것이다.

```
npm install -g gatsby-cli
gatsby new pets
```

yarn을 전역 설치했다면 CLI가 yarn이나 npm 중 어느쪽을 쓸지 물어본다. 어느 쪽도 좋다. 이제 pets 폴더로 디렉터리를 이동하자.

```
cd pets
```

이제 gatsby develop로 프로젝트를 시작할 수 있다. localhost:8000을 방문하면 여러분이 만든 개츠비 시작 사이트가 실행되는 모습을 볼 수 있다. 이제 파일들을 살펴보자.

프로젝트 src 폴더를 열면, components, images, pages라는 하위 폴더를 볼 수 있다.

pages 폴더 안에서 404.js 오류 페이지, index.js 페이지(localhost:8000을 방문하면 볼 수 있는 페이지), 두 번째 페이지 콘텐츠를 렌더링해주는 page-2.js 를 볼 수 있다.

components 폴더를 열면 개츠비가 부리는 마술의 비밀을 볼 수 있다. 넥스트에서 Header와 Layout 컴포넌트를 만들었다는 점을 기억하는가? 이 두 컴포넌트가 이미 components 폴더 안에 템플릿을 생성했음을 알 수 있다.

몇 가지 특히 흥미로운 점은 다음과 같다.

layout.js

이 안에는 Layout 컴포넌트가 들어 있다. 이 컴포넌트는 useStaticQuery 훅을 사용해 사이트로부터 그래프QL로 데이터를 쿼리해 받는다.

seo.js

이 컴포넌트는 검색 엔진 최적화를 위해 페이지 메타데이터에 접근할 수 있게 해준다.

pages 폴더에 파일을 더 추가하면 사이트에 다른 페이지를 추가할 수 있다. pages 폴더에 page-3.js 파일을 추가해보자. 그 후 다음 코드를 입력하자.

```
import React from "react";
import { Link } from "gatsby";
import Layout from "../components/layout";
import SEO from "../components/seo";

const ThirdPage = () => (
  <Layout>
    <SEO title="Page three" />
    <h1>Hi from the third page</h1>
    <Link to="/">Go back to the homepage</Link>
  </Layout>
);


export default ThirdPage;
```

Layout 컴포넌트로 콘텐츠를 감싸서 children으로 표시되게 만든다. Layout은 동적 콘텐츠를 표시할 뿐 아니라, 이 컴포넌트를 생성하자 마자 페이지가 자동으로 생성된다.

방금 본 내용은 개츠비가 할 수 있는 일 중 빙산의 일각일 뿐이다. 하지만 여러분에게 개츠비가 제공하는 다른 기능을 몇 가지 알려주려 한다.

정적 콘텐츠

여러분의 사이트를 정적 파일로 구축할 수 있다. 서버가 없이도 사이트를 디플로이 할 수 있다.

CDN 지원

여러분의 사이트를 전 세계의 CDN에 캐시해서 성능과 가용성을 향상시킨다.

반응형 및 진행형 이미지

개츠비는 흐릿한 위치지정자placeholder를 표시해서 이미지를 로딩한다. 모든 이미지 로딩이 끝나면 흐릿한 위치지정자가 점차 사라진다. 미디엄Medium에서 채택해 유명해진 이 방식을 통해, 모든 자원이 로딩되기 전에도 사용자들이 렌더링 되는 모습을 지켜볼 수 있다.

연결된 페이지 미리 불러오기prefetch

다음 페이지를 로딩하기 위해 필요한 콘텐츠들을 여러분이 클릭하기 전에 백그라운드 작업으로 로딩해둔다.

이 모든 기능은 매끄러운 사용자 경험을 제공하기 위한 기능이다. 개츠비는 여러분을 위해 여러 가지를 미리 설정해준다. 이런 설정이 좋을 수도 있고 나쁠 수도 있지만, 이 모두는 여러분이 콘텐츠에만 집중하게 해주려는 의도다.

12.5 리액트의 미래

자바스크립트 생태계에서 앵귤러, 앰버, 뷰가 여전히 상당한 시장 점유율을 차지하고 있지만, 리액트가 자바스크립트 앱을 만들 때 가장 널리 쓰이고 가장 많은 영향을 끼치는 라이브러리라는 사실에 대해 논쟁하기는 어렵다. 라이브러리뿐만 아니라, 넥스트나 개츠비와 같은 프로젝트를 보면 알 수 있는 것처럼 더 많은 자바스크립트 커뮤니티 구성원들이 리액트를 도구로 선택해 사용 중이다.

그렇다면 이제 우리는 어디로 가야 할까? 여러분 자신의 프로젝트를 구축하는데 이 책에서 배운 기술을 사용하라고 권하고 싶다. 모바일 애플리케이션을 만들고 싶다면 리액트 네이티브를 살펴보라. 선언적으로 데이터를 불러오고 싶다면 그래프QL을 살펴보라. 콘텐츠 기반의 웹사이트를 만들고 싶다면 넥스트와 개츠비를 자세히 살펴보라.

여러분이 찾아가 볼 만한 풍경이 많이 있다. 하지만 리액트에서 여러분이 선택한 기술은 여러분 자신의 애플리케이션을 구축할 때도 크게 도움이 될 것이다. 여러분이 자신의 애플리케이션을 만들 때, 이 책이 참조 문서나 토대가 되어주길 바란다. 리액트나 리액트와 관련 있는 라이브러리들은 분명 바뀔 테지만, 어떻게 바뀌더라도 여러분이 즉시 자신있게 사용할 수 있는 도구로 계속 남을 것이다. 리액트와 선언적인 함수형 자바스크립트로 앱을 만드는 일은 아주 재미있다. 독자 여러분이 구축한 리액트 앱을 빨리 보고 싶어서 참을 수가 없다.

INDEX

INDEX